U0536047

金钱的魔法

MONEY MAGIC

[美]劳伦斯·J. 科特利科夫（Laurence J. Kotlikoff）◎著

常可◎译

中信出版集团 | 北京

图书在版编目（CIP）数据

金钱的魔法 /（美）劳伦斯·J. 科特利科夫著；常可译 . -- 北京：中信出版社，2023.8
书名原文：Money Magic
ISBN 978-7-5217-4810-9

Ⅰ.①金… Ⅱ.①劳…②常… Ⅲ.①投资－通俗读物 Ⅳ.① F830.59-49

中国国家版本馆 CIP 数据核字 (2023) 第 104354 号

Money Magic by Laurence J. Kotlikoff
Copyright ©2022 by Laurence Kotlikoff
This edition published by arrangement with Little, Brown and Company, New York, New York, USA.
through Bardon-Chinese Media Agency
Simplified Chinese translation copyright © 2023 by CITIC Press Corporation
ALL RIGHTS RESERVED
本书仅限中国大陆地区发行销售

金钱的魔法

著者：　　[美] 劳伦斯·J. 科特利科夫
译者：　　常可
出版发行：中信出版集团股份有限公司
　　　　　（北京市朝阳区东三环北路 27 号嘉铭中心　邮编　100020）
承印者：　北京盛通印刷股份有限公司

开本：880mm×1230mm 1/32　　印张：11.75　　　　字数：273 千字
版次：2023 年 8 月第 1 版　　　　印次：2023 年 8 月第 1 次印刷
京权图字：01-2023-3228　　　　　书号：ISBN 978-7-5217-4810-9
　　　　　　　　　　　　　　　　定价：78.00 元

版权所有·侵权必究
如有印刷、装订问题，本公司负责调换。
服务热线：400-600-8099
投稿邮箱：author@citicpub.com

目 录

序 / III

引言 / XI

第 1 章　**我的女儿做了水管工**
　　　　——如何选择一份收入丰厚的职业 / 001

第 2 章　**工作的围城内外**
　　　　——关于退休时间的正确抉择 / 027

第 3 章　**社会保障**
　　　　——最大化你的终身收益的 10 个秘诀 / 043

第 4 章　**合理避税**
　　　　——调整退休账户 / 081

第 5 章　**通过住房积累财富**
　　　　——与母亲合住以及其他关于居所的明智举措 / 117

第 6 章　**为爱结婚**
　　——金钱不是万能的，但好的婚姻也需要物质保障 / 169

第 7 章　**好聚好散**
　　——离婚时需要注意的事 / 189

第 8 章　**选择助学贷款要谨慎** / 217

第 9 章　**像经济学家一样投资**
　　——掌控你的生活水平曲线 / 275

第 10 章　**创造你自己的金钱魔法**
　　——我的 50 个秘密 / 319

　　致谢 / 339
　　注释 / 341

序

当我刚刚考入大学时，我希望自己能够成为一名医生。但是，一只青蛙打乱了我的计划。我是在生物实验室遇到这只青蛙的。我和它对视，向它体内注射了致命的血清，切开它的胸膛，检查它的脉搏，宣布了它的死亡。之后，我又开始按摩它那小小的心脏，让它活了过来。这时，我的指导老师走过来说："太棒了！现在再做一遍，并记录结果。"在接下来的两个小时里，我一遍又一遍地重复杀死、救活、记录结果的过程。当实验课程结束时，我已经转了专业，去学经济学了。

我之所以迷上了经济学，一方面是由于经济学里没有对黏糊糊的两栖动物的折磨；另一方面是因为我喜欢数学、曲线、统计和经济学理论。但是，真正吸引我的是：经济学能够为人们提供帮助。

在读研究生时，我关注的领域是公共财政，尤其是税收和福利政策如何影响宏观（整体）经济。那是 20 世纪 70 年代中期，经济学家们刚刚开始使用填满整个公寓大小的、被叫作"计算机"的机器。我们用一种叫作FORTRAN的古老编程语言,在7英寸[①]×3英寸的卡片上通过打孔写入代码,再把卡片塞入一个噪声很大的读卡器中,在等上数个小时之后,程序运行的结果会在1码[②]宽的纸上打印出来。大多数情况下,程序运行会以失败告终,原因是1万张卡片中的第7 239张出现了拼写错误。但如果程序运行顺利,得出了合理的计算结果,我们就会记录下足以震撼全世界的发现,并祈祷有人会阅读它们。

研究宏观经济需要了解微观经济,也就是单个的公司和家庭的财务行为和反应。对于以家庭为对象的微观经济研究来说,对个人的财务行为进行编码是其中一项必要的工作。研究公共财政让我接触到个人理财领域以及一系列著名经济学家在这个领域的研究工作。这个经济学家的名单从20世纪20年代的耶鲁大学经济学家欧文·费雪开始。

费雪毫无疑问是他那个时代顶级的经济学家,他最重要的成就是对最优储蓄行为的简单而有力的数学描述。费雪的模型寻找的是储蓄的最优解,找到这个最优解可以使人们年轻时不会挨饿,年老时不至于挥霍(或是陷入相反的情形)。费雪认为,要达到这个最优解,就需要精准地储蓄,以确保维持生活水平的长期平稳。因此,"生命周期理论"诞生了。

费雪是基于经济学的财务规划理论之父,但他也留下了很多有待后人探索的问题,包括个人如何管理投资。正确答案当然是不要

---

① 1英寸=2.54厘米。——编者注
② 1码≈0.91米。——编者注

把所有的鸡蛋都放在一个篮子里，尤其是像股票市场这样变化无常的篮子里。然而，不幸的是，费雪本人正是这样做的。作为这个星球上最聪明的经济学家之一，费雪自以为他知道股票市场会如何表现，但事实证明并非如此。在 1929 年股灾前夕，费雪曾公开宣称："股价已经达到了一个看似永久的高位……我预计在几个月内股市会大幅上涨。"[1]

到了 1933 年，股市下跌了 86%，费雪也因此从富人变成穷人，最后以破产告终。如果不是耶鲁出面调停，费雪最终可能会流落街头。他死于 1947 年，在公众眼中，他当年错误的预言让他颜面扫地，但是，费雪惊人的理论洞察力仍然使他受到经济学家们的尊敬。在接下来的 20 年里，米尔顿·弗里德曼、弗兰科·莫迪利安尼、保罗·萨缪尔森、罗伯特·C.默顿和彼得·戴蒙德这些后来的诺贝尔经济学奖得主，以及其他一票著名的经济学家，在费雪的生命周期模型理论的基础上展开了更深入的研究。

因此，到了我读研究生的时候，经济学家们已经形成了一个关于人们应该如何储蓄、购买保险和投资的清晰理论。他们也明白了为什么没有人能够预测股市走势，即便是欧文·费雪也不能。当然，发展一种理论和期望人们能坚持它所秉承的原则是两码事。真实世界中的家庭是否能按照经济理论所规定的那样行事？他们的储蓄足够吗？他们买了足够的保险吗？他们是否选择了正确的职业？他们是否背负了太多的债务？他们的投资行为是否合理？他们在社会保障和税收方面的举措是否正确？

以上这些，以及一些类似的问题，在我和其他经济学研究者的脑海中占据了一席之地。许多经济学家开始将美国家庭调查中报告的实际个体财务行为与理论上被认为合适的财务行为进行比较。在 20 年的时间里，展现在我们面前的情形既清晰又不堪。基本上，每个人都会犯重大的财务错误。例如，储蓄太少或太多、购买了错误金额的人寿保险、不负责任地借贷、把大量的终身社会保障福利白白丢弃、实际缴纳的税款比要求的多得多、因住房陷入贫穷……这个单子可以拉得很长。

面对这样的研究事实，经济学专业人士的反应也不怎么成熟。"什么？人们竟然没有遵从我们那完美的理论？他们怎么胆敢这样做呢？他们对经济问题的处理显然存在问题！他们就是缺乏自制力！他们要么目光短浅，要么对财务一窍不通，要么两者兼而有之！"由于过度消费和储蓄不足等行为，未来毫无防备的我们正在被当下的贪婪坑害。一夜之间，行为金融学作为一个新的经济学领域兴起了，这门学科致力于研究个人糟糕的财务决策背后病态心理层面的确切原因。

对于这种观点，经济学家们也并不是总能达成一致。事实上，他们甚至也无法与过去的自己保持一致。美国前总统杜鲁门曾经说，他需要一位"只有一只手"的经济学家，因为他实在不想再听到"在另一方面"这种说辞。我也是一位"有两只手"的经济学家，但我对行为金融学的看法是非常明确的。我强烈反对这样一个前提假设，即人们搞砸自己的财务是因为行为不端、财务混乱、目光短浅或有心理疾病。即使是最具备责任心的、谨慎的、受过良好财务教育的、心理健康的人也可能会犯重大的财务错误。原因很简单：我们面临的财务问题，复杂程度令人难以置信，如果没有清晰的指引，我们的大脑就很难处理好这些问题。

为什么我会这么认为？有3个原因。

第一个原因是自我反思。我意识到，虽然我受过经济学上的良好训练，但我本人的头脑也无法完美地完成个人理财这项任务。例如，如果你告诉我你所有的个人财务状况，然后问我你今年和余生每年可以永久消费的金额有多少，换句话说，你让我不用纸和笔，仅凭心算就给出轧平你消费波动的方案，那么我给出的结果肯定会与事实相差30%甚至更多。

个人理财问题本质上就是一场猜谜游戏，因此在这个问题上其他经济学家也并没有表现得更好。我曾经要求聚在一起的几位经济学家共同讨论个人理财问题，在短时间内对一个假想的、40岁的人的消费平滑问题给出答案。我给他们提供了相关信息，然后观察他们的表情。他们看起来相当沮丧，因为他们都知道自己将会给出一个非常错误的答案。那时他们似乎意识到：即使像他们这样具有财务知识的人，也无法仅仅通过大脑思考就做出正确的财务决定。

经过精确计算的、计算机给出的答案是：每年75 589美元。与会专家给出的答案从3万美元到13.5万美元不等，平均算下来也与计算机得出的精准答案相差1.5万美元以上。

做财务决定如此困难的第二个原因是：要做出正确的财务决定，我们需要能正确地理解和掌握政府制订的福利和税收计划。然而，在美国，这显然是一个过高的要求。以社会保障体系为例，美国的社会保障体系囊括了2 728条规则，以实现对13项福利的管理。然而这些似乎还是不够，与之配套的项目操作手册还包括了数十万条具体规定来进一步细化这2 728条规则。如果再考虑联邦和州所得税体系的复杂性,事情就会变得令人抓狂了。如果不能熟练掌握和运用这些条款,我们怎么可能实现终身福利的最大化,同时让终身税收最小化呢?

关于为什么财务决定会如此困难,我认为的第三个原因是什么呢?回到我最初所说的,财务问题是复杂的。我们必须决定未来在不同的资产上该花费多少钱、储蓄多少钱、投保多少钱和投资多少钱。而且,我们还必须考虑现金流限制、前面提到的令人抓狂的税收和福利规定,以及令人头疼的"鸡生蛋还是蛋生鸡"的问题,并在这些约束条件下做出财务决定。

那么,什么是令人头疼的"鸡生蛋还是蛋生鸡"问题呢?举个例子来说明,支出和税收,孰先孰后?两者其实互相依赖。我们在一段时间内能花多少钱取决于我们在这段时间内缴纳了多少税。但是,我们在一段时间内缴纳多少税,又取决于我们在这段时间内花了多少钱。①

28年前,当我第一次潜心开发一个实现消费平滑方案的计算机算法时,因为同时要考虑现金流限制和我们复杂的税收和福利系统,我真的不知道该从哪里入手。要解决这个问题我似乎毫无头绪。但是,就像我们在波士顿常说的那样,"黎明在马布尔黑德升起"。(马布尔黑德是波士顿北岸的一个小镇。)我突然开了窍,领悟到这个问题的解决方案:一次完成一个任务、解决一个问题,将每个任务的结果作为下一个任务解决的输入条件。后来我将我的算

---

① 我们如果支出得多,就会储蓄得少,资产收入就会减少。因此,未来的税收负担就会降低。

法命名为"迭代动态规划",并为它申请了一项专利。(顺便说一句,动态规划是工程师用来调整导弹和太空飞行器飞行路线的一种技术。因此,要做出完美无缺的个人财务决策确实需要火箭科学的加持。)

迄今为止,我已经用了数十年的时间,来开发基于经济学的、能帮助我们做出正确个人财务决策的计算机程序。[①]我这样做一方面是为了我的研究,同时也是为了帮助我的软件公司——经济安全规划有限责任公司,打造一款个人财务规划工具。我们公司的主要产品 MaxiFi Planner 是本书的幕后明星。如果把这个已经非常高效的程序的所有代码打印出来,需要足足 3 500 页纸。这个数字再次证实了我们已知的一项事实:财务问题的确非常复杂。

MaxiFi Planner 能够为安全地获得更多财富、降低财务风险、提高生活质量的目标提供基础指导。但是请读者放心,本书并不是冗长的软件推销软文。本书的内容自成体系,不需要使用软件。在本书中,我会告诉你经济学在通用层面以及 MaxiFi Planner 在具体操作层面各自会开出怎样的理财药方。至于我在书中所举的例子,它们是以 MaxiFi Planner 的计算为基础的,因此,计算结果将非常精准。

有了这种基于经济学的财务规划工具的帮助,我们的收益将如施了魔法般神奇增长。这就是为什么我给本书如此命名,以及为什么我非常愿意展示我的金钱魔法。我也渴望能够证明:经济学家除了研究人们的金融"错误",还能够做更多的事情。我们也可以提

---

① 注意,我用其中一个程序计算出了我给经济学家同行们出的问题的答案。

供治疗金融病症的"青霉素",也就是确保你能够安享稳定、安全和更高的终身生活水平的方案,这正是我在接下来的篇幅中将要展现给你的内容。

引　言

我们都追求财富,有些人甚至不惜涉险求财。迈达斯国王乞求狄俄尼索斯教会他点石成金的魔法。尽管国王如愿以偿,但因为他碰到的所有食物都变成了金子,最终国王还是落得饿死的结局。前菲律宾第一夫人伊梅尔达·马科斯在年幼时一贫如洗,但当她的丈夫掌权后,他们大肆侵吞这个国家的财富。鞋子是这位夫人购物清单上的首选。在被民众推翻前的 21 年间,她挥金如土地购买了近 3 000 双鞋子。虽然倒台后马科斯夫妇得以死里逃生,但伊梅尔达却没能带走她的鞋子。如今,伊梅尔达的成百上千双鞋子仍然优雅地陈列于马尼拉附近的马里基纳鞋子博物馆中。

国王迈达斯和马科斯夫妇当属极端沉迷于财富的异类。我们中的绝大多数人并不会纯粹因为贪婪而对金钱如此渴求。我们有合理的理由追求财富:我们的的确确需要财富。许多美国工人多年来都没有获得实质性的加薪,不少退休人士可能陷入了"人还健在,钱却花完了"的困局。

值得庆幸的是,有一些简单而有效的方法能够让你积累更多的财富,同时不必拿自己的血汗钱做赌注,还有一些方式能够帮助你降低财务风险。另外,也有很多途径能够让你花同样的钱却获得更多的幸福感。

建立在经济学基础上的理财规划

每个职业都有其魔法般的力量。生物学家治愈瘟疫,工程师建造摩天大厦,物理学家拆分原子,地质学家给岩石断代,天文学家发现行星,化学家解析物质。那么,像我这样的经济学家会什么魔法呢?如你所知,经济学家既无法预测股市涨跌,也没能预见大萧条和大衰退,在发表观点时,他们往往会以"让我们假设……"作为开场白。尽管经济学这一领域充满诸如此类的挑战,但经济学家们仍能施展神奇的魔法。亚当·斯密,经济学领域首位伟大的魔法师,就神奇地发现了"看不见的手",这只"手"能把个人的贪婪利己转化为集体的获益。大卫·李嘉图能够用"4个神秘数字"来解释国际贸易的交易动机、交易品种和交易时机。阿尔弗雷德·马歇尔揭示了支配所有市场行为的神秘供需曲线。此后还有姗姗来迟的伟大魔法师保罗·萨缪尔森,他将古老的经济学原理用数学符文展现出来。

斯密、李嘉图、马歇尔和萨缪尔森都是有史以来最伟大的经济学魔法师。除了他们,每个训练有素的经济学家都能用经济学理论有技巧地解答社会谜题。这就是为什么经济学如此引人入胜、令人惊喜:无论是被应用于理解全球市场,还是确定污染排放税,抑或是挽救就业,经济学都表现得至关重要且行之有效。

尽管经济学通常被定义为一门关注重大的、世界性问题的学科。但事实上,在过去的一个世纪中,经济学家也一直在研究个人理财问题。然而长久以来，经济学家们的工作一直游离于公众视线之外——他们忙于撰写研究论文，参加研讨会，在学术期刊上发表著述等。

当然，经济学家们偶尔也会从他们的学术殿堂中走出来，发表一些诸如"为退休而储蓄""资产要分散化""要购买保险"等常识性的观点。但是，当他们在邻居的圣诞派对上被问到一些诸如"读个硕士学位有用吗""我可以退休吗""我应该先偿还学生贷款还是先往退休账户里存钱"等看似简单的问题时，经济学家往往会面红耳赤，然后悄悄地转移话题。我自己就曾经是这种红着脸转移话题的经济学家之一。

与那些端着潘趣酒杯尴尬无比的经济学家一样，我其实是知道如何去分析人们提出的这些财务问题的。我可以列出所有相关的因素，并建立一个数学模型。但问题是，我不知道如何求解这个模型，模型里有太多相互关联的、极度复杂的、令人望而生畏的等式。即使我们能开发出一种软件程序来处理这些海量的信息，用早期的计算机来运行这个程序并求解也要花很长时间。

近年来，算法和算力都取得了惊人的提升，加上云计算的运用，理论上接近无限的计算机算力改变了这一切。现如今，如果有人在鸡尾酒会上向我提出同样的问题，我会用迭代动态规划、自适应稀疏网络、非凸性、插值误差、确定性等价、并行处理等专业术语对着他一顿狂轰滥炸。

由于这些技术进步，再也没有任何理财问题可以超出经济学家能够解答的范畴。事实上，以经济学为基础的财务规划将给个人理财带来革命性的变化。传统的理财"建议"——比如用一大套生硬的经验法则来诱使家庭购买价格不菲但风险颇高的金融产品——必然会被基于精确计算而非主观猜测的财务规划所取代。你正在阅读的这本书就是这种革新的见证。

财务规划基线——对你的生活水平的影响

我们所有的财务决策，无论是关于教育、职业、工作、生活方式、婚姻、退休年龄的，还是关于税务规划、社会保障以及投资决策的，都与我们的生活水平息息相关。生活水平是一个笼统的概念，体现了每个家庭成员在一生中所能担负得起的支出。然而，我们大多数人在做出财务决策时，并不清楚其对自身生活水平的影响，更不用说可能造成的潜在风险了。我们要么听任金融从业者出于他们自身利益向我们做的推荐，要么依赖于朋友和家人提出的并不可靠的建议。这样做，我们不仅可能会失去大量的金钱，放弃很多快乐，还会将自身置于风险之中。

这里有针对人生不同阶段的 10 个问题，展示了财务决策如何决定一个人的生活水平：

1. 如果我辞掉工作重归校园，我可以负担得起自己的午餐费以及房租吗？
2. 我在一个低生活成本的城市从事一份低薪的工作，会比在一个高生活成本的城市从事一份高薪的工作更好吗？我会有更多的钱消费吗？
3. 选择一份收入更高但难度更大的工作对我的可支配支出有多大的影响？
4. 我们又有了一个孩子，我是否需要购买更多的人寿保险为家人的生活水平提供保障？
5. 我们工作时应该存多少钱才能够维持退休后的生活水平？
6. 罗斯个人退休账户（Roth IRA）是否会比常规个人退休账户（regular IRA）更加有利于降低我的终身税负，从而在长期让我拥有更多的财富？
7. 提前偿还按揭贷款有利于提高我的生活水平吗？
8. 如果我选择提前退休，会对我的长期生活水平产生怎样的影响？
9. 如果孩子们都已经搬出去了，我们能够在多大程度上通过缩减生活开支提升消费能力？
10. 如果我主要投资股票，会给我维持生活水平带来怎样的风险？

  这些问题可能是你自己正在面临的，也可能是你的亲戚、同事或朋友正在面临的。也许你阅读此书的目的是为自己解惑，但是，对于你来说，如果能因此而帮助到别人，尤其是你的父母或子女，那么最终你也能从中受益。在紧要关头，我们是亲朋好友的财富守护者。这也是为什么本书中的所有内容都会于你有益。也许你已经退休，不再面临职业选择问题，但你的孙子正在找工作；也许你还有30年才能领取社会保障金，然而你的父母可能已经在打算提前支取他们的保障金了。试想有一天，你的父母花光了所有积蓄，此时他们社会保障金账户中的钱也越来越少，需要你出手援助，帮他们摆脱困境。面对此情此景，你还能说"这不关我的事"，然后袖手旁观、置身事外吗？

一台提升生活水平的机器

想象一下，有这样一台机器，它可以回答你所有关于生活水平的问题，使你更加富有、更加安全、更加快乐。这样的机器还真的存在！正如序言中提到过的，我投入了多年时间通过我的个人理财软件公司来打造它。这台机器融合了突破性的技术、克服了以往难以逾越的技术障碍。它也囊括了来自多个领域的最细节化的内容，包括我们的收入、工资体系、税收体系，以及最复杂的财务系统——社会保障体系。

我打造的这台生活水平机器可以做到以下4件事情。第一，它会计算出你应该消费多少钱，换句话说，就是你可持续的生活水平应该是什么样的。经济学家把这项任务称为消费平滑，主要目的是使你的生活水平保持平稳，即使在现金流受限的情况下，也要使你的生活水平尽可能接近平稳状态。第二，这台机器会找出提高你的生活水平的安全方法。第三，它会计算出你将面对的生活水平风险，并找到维持和提高生活水平的更安全的方法，包括你进行投资的最佳方式。第四，在做出生活方式决策的过程中，通过衡量生活方式的真实成本，帮助你用你的财富买到更多的幸福感。

虽然我们的大脑远不是计算机的对手，但多年的经济研究，加上在构建和运行我的理财软件的过程中积累的经验，赋予了我各种各样的关于理财的知识和智慧。在本书中，我将把它们向你倾囊相授。本书的每一章都是基于应用经济学的原理以及我的生活水平机器程序的发现而编写的，它可以帮助你检视关于个人理财的某一个特定方面，从而通过多种途径一步步帮你建立创造你个人金钱魔法的全套能力。在这个传授过程中，我将聚焦于我的理财软件所提供的3个同等重要的功能项：帮你赚更多的钱、降低你的风险，以及让你从所花的钱中获得更多的幸福感。

帮你赚更多的钱

我的首要任务非常简单明了：帮你赚更多的钱。这里有个例子可能会吊起你的胃口。这个例子中的主角是居住在波士顿的史密斯夫妇。这对夫妇出生于同一天。就在上周，他们都刚满62岁。史密斯一家是一个假定的家庭，也是本书中众多假想家庭中的第一个。本书也会涉及一些真实家庭的案例，但为了保护隐私，我会在书中使用化名。

史密斯夫妇从25岁开始就一直在辛勤工作。如他们的同龄人一样，现如今这对夫妇已经被工作消耗得精疲力竭了。因此他们选择了退休，上周那场精彩的生日派对同时也是他们的退休派对。然而，眼下史密斯夫妇却感到伤心欲绝。退休后，他们终于坐下来审视自己的财务状况，但意外地发现储蓄太少了，这些存款根本无法支撑可能比职业生涯更为漫长的退休生活。他们有着每年去欧洲度假的梦想，还期待拥有避暑别墅、豪华汽车，以及NBA（美国职业篮球联赛）的凯尔特人队比赛季票，这些都仿佛在一个小时内化为乌有了。

为什么史密斯夫妇几年前没有检查自己的财务状况呢？他们原本认为只要拥有社会保障和按照上限向401（k）退休账户中缴款就足够了。和我们大多数人一样，他们认为美国政府以及他们的雇主，会如同父母般一直引导他们的财务行为，政府和雇主会把事情处理好，为他们铺就一条安全无虞的财务之路。在这种一厢情愿的想法之上，史密斯夫妇从未查看过自己的财务状况到底如何。

幸运的是，天无绝人之路。这里有5种安全又简单的方法可以帮史密斯夫妇挽救他们退休后的生活。首先，他们应该等到70岁再开始领取社会保障福利，而不是在62岁退休后立即开始领取；其次，他们应该从现在开始就从401（k）退休账户中提取养老金，而不是等到70岁才开始这么做；同时，他们还应该以联合生存者年金的形式从401（k）退休账户中提款；接下来，他们应该把住房规模从有4间卧室缩减到原来大小的一半；最后，他们应该搬去新罕布什尔州生活，因为在那个州不用缴纳州所得税。

这些退休后的补救措施将会给史密斯夫妇所面临的窘境带来惊人的改变。史密斯夫妇退休后的可持续支出将因此增加一倍以上！他们最初面临的情况是：在支付了住房费用和缴税后，史密斯一家每月能负担得起5 337美元的支出。而在新的财务规划下，他们每月的支出可以额外增加11 819美元。这是一个巨大的提升，以现值计算，他们的终身支出增加了1 578 374美元。

换句话说，这个新的财务规划相当于给了史密斯夫妇一个装了约150万美元现金的袋子。这就是金钱魔法，纯粹而简单。

降低你的风险

我的第二要务是帮助你控制风险。这里的风险指的是：你的生活水平高于或低于平均水平的程度。面临上行风险，也就是能够享受高于平均生活水平的生活，是很不错的。但有下行风险也就是你的生活水平下降，显著低于预期，这就是巨大的隐忧了。

我们在生活中都面临很多风险，有些我们可以控制，有些则超出我们的控制能力。在本书中，我将特别关注以下几个生活中重要的不确定性：

- 收入风险（你的职业或工作预期无法实现的风险）；
- 死亡风险（早逝的风险）；
- 长寿风险（在超过预期寿命后还继续活着的风险）；
- 通胀风险（你收入和资产的购买力因物价上涨而降低的风险）；
- 投资风险（你在投资市场上遭受重大损失的风险）。

这些风险想起来都让人不寒而栗，但还是有一些意想不到却非常有效的方法能够帮助你降低这些风险。

以我个人为例，自从我的母亲过完88岁生日，我就意识到我和我的兄弟姐妹们必须面对一个重大的财务风险。假如我们的母亲可以如愿再活很多年，那就意味着在这些年中我们需要以比此前高得多的支出水平来赡养她。因此我建议我们一起给她购买一份年金，年金和人寿保险的作用是相反的。如果你死了，人寿保险将负责赔付；但只要你活着，年金就会给付。

我的哥哥姐姐们都觉得我疯了。我母亲的健康状况并不太好，预期寿命只有4年。如果我们买了一份年金，假定她在4年或更短的时间内就去世了，那么我们就将损失投在年金上的绝大部分钱。虽然我也赞同这个事实，但我认为我们面临的更大的财务风险是母亲活的时间可能超出预期，比如说达到100岁的寿命。如果发生这样的事情，她需要我们持续提供财务支持的时间就要比预期长得多。

"她不可能活过5年，"他们说，"你看看这种可能性的大小。"

我向他们解释说，最重要的是考虑好风险情况。当说到风险时，我们应该考虑的是最坏的情况。从经济角度上说，最坏的情况就是我妈妈活得比预期寿命长很多。

当时我的兄弟姐妹们并不喜欢我那种冷静分析的语气。但最终他们明白了我的用意并且妥协了，于是我们为妈妈购买了年金。后来，事实证明，这个决定非常明智。我们的母亲最终在98岁高龄辞世，我们非常想念她。

物超所值

我的第三大目标是帮助你以更快乐的方式花钱。要想知道这句话的含义，请和我一起去一个奇怪的市场来一次购物之旅。在这个市场里，商品的价格没有被标明。你无从知晓一加仑[①]牛奶多少钱、6块装的纯素香肠多少钱、一瓶地狱火超级辣酱多少钱、一盒鱼嘴罐头多少钱（是的，在这个地方你能买到一些美味佳肴），甚至连一条面包多少钱你也不知道。既然如此，你的任务就是在市场的过道中穿行，决定把哪些货物放进你的购物车里。只要你挑选的商品总价超过了200美元，带有传感器的购物车就会自动结账，从你的信用卡上扣钱，并祝你今天过得愉快。

如果你真的被强迫去进行这样的盲购，你会有什么感受呢？我保证你会很难过。如果你无法得知任何东西的价格，你就会买到那些对你来说价格超出其本身价值的商品。你也会无法买到价格低于其本身价值的商品。没错，离开这家商店时，你会带走价值200美元的商品，但你带走的肯定不是价值200美元的幸福感。

当然，这只是个想象，真实的商店还是会对商品标价的。但在

[①] 1加仑（英）≈4.5升。——编者注

生活中也有很多重要而昂贵的东西，在购买它们时我们却并不清楚它们的真实价格。这些东西就是涉及个人层面和生活方式层面的决定，比如提前退休、选择上哪所大学、再生一个孩子、换工作、翻修房子、搬到另一个州居住、结束一段婚姻，等等。每一项决定都带有一个精确的价格（有些价格可能是负的），这个价格是以你的可持续生活水平为标准来衡量的。

下面这个例子可能会对你理解这个问题有所帮助。

让我们试想一下这样的情形：你在63岁，而不是67岁时，从一份能提供标准福利的工作岗位上退休。选择在更年轻时退休，会减少4年的工资收入，也意味着雇主和雇员向401（k）账户缴存退休金的时间会减少4年。同时，这意味着在达到有资格享受医疗保险的65岁之前，你需要自掏腰包支付两年的医疗保险以及其他与保险相关的费用。这还意味着，由于你的工作时间变短了，社会保障所覆盖的以往平均收入水平将会降低，进而你的社会保障福利也会相应减少。另外，这也意味着你要应对现金流减少的问题，从而导致你不得不提前从退休账户中提款、提前领取社会保障福利，或者两者兼而有之。如果你提前开始领取社会保障福利，你余生可领取的福利就会永久性减少。提前退休还意味着你的整个消费和储蓄进程将发生改变，从而影响你未来的资产规模、未来的应税资产收入，以及未来需要缴纳的联邦和州所得税。

你应该已经领会到我要表达的意思了。要弄清楚提前4年退休在经济上真正意味着多少损失是非常复杂的。但是请你放心，我可以告诉你你的各种财务决策给你带来的实际成本，由此你可以做出更好的决策。如果提前退休是你要从生活方式的货架上挑选出来的商品之一,那么我将帮助你给它贴好价签,帮你计算出你选择继续工作挣到的钱是否值得你牺牲掉那几年的休闲时光。如果你原本预期的是生活水平降低 10%,而你最后得知实际情况更接近降低 20%,那么你可能会决定几年后再退休。反之,如果你预期有 20% 的生活水平降低而实际只有 10%,那么你可能会选择退休而不是继续在工作岗位上度日如年。

简而言之,我要帮你在知晓价格的基础上,买到你能负担得起的最多的幸福感。当然,每一种涉及财务决策的情形都不尽相同,但我将提供足够的例子,让你能非常清楚地知道个人和生活方式的不同决策会让你付出怎样的代价。

关于本书中论述的说明:将金钱跨期累加

我在整本书中的论述都将基于以下假设:你的储蓄将获得 1.5% 的名义回报,并且将经历 1.5% 的年通货膨胀水平。那么实际收益率(即考虑通货膨胀因素后的收益率)将为 0,我们假设它反映了我写就本书时的金融市场的现实状况。[1] 这些假设让计算变得非常便利。在这些条件下,我可以把未来不同年份的、经通胀调整的金额简单相加。例如,如果你每年挣 7.5 万美元,离退休还有 10

---

[1] 在我写本书时,美国主流的 30 年期国债的名义利率是 1.5%,而经通胀调整后的利率则非常接近于 0。因此,当前市场所预计的长期通胀率为 1.5%。就潜在违约风险而言,美国国债通常被视为世界上最安全的金融资产之一。因此,我将假设你会安全地投资,并且通货膨胀率将符合预期,这是我进行计算的基础。如果你转而去投资股票,我就需要根据额外的风险敞口调整所有的计算结果。最终,这些调整会让我回到在数值分析中使用安全利率的情形。

年，你到手的实际工资水平将保持不变（跟通货膨胀持平），你的终身收入就等于 10 乘以 7.5 万美元，也就是 75 万美元。

本书中有关理财的重要观点

本书才刚刚开篇，我就已经向你抛出了 3 个理财上的意外惊喜：一是非常诱人的退休后的补救方法；二是能够抵御活得过久的风险的方案；三是不用多花一分钱就能获得更多幸福感的强大途径。为了让你提前了解本书中将要讨论的话题的广度和深度，我在下面的对答中列举了一些即将呈现在你面前的五花八门的有关理财的重要观点。了解它们产生的过程会很有趣，更重要的是，这些观点会给你带来实实在在的收益。

本书中的重要观点示例

问：从个人退休账户中套现来偿还抵押贷款，这样做值得吗？

答：当然值得。

问：我可以暂停领取我的社会保障福利，然后再以更高的金额重新开始领取吗？

答：可以，如果你的年龄处于正常退休年龄和 70 岁之间，你就可以这么做。

问：我可以设定一个生活水平的下限，然后以只会出现生活水平上行风险的方式进行投资吗？

答：可以，这很简单。

问：水管工一生赚到的钱和全科医生一样多吗？

答：是的。

问：搬到别的州居住能显著提高我的生活水平吗？

答：这十拿九稳。

问：如果我因为继续工作而损失了社会保障福利，我能把它们几乎全部拿回来吗？

答：几乎是可以的。

问：激进消费带来的风险会和激进投资一样大吗？

答：当然。

问：我越富有，就越应该按比例持有越多的股票吗？

答：不是。富人应该投资债券，穷人才应该投资股票。

问：把握市场时机有意义吗？

答：是的，有意义。

问：如果我们再要一个孩子，我需要买更多的人寿保险吗？

答：不。相反，你需要的应该是更少！

问：即使可能性非常小，我应该为活到100岁而做计划吗？

答：当然应该。

问：退休后，我是否应该逐步退出股票投资？

答：不，你应该做的恰恰相反。

问：罗斯转换（Roth conversion）值得吗？

答：当然值得，只要你把握好恰当的时机。

问：反向抵押贷款（reverse mortgage）是释放房屋净值的划算方法吗？

答：完全不是。

问：花钱去取得一个教育学硕士学位值得吗？

答：可能不值得。

问：在67岁而不是62岁退休对我退休后的生活有什么影响吗？

答：两者的结果会有很大不同。

问：如果我年轻且单身，对我来说最好的财务举措是什么？

答：和妈妈一起合住。

我的计划

我的目标是教会你我所知道的每一个理财技巧，让你有能力去创造属于自己的金钱魔法。但首先，我将专注于让你用传统的方式赚钱，那就是：工作。同样的工作量会产生不同水平的收入，从而导致不同的生活水平，而这又取决于你对职业的选择，所以就让我们从这个话题开始展开本书的正文内容吧。

第1章 我的女儿做了水管工

—— 如何选择一份收入丰厚的职业

你年方 18 岁，聪明伶俐。你从小就受到很好的科学启蒙。你的父母都是医生，他们已经早早替你规划好了人生之路：首先考入一所顶尖大学，然后进入医学院，再然后顺理成章地成为一名顶尖的住院医师，最后，稳定而充实的全科医生将成为你的职业。他们对你的未来是如此深信不疑，所以在向别人介绍你的时候都会这样说："这是我的女儿，未来的医生。"

可问题是你一见血就受不了，也不怎么善于和人打交道。更重要的是，你的计算能力还不错，可是在当下这个时代做一名全科医生不需要具备什么计算能力。另外一个事实是，当我们综合考虑医学院那高昂的学费、长达十余年的医学培训、利率高企的教育贷款，以及全科医生低得惊人的薪水等因素时，一名医生在整个职业生涯中的净收入其实与一名水管工大致相当。[1] 有一些专科医生的薪资水平更高，比如放射科和外科，但要做专科医生需要经过多年额外的培训。此外，包括这些岗位在内的许多高端的医学领域正在迅速实现自动化。[2] 然而对于水管工来说，他们的工作岗位似乎是安全无虞的。美国有1.2亿栋建筑，千奇百怪的管道系统不尽相同，都需要人工维护，而且不太有实现自动化维修的可能性。

  职业规划管理是一项极为重要的理财窍门，也是你在有生之年实现收入最大化和尽可能获取工作乐趣的关键。为什么我表述"职业"时用了复数而不是单数呢？因为你一生中很可能会从事好几种职业，而且在每一种职业里都可能会从事不止一份工作。平均而言，在18岁到48岁之间我们大多数人会经历4种职业和12份工作。我们跳槽是为了事业进步。通过权衡在一个新工作岗位上做得更好的潜在机会与重新开始的成本，我们一直在寻找从长远来看与自己最匹配的职业。

  即使已经找到了一条看似理想的职业道路，仍然会有层出不穷的职业选择机会，让我们无法停止追寻。美国劳工统计局所列出的职业清单为我们做出最优的职业选择提供了参考，同时也让这个选择变得困难重重。美国劳工统计局一共列出了867个主要的职业类型，按照这个清单去做从事哪一种职业以及从事多久的决定，可能会让人不知所措。

  几乎可以断言的是，在你最终做出正确的职业选择之前，你肯定会犯错。打个比方，假设你走进一家有着867种口味选择的冰激凌店。你会迅速注意到其中那些经典的口味，比如巧克力、香草和曲奇饼风味的。然后你扫视着眼前一排排打开盖子的冰激凌桶，从卖相和介绍上来看，几乎每一种看上去都很美味。如果你能一一品尝，我想你一定会找到梦想中的那只冰激凌。但是在你身后，和你一样的甜食爱好者已经排起了长队，你不得不快速做出决定。但是这样的选择实在是太难了，于是你询问店员，他们最喜欢吃的口味是哪种。很快,你选择了店员推荐的口味,付款、出门,然后对着你手里的那两勺马肉味儿的冰激凌目瞪口呆,这应该是这个世界上所有口味的冰激凌中最让人恶心的那种了。

幸运的是,你有几年的时间来探索你的职业选择,而不是像选冰激凌一样只有仅仅几分钟的时间。而且,你还有一位免费的并颇为可靠的在线职业咨询师,它就是美国劳工统计局。它的职业就业和工资统计(OEWS)项目提供了 867 种职业的详细信息。浏览这些信息,你会发现一些不可思议、闻所未闻的职业。

集你自己、你的女儿、你的孙女于一身的南希

假设有这样一位 22 岁的女孩,名叫南希。她可以是你、你的女儿或你的孙女的替身。南希刚从杜克大学毕业,获得了艺术史学士学位,同时债台高筑。在过去的一个月中,她孜孜不倦地向遍布全美各地的博物馆提交了 37 份低薪实习职位的申请。可是到目前为止,她仅仅收到了 33 份回复,而且全部是礼貌的拒绝。

在这种情况下,和我们大多数人一样,南希会感到恐慌并开始去寻求帮助。她第一个咨询的人是鲍勃叔叔,一位耳鼻喉科的专家。鲍勃力劝南希成为一名助听士。他介绍:"这个领域潜力巨大。我们这个国家正在经历老龄化,而老龄化意味着越来越多的人将遭受听力下降之扰。"

南希上网去查这个职业,因此她找到了美国劳工统计局网站上的职业就业和工资统计项目。这个项目的统计数据显示,助听士的

平均年薪为5.3万美元。这对于南希来说已经不错了。但这是她最好的选择吗？南希的视线被清单上一个恰好位于助听士之上的、听起来很奇怪的职业所吸引：矫形假肢师。矫形假肢师为人们安装腿部支架和义肢，这与为人们安装助听器略有不同，但并不属于截然不同的领域。可是，矫形假肢师这个职业的平均年薪为7.3万美元，比助听士高了38%。

假设南希最终成了一名矫形假肢师而不是一名助听士，再假设她在达到67岁的正常退休年龄时选择退休，那么每年多挣的2万美元（按通胀调整后计算）对她这一生的生活水平提升来说意味什么呢？

因为现行的经通货膨胀调整后的长期利率基本上为零，所以答案很容易计算，只要用2万美元乘以南希工作时间，即45年，就可以了。结论是从事这两个不同职业产生了90万美元的终身收入差额。哇，这几乎是100万美元的收入差距。对于南希来说，这个发现将令她欢欣雀跃。如果决定成为一名矫形假肢师而不是一名助听士，在有生之年维持相同生活标准的前提下，南希可以选择提前14年退休。

职业收入上升的通道

收入增长潜力是职业选择的关键考量因素之一。不幸的是，美国劳工统计局公布的收入数据并没有根据起始工作年龄或工作年限来进一步细分。但收入报告中确实有关于某一项职业薪酬水平的按不同等级划分的数据。例如，矫形假肢师的薪酬分布的第25百分位（把100位矫形假肢师的收入从低到高排列位于第25位的数据）是5.2万美元。如果我们将第25百分位的薪酬近似为入门级的薪酬水平，而将第75百分位的薪酬近似为职业生涯晚期时的薪酬水平，我们就可以对处于职业生涯不同阶段时的薪酬水平进行比较。通过这种方法进行比较估算，我们会发现，一名矫形假肢师的起薪比助听士高出约1.4万美元，处于职业晚期时则高出近2.3万美元。这表明，在两个不同的职业生涯中，矫形假肢师的薪酬比助听士的薪酬增长得更快。

在劳工统计局的网站上，你还可以比较不同城市间的薪酬水平。在密西西比州的杰克逊市，一位矫形假肢师的平均年薪是12.3万美元，比全美的平均薪酬水平高出5万美元，仅次于洛杉矶的12.9万美元，是一位矫形假肢师可以拿到的全美第二高的平均薪酬。但根据网站上生活成本计算器的计算结果，事实上洛杉矶的生活成本比杰克逊高出约50%，一位矫形假肢师在洛杉矶的实际生活标准要比在杰克逊低很多。

在佛罗里达州的坦帕市，助听士的平均年薪为7.7万美元，为全美最高水平，比5.3万美元的全国平均年薪高出很多。但是如果把薪资和生活成本的差异综合考虑进去的话，生活在杰克逊的矫形假肢师的生活成本是生活在坦帕的助听士的两倍。

"那么矫形假肢师的薪水有助听士的薪水涨得快吗？"鲍勃叔叔问道，他不愿相信自己给南希提出的建议不是最好的。他说："你提到的矫形假肢师和助听士的收入差异确实惊人，但这些数据只反映了当下的情形。你需要了解一下随着时间推移这两个职业的发展轨迹会发生怎样的变化。说不准30年后，助听士的收入会超过矫形假肢师。"

鲍勃说得有道理。美国劳工统计局过去十多年的统计数据表明，两个职业之间薪资水平的差距已经有所缩小。但就目前而言，两者之间的收入差距依然是巨大的。没有可靠迹象表明这一差距会继续缩小，更不用说有朝一日助听士的薪资水平会超过矫形假肢师了。

鲍勃叔叔仍不甘心，进一步追问南希："你把培训成本的因素考虑进去了吗？也许获得矫形假肢师认证的时间要比获得助听士认证的时间长得多，而且学费可能也要高得多。"

"当然了，"南希回答道，"取得这两种职业认证所花费的时间和金钱成本几乎一样。无论我选择走哪条路，我都需要借更多的钱，而且要花上至少一年的时间才能拿到从业认证。这也是为什么，呃……你是我在找工作问题上第一个寻求帮助的人，因为我要借一笔钱。"

寻找，你就会找到

南希对她眼下的初步职业规划感到很兴奋。但是现在她的注意力已经转移到赚钱这个点上了，她想进一步了解，是否有机会寻找到比矫形假肢师薪水更高的职业。幸运的是，劳工统计局网站提供了两个虚拟线上助手，可以帮助南希缩小搜索的范围：一个是"职业手册"，另一个是"职业探头"。

"职业手册"首先将职业类型分成大类，在每个大类之下，你可以深挖下去了解任何相关的细分专业。它还为每个职业提供了要点归纳，归纳了包括工资中位数、教育背景要求、工作经验要求、在职培训要求、全美的就业情况及预计就业增长等多角度的信息。"职业探头"可以让你按照某个筛选条件，比如说较高的平均工资水平，去搜索符合条件的职业类型。

不幸的是，"职业探头"很容易过度收窄选择范围。为了确保你不会错过任何一个上佳的职业选择，我强烈建议你花时间把867个职业选项都筛选一遍。这么做的好处是显而易见的：想想南希仅仅通过对比矫形假肢师和助听士这两个职业，就发现了可以积累更多财富的机会。此外，请记住，还有更多职业选择并没有被劳工统计局的系统所识别和收录。即便劳工统计局的职业分类看起来很专业，实际上它们也是经过了高度汇总和整合的。

以编号为11-9033的职业为例，这个职业编号对应的是高中以上学校的教育管理人员工作。这是一项南希应该加以考虑的职业。从事这份工作需要有学士学位，全美范围内的平均年薪为11.2万美元，比矫形假肢师的平均薪酬高出3.9万美元，比助听士的平均薪酬高出5.9万美元。以下是劳工统计局网站对于这项职业的描述：

在高中以上的教育机构中，包括大学、学院、大专和社区学院等，从事研究、教学、学生管理和服务以及其他教育活动的计划、指导或协调工作。

很多大学在编号为11-9033的职业分类下发布了一长串相关岗位，包括大学中的院系管理人员、大学实验室协调员、本科生辅导员、助理系主任、学术奖学金管理员、学院预算主管、项目主管、项目协调员、人文事务专员和学生服务经理。

劳工统计局所列出的所有职业都需要我们深入挖掘，即便仅仅是浅层次地进一步了解。例如，助听士这个职业就以两种职业形态出现：听力技术员和听力仪器技术员。前者主要负责诊断听力退化，后者会为听力退化者选择助听设备。

重要的事情说三遍：人脉、人脉、人脉

从诸如劳工统计局网站这类的职业数据库那里，你只能获取到关于一项日常工作的粗略信息。如果你真的对成为一名奖学金管理员很感兴趣，想知道从事这份工作的真实情况到底如何，建议你拿起电话，打给当地的一所大学，请他们转接学生奖学金部门的主任或副主任，接通后，你就向他们解释，你正在研究他们所从事的职业，想了解一些只有他们才能解答的疑问。我想你很有可能会得到相当多的建议，甚至可能会有机会和他们见上一面，一起吃个午餐聊一聊！

通过联系朋友、家人，甚至陌生人去咨询求职问题并最终选择一份工作，这种做法当然可被冠以人脉社交之名。我们也许无法确切知晓有多少人通过社交网络最终成功得到了心仪的工作，但有证据表明，这个比例远远超过半数。[3] 也有证据表明，很大一部分工作机会压根儿就未被公开发布，因为用人单位发现，通过自身的人际关系网络招聘远比劳神费力地浏览一大堆简历效率更高。这就意

味着，除非你能充分发掘自己的人脉网络，否则你将会永远错失很多潜在的工作机会。想一想朋友雇用朋友这种情形，重视人脉网络的意义就不言自明了。至于如何最大限度地利用好人脉网络这个渠道来求职，在互联网上不乏许多好的建议，比如打磨好你的简历、使用类似领英这样的社交媒体工具、未雨绸缪地维护好与能给你求职带来帮助的人的关系，或仅仅是简单地保持友善。

除了传统的社交方式，专业的求职顾问、在线职业工具和猎头也能对你有所助益。使用在线工具是要付费的，而且很多收费的在线工具似乎都是基于劳工统计局的免费数据建立起来的。所以，在掏腰包时一定要多留个心眼儿。至于猎头和招聘顾问，他们通常会向雇主收取费用，和他们合作你不会有什么损失。

千万不要只着眼于当下而忽视明天

正如摇滚乐队佛利伍麦克的歌里所唱的：永远关注明天。原因很简单：对于选择一份职业而言，回报一定得是长期的。同时我们也要记住，无论一份职业看起来有多么的吸引人，如果你不能长期从事下去，从长远角度来看它就不是明智的选择。

许多高薪工作都有很高的淘汰率和离职率。选择成为一名公司法务律师就是一个例子。在刚刚入行的头些年里，每周工作60个小时甚至更多时间是必不可少的。而当你迈入中年，不再能跟得上这样的快节奏时，被一名27岁愿意并乐于周末无休的年轻人所取代，就是必然的。这也意味着你曾经辉煌的事业已经日薄西山。当选择从事一项职业的时候，一定要花时间去研究一下，确保有一定比例的、已经花白了头发的人还跻身其中。如果情况并非如此，这可能意味着以下几种可能性：这种职业的淘汰率非常高；从事这项工作对身体要求非常苛刻；从事此项工作的员工一旦成为熟手就会被解雇，这也许是因为基于资历的薪酬机制让老员工变得十分昂贵。

美国的累进税制使得从事一项高薪但很可能短命的职业的代价被进一步放大。由于美国是按年来缴税的，同样的终身收入集中在更少的年份里，就意味着更高的年收入和更高的平均年所得税率，你实际到手的钱就会变得相对更少。还记得我们对医生和水管工两项职业的比较吗？从事一份医疗工作能使你在相对较短的时间内获得颇为可观的收入，但同时也意味着高企的税务成本，而作为一名水管工则不然。这也从一方面解释了为什么从长期看水管工和医生的工作所带来的生活标准差不多。

虽然一项职业的高淘汰率是一种确实存在的危险，但至少在某种程度上这种风险还是可控的。然而，如果你的工作被机器取代、被外包甚至是被转移到海外，那么除了重新开始一项新的职业，你可能将面临别无他选的境地。

在当今时代，是否会被自动化机器取代是影响职业选择的一项重要考量因素。据预测，在未来的几十年内，机器人将使美国现存的一半工作岗位荡然无存。[4]乍听起来，这似乎令人难以置信，但仔细想想，现在或未来不能通过机器人完成的工作实在屈指可数。机器人已经能够代替我们驾驶飞机和汽车，完成工厂里的工作，为我们配药，帮我们买东西，照看我们的孩子，替我们给汉堡翻面，给我们的地毯吸尘,切除我们病变的胆囊,为我们按摩背部,甚至能替我们上战场去杀敌。而且,即便是现如今看起来并不那么高深的技术,其实也已经淘汰了大量的技术工人。比方说,在1900年,曾经有超过2 100万的马匹在从事各种工作,其中绝大多数用于交通运输和农业领域。此后,内燃机被发明出来,时至今日,在全球范围内用于工作的马匹数量还不到200万。

值得庆幸的是,基于经济学家和机器学习专家的预测,你几乎可以查到任何一个职业重蹈工作马匹命运覆辙的可能性。有一个网站叫作 Replacedbyrobot.info,它提供了一个渠道,可以让你了解你所关注的职业被高科技颠覆的可能性。有趣的是,该网站声称,矫形假肢师和助听士(在这个网站上被列为听觉矫治专家)是所有职业中可实现自动化程度最低的。当然,我们可以用软件订制支架、假肢以及助听设备等,但真人临床医师似乎是不可或缺的。

由于业务外包或离岸转移而失去工作的威胁并不比被机器人取代小。业务外包意味着你的公司外雇第三方来从事你原本的工作;离岸转移意味着你的公司用远在另一国家的人来取代你。目前看来,相比之下离岸转移对美国本土就业的威胁要大得多。最近的一项研究表明,未来几年,1/4的美国本土就业岗位可能会被转移到海外。[5] 天哪!

与我们讨论自动化问题时一样,最不可能被业务外包或离岸转移的工作是那些低重复性以及需要人的技能来完成的岗位。这就包括了医疗健康行业内的许多工作,比如助听士和矫形假肢师,在这两类工作中人与人的互动都是不可或缺的。

另一种避免被解雇的方法是选择在一个新兴行业飞速发展的地点开启你的职业生涯。在这些地点，新的工作岗位如雨后春笋般涌现。这样的话，即便你不幸被解雇了，从头再来也会更容易些。值得注意的是，在美国3 006个县中，有20个县容纳了近一半的新注册公司。这些县中的任何一个，都是你开启职业生涯的不错选择。[6] 就生活成本而言，这些理想之地有一部分位于物价高昂的大城市，但也有一些位于物价较低的城市郊区。

既然提前离职的不确定性如此之大，你该如何在选择职业时考虑这一因素呢？答案是：把每年的收入乘以你根据当下的情况判断能在这个职业中一直干下去的概率，比方说0.8（80%），然后把所有这些预期年度收入相加，减去所有预期年度的花费，你就得到了从事这个职业的预期价值。你可能会问：我从哪里能得到这些概率数据呢？很显然，研究你所从事的职业被自动化取代的可能性是一个开始。但是，一定要征询一下已经在这个领域工作的人的意见，特别是深耕于该行业、眼光长远的长者，问问他们对这份职业在30年后将何去何从的看法。

当然，这些数字并不能涵盖那些一旦被解雇、生活发生天翻地覆的变化时的实际经济成本和心理成本。我们也无法把每天身处一个如明日黄花、日益萎缩的行业中工作时令人惶惶不安的因素量化。但是，这些都是对于一个人来说不容忽视的个人层面的因素。尽管如此，计算这些数字仍然有意义，因为它直接地反映出在一项职业或工作可能有一天会消失的前提下，选择去从事它所能给你带来的价值。

牺牲更高的初始收入以换取更快的收入增长

假设你今年22岁，并且你打算一直工作到67岁再退休。职业A可以为你提供一份不错的起薪：每年7.5万美元。但这份职业并不能保证实际的薪酬增长，也就是说你的年薪增长跑不赢通货膨胀率。职业B的起始年薪只有6万美元，但它可以确保每年收入增长都会超过通货膨胀率2.5个百分点，并能够一直保持增长到你50岁时（绝大多数职业收入水平的顶峰）。如果以终身职业生涯的税后收入相比较，哪份职业的回报更高呢？

当然是职业B大幅胜出。选择了职业B，即便你的起始收入比从事职业A低了20%，当你工作到50岁的时候，你的收入水平也要比从事职业A高出60%，而且在接下来的17年里，你会一直享受这个更高的收入水平。选择职业B作为终身职业，你的总体收入要比从事职业A高出35%！然而需要慎重考虑的是，一份职业收入的节节攀升不会无缘无故地发生。它会激励你在年轻时加倍努力地工作，这样当你老了时，它也会给你带来巨大的回报。但这往往同时意味着如果你工作不够努力或者没有能够创造出足够多的价值，你的雇主就会毫不客气地叫你卷铺盖走人。此外，当你开始挣得更多时，一些无良雇主就有可能会想方设法地找理由炒掉你，以免支付他们当年曾信誓旦旦许诺过的更高的收入。如果你一旦不幸在从事职业B10年之后被解雇了，那么你为了在职业B上挣到7.5万美元年薪所花的10年时间将成为一个噩梦：因为在将来能取得更高收入的诱惑下，你很可能在这10年中一直拼尽全力地工作。

找一份你喜欢而别人讨厌的工作

如果从事职业 B 最终能够为你带来比从事职业 A 多出 35% 的收入回报，那么这个收入差距肯定不是无缘无故产生的。由于从事某一特定职业需要忍受某种令人不快的原因，而导致其薪酬水平明显高于其他职业，经济学家将这种薪酬差额称为"补偿性差异"。

补偿性差异在劳动力市场上并不鲜见。在其他条件（包括技能、教育和经验等因素）都相同的情况下，从事令人不快、危险紧张、缺乏保障、使人焦虑或承受财务风险的工作，与要求具备相同技能并且没有这些缺点的工作相比，往往薪酬更高。我们回过头来看看南希所面对的矫形假肢师与助听士之间的职业选择。从事矫形假肢师的工作可能要比从事助听士的工作得到的薪水更高，也许正是因为给一位 80 岁的人配备助听器所承受的情感负担要比给一位 23 岁的人安装假肢所承受的相对轻松得多。

这也是鲍勃叔叔为了说服南希选择从事助听士的职业道路所采取的最后努力。"南希，你肯定知道为什么做一位矫形假肢师能获得更高的薪水。从事这份工作的话，每天你都会遇到一些身体有严重问题的人。这会让你感到沮丧。"

南希已经仔细思考过这个问题了。"我明白您所说的情形。矫形假肢师挣得比助听士多这一事实并不是个偶然的意外，我相信从事这项工作的人会不得不时时面对你所说的那种艰难时刻。但我这人和大多数人不太一样，或者说我有点儿非典型。我觉得成为一名矫形假肢师的话，就能够去帮助身体有严重问题的人，这会让我有很大的成就感。事实上，薪酬上的这种补偿性差异对我来说只是锦上添花。即使两份职业的薪酬没有差别,我也更喜欢做一名矫形假肢师,而不是一名助听士。"

"好吧,南希,我很高兴你已经从各个角度深思熟虑过了。也许矫形假肢师这个职业对你来说是最好的选择。"鲍勃叔叔回答说。

"叔叔,实际上当我发现可以如此轻松地去比较不同的职业选项,并且有可能赚到更多的钱时,我就变得有些贪心不足了,因此我一直在研究更多的职业选项。我还找到了一个能给我带来更大差异补偿的职业。我想成为一名殡葬业者。虽然这是由男性主导的领域,但女性也完全可以在这个岗位上做得出类拔萃。"

南希又一次想到了点子上。在选择职业的过程中,她成功考量了对于她来说独特的差异性回报的因素。对她来说,做一名殡葬业者其实听起来很有意思:她喜欢和不顶嘴的人打交道。因此,她不仅可以通过做一份大多数人不愿意从事的工作而获得额外的报酬,还能从中收获更多的个人乐趣。

当你试图找到对你来说最具经济价值的职业时,你应当把以上故事所传递的信息充分消化,时时作为考量的重中之重。你越喜欢从事大多数人讨厌的事情,比如成为一名入殓师,这份工作的含金量对你来说就越大。因此其中的诀窍是:找到一个你喜欢但其他人讨厌的职业,并把它放到你职业选择列表的首位。

做一名自雇者

很多人可能并不适合创业,但你可能与众不同,不然的话此刻你就不会在读这本书了。每年有超过 60 万家新企业成立，其中很多都难逃失败的命运。创立 7 年后，只有一半的企业能存活下来；10 年后，只剩下 30% 的企业仍在运营；20 年后，这个数字是 20%。因此，创业并不是一件能带来确定性的事情，但它也可能带来极为可观的回报。创业者不一定都能成为史蒂夫·乔布斯，他在自家车库里创立了苹果公司，最终成为亿万富翁。很多没有取得如此巨大成功的企业家的故事，也都证明了一个人完全可以通过创业自雇而过上安全、体面的生活。

以我最近遇到的两位企业家帕特·凯恩和卡拉·凯恩为例。年轻时帕特生活在爱尔兰，也曾是个不错的学生。但对于大学学业实在提不起兴趣，他又不想去父亲艰难经营的小农场里劳作。于是，18 岁时帕特离开家乡爱尔兰科克郡，来到纽约的萨格港投奔他的姐姐卡拉。当时卡拉已经在纽约生活了一阵子，做着房屋保洁的工作。

我和妻子在去爱尔兰时租下了帕特父母在科克的小木屋，我们彼此很投缘，几乎在一夜之间就成了朋友。几个月后，我们相约一起去长岛探望他们的孩子帕特和卡拉。他们之前曾告诉我们，他们的孩子在纽约生活得还不错，但当我们到了纽约见到了帕特和卡拉之后，他们实际上的成功程度着实出乎我们的意料。帕特现年 45 岁，拥有一家利润丰厚的建筑公司。卡拉创办的清洁公司也做得非常好。

当帕特从爱尔兰科克来到纽约后，他找到的第一份工作是在建筑工地做零工。日子一天天过去，他先后为多家建筑承包商工作，并慢慢地熟悉了建筑行业。在工作中，他还发现自己在建筑设计和与客户沟通方面有一些天赋。对于纽约人来说，他的爱尔兰口音真是令人颇为受用。功夫不负有心人，5年后，帕特终于独立出来自己当了老板。他以适中的佣金去寻找单子，并雇了几个人作为帮手。终于，一个朋友把设计和建造一座小房子的工程交给了他。在这个项目上帕特干得相当漂亮，良好的口碑又为他带来了更大的项目。当我们见到帕特时，他正在为一位华尔街金融大亨建造一座3万平方英尺①的海滨豪宅。在这座住宅中，各种设施应有尽有，包括网球场、游泳池、温泉池、按摩浴缸、健身房，以及可以容纳6辆车的车库，还有大量的太阳能电池板，以缓解业主对气候变化的忧虑。

在帕特的生意风生水起的同时，卡拉也成功利用最古老的营销技巧，依靠老客户帮忙介绍新客户，把她的生意越做越大。随着客户的名单越来越长，卡拉亲自做清洁工作的时间越来越少，而用越来越多的时间监督和指导员工的工作。没过多久，她的保洁服务生意就发展成为一个拥有35名员工、服务700名客户的公司。卡拉和帕特一样，很快步入了较高收入阶层的行列。

在离开爱尔兰20年后，帕特和卡拉都取得了巨大的成就，但他们都保持了非常脚踏实地的本色。当我问起他们成功的原因时，他们回答说这只是运气好罢了。他们说，这是因为当初阴差阳错选对了行当，他们如果当初选择去餐馆做服务员，很可能到今天还是原地踏步没什么长进。尽管也有这种可能性，但我认为即使他们从餐厅服务员起步，这样的职业起点也很可能会让他们进入食品配

---

① 1平方英尺≈0.09平方米。——编者注

送的生意，然后他们也许会开一间小小的餐吧，最后经营自己的餐厅。对于凯恩姐弟来说，强烈的进取心会为他们创造很多的可能性。

虽然进取心对他们的成功很重要，但它并不是导致成功最关键的因素。最重要的成功因素是：他们对自己的行业有着深入的洞察。他们会仔细研究所从事的业务，并因此发现他们可以为客户提供比自己的老板所提供的更优质、更廉价的服务。记得本杰明·富兰克林有句格言：时间就是金钱。也许对企业家来说，这句话应该改为：专业的洞察就是金钱。顺便说一句，这里所说的洞察不一定指的是技术性认知，也包括人际关系。以帕特为例，他当然需要精进他赖以谋生的建筑技能，同时他也需要透彻理解以下两点：一是他对设计的感觉要胜过大多数他接触过的承包商和建筑师；二是由于他讨人喜欢的个性和幽默感，他比该地区的任何人都更擅长与客户交流互动。谨慎行事也是关键所在，帕特和卡拉都知道不要盲目举债，而是要让公司稳步成长。

自主创业听起来好像要承担很高的风险，但是对帕特和卡拉来说，他们的创业决定是相当安全的。实际上，相对于为别人工作来说，他们为自己工作所冒的风险可能要小得多。经营自己的企业使得帕特和卡拉得到了最大程度的工作保障。他们不可能被解雇，也永远不会在本该升职的时候被忽略，他们永远不需要面对奖金低于预期的烦恼，也永远不需要去忍受难缠的老板。除此之外，由于他们的业务已拓展到一定规模，收入水平也远比为别人打工要高出很多。

基于有成本的信号理论实现职业提升

创业自雇的好处无需赘言。但是，即使作为一名雇员，你也有办法掌控自己未来的经济状况。以 CJ 为例，他曾经是贝尔蒙特洗车场的老员工，最终成为这家洗车场的老板。当我在马萨诸塞州的贝尔蒙特附近居住时，我的车就一直交给 CJ 来洗。虽然当时他已经年过六旬，但仍然不仅操着大嗓门指导工人洗车，还会撸起袖子一丝不苟地亲力亲为、以身作则。

有一天，CJ 心血来潮给我讲了他职业生涯中的传奇故事，这让我听得津津有味。20 世纪 60 年代，时年 20 岁出头的 CJ 来到了波士顿地区。作为一个只有高中文凭的黑人，想找一份工作并不是一件易事。苦苦找了几个月后，他看到了一家洗车公司的广告上写着"需要人手"。在先后转了四趟车之后，CJ 才到了洗车公司所在的贝尔蒙特。洗车店老板对于是否雇用他犹豫不决，但 CJ 最后说服他们给他个机会试一试。于是他们让 CJ 第二天早上 8 点来店里。结果 CJ 早上 6 点半就到了，不仅如此，他还系着领带，穿着擦得锃亮的皮鞋。他的穿着吸引了老板的注意，于是问他等了多久了。"一个半小时。"CJ 回答道。

CJ 第二天还是一样：早上 6 点半赶到公司，8 点开始上班。日复一日，CJ 总是早早到达上班地点，而且总穿着过分考究的衣服和擦得锃亮的皮鞋。这样做到底有什么意义呢？正如 CJ 向我解释的那样，他在向老板们传递一个信号：他是一个很可靠的人。因为他是黑人，所以他必须付出更多努力来传递这个信号。他来得越早，穿得越好，鞋子擦得越亮，他付出的代价就越大，因此，信号就越清晰。如果他只是提前10分钟到达公司上班，这还真说明不了什么问题。但是当CJ每天都提早一个半小时到岗，并且穿着考究，鞋子锃光瓦亮呢？在这种情况下，这个信号就变得非常可信。功夫不负有心人，CJ的努力最终得到了回报。老板们意识到，CJ是在通过花费他宝贵的时间和金钱来说服他们：他对待这份工作是非常认真的，并愿意长期为他们效力。

CJ的行为举止也表明，他的雄心并不止步于洗车这件事。很快，洗车公司的老板们开始对CJ的价值刮目相看。具体来说，他们意识到CJ可以帮他们解决所面临的一个大问题：在他们去打高尔夫球的时候，他们需要有一个和他们一样优秀甚至是比他们干得更好的人来打理公司的业务。此外，老板们还需要一些关于广告、新产品和削减成本的新思路。照理说CJ领到的那份薪水中并没有包含为老板们解决诸如此类的问题的义务，但CJ并没有因此而驻足不前。他很清楚，这种付出是取得职业发展最快的方式。由于CJ对生意的精心打理，加上他的新营销策略的施行，包括给每一位顾客以灿烂的笑容、记住顾客等举措，洗车场的收入翻了一倍多。

随着时间的推移，CJ从众多的汽车保养员中脱颖而出，变成了整个企业的运营者。当老板们退休时，他们把公司卖给了CJ，他继续成功地经营着这家公司，供他的三个女儿上了大学。CJ告诉我，这是他一生中取得的最大的成就。不用说你也知道，即使成了这家公司的拥有者，CJ的鞋子也总是擦得锃亮。

CJ所采取的策略，本质上和那个曾获得诺贝尔奖的、高度前沿的经济学理论并无二致，该理论描述的是成本高昂的信号为何能够传递可信度这个信息。作为一名经济学家，令我震惊的是，CJ

在大概 22 岁的时候，就自己琢磨出了信号理论的要旨，并以如此出色的方式传达了他自己要传递的信号。

后半生的职场转变

让我们暂且把话题拉回帕特身上。如果不幸的事接二连三地发生在帕特和他的生意上怎么办？他的华尔街大亨客户可能会因为金融诈骗而锒铛入狱，因此无法支付他欠帕特的巨额负债；海平面可能会大幅上升；在长岛北端，建筑市场的需求也许会枯竭；帕特开始失去幽默感而变得不再那么招人喜欢……

如果发生这样的情况，帕特将不得不重新开始。但是在哪里重新开始、以什么方式重新开始呢？在 45 岁时面临的职业道路的选择和在 22 岁时可是大不相同，所以一旦以上不幸事件发生，帕特要做的衡量和南希会有很大区别。最大的不同点在于：随着年龄增长，选择重新开启一项职业意味着能用来收回培训成本的时间将更少。例如，如果帕特的目标是在 65 岁退休，他就不能花上 10 年的时间去受训成为一名医生，否则，在他有资格为第一个付费病人看病时，他应该已年届五十六了。同样的道理，他也没有足够的时间去采取牺牲一份较高的入门级薪酬的工作去换取一份未来能有更高收入增长的职业的策略。总而言之，他需要寻找一份能快速获得回报的职业。

如果他对每个职业进行计算，将所有的预期收益加总，减去预期成本的总和，他要面对的首要问题就是如何在短时间内收回任何一项投入。权衡收益和成本，他就能看到什么是能有回报的，什么是不可能有回报的。

本章要点回顾

以下是关于职业选择的一些要点：

- 如今的劳动力市场，以快节奏的自动化、业务外包和离岸转移为特点，这已经和当年你的父母所面对的劳动力市场大相径庭了。在当今的这个市场中，水管工一辈子赚的钱和医生一样多，很多你从未听说过的职业值得你去考虑。
- 充分利用美国劳工统计局的网站和其他可用的工具，但要意识到：你必须在职业选择这个问题上去咨询更多的人，而不只是依靠查阅数据库；你应当不怯于去寻求帮助，要疯狂地打造自己的人脉关系网；要想尽一切办法替雇主解决潜在的问题；以可观的代价持续向雇主发出信号，传达出你将给他们带来独特的价值这一信息。
- 会做乘法、加法和减法。预估你能够从事一个职业的时间，以能够获取预期的收益和付出预期的成本的概率，乘以这个职业的收益以及成本，逐年进行计算，再把所有的预期收益加总，减去所有的预期成本。这会让你对哪种职业能给你带来最大收益有个初步的认识。不要忽视对最坏情况的考虑。你不能心存侥幸，认为小概率事件不会发生在自己身上。
- 对预期净成本和适用于你个人的补偿性差异进行比较。如果职业 A 和职业 B 的收入相同，那你应当比较两者的预期净成本和补偿性差异来决定选择其中的哪一个。

- 如果一份工作的薪水无缘无故地比其他工作高出许多，那么你需要弄清楚到底是为什么。从事这项工作是否意味着会有更多的人身危险，是否会面对更多的艰难时刻，是否会面临更高的训练成本、更高的淘汰率、更多的性别或种族歧视，或是更长的通勤时间？要对从事这项职业的补偿性差异有充分的认识，但不要因为这是一项虽然你喜欢但是别人都讨厌的职业而心生畏惧。你恰恰可以据此做出最佳的职业选择。
- 不要排除为自己打工这一选项。如果你以正确的方式开创了正确的事业，它将提高你未来的收入水平并带给你无法比拟的工作保障。
- 时刻为明天着想。你现在所从事的职业是不是有生之年最理想的选择？你是否需要换一份工作？你现在所从事的职业发岌可危吗？换句话说，对选择保持开放，每隔几个月就抽出一天来与你的配偶、伴侣、父母或朋友做一次职业回顾。
- 考虑一下你所选择的职业未来的回报和风险的发展趋势。如果你在长岛做建筑行业的工作，请时时留意海平面的变化。同时你要知道，每次飓风都可能为别人带来损失，为你带来收获，因为飓风过后人们需要重建家园。
- 不要害怕对事业和工作做出改变，有太多的理由叫你墨守成规而不去货比三家。当然，实现职业提升的最快途径是得到一份可靠的外部工作邀约。请记住，职业选择是你最重要的财务投资。只需多付出一点点额外的努力，你就可以找到一份能带来高达数十万美元额外终身收入的工作。这就是金钱的魔法！

第 2 章

工作的围城内外
——关于退休时间的正确抉择

你如果到五六十岁还在继续工作，可能连做梦都会想辞职，然后和你那些已经退休的老伙计待在一起。也有可能这时你的配偶或伴侣已经退休了，正需要你的陪伴，或者你的孩子正想找一个免费的全职保姆来帮他照看小孩。

对于大多数人来说，从经济学角度出发，选择晚些退休要安全得多，也明智得多。换句话说，最好选择待在围城内坚持工作而不是走出围城放飞自我。可实际的情况是：有近2/3的人选择在57岁到66岁之间提前退休。[1]

我们很少有人能清醒地意识到选择提前退休真正意味着什么。提前退休意味着从此开始我们一生中持续时间最长的、代价最为高昂的假期。之所以这么说是为了清晰地传递一个观点：表面上退休能带来的种种好处，比如子孙绕膝的天伦之乐、追求业余爱好的精力和时间、随心所欲的自由，其实都是以高昂的代价换来的，即我们不得不舍弃的几年甚至几十年的收入。

本书中讲述的所有关于金钱的诀窍中，最简单不过的是什么都不做就能把钱赚了。选择提前退休意味着决定放弃一部分金钱。在这里我需要说明一下，在有些情况下提前退休是个不错的选择：比如有些人经过精心规划，已经可以负担得起提前退休的代价。在这种情况下，提前退休相当于以自己了然于心并且能够承受的价格购买更多的闲暇时光。当然，很多工薪阶层提前退休是因为他们根本没有选择的余地。有些人在多年劳作后身心俱疲，无力继续工作；还有些人一夜之间发现他们的工作被自动化、业务外包或离岸转移所取代；还有一些人仅仅因为上了岁数就被非法解雇，想另找一份工作时却面临年龄歧视，难以如愿。

除此之外，绝大多数决定提前退休的人是出于自己的意愿。大多数选择在 55 岁到 64 岁年龄段退休的人，他们身体健康，也不存在妨碍他们继续工作的身体失能情况。[2] 尽管如此，他们中的许多人还是在几乎没有任何积蓄的情况下选择了退休。

婴儿潮一代的退休灾难

现在美国集中选择提前退休的群体是 1946 年至 1964 年出生的婴儿潮一代，他们数量庞大，约有 7 300 万人。普遍来说婴儿潮一代积蓄甚少，他们中大部分人自愿选择放弃工作的决定着实令人惊讶。[3] 事实上，在已经退休的婴儿潮一代中，近乎一半是几乎没有任何储蓄的。[4] 纵览所有婴儿潮一代，他们财富总额的中位数仅为 14.4 万美元，这甚至低于他们 3 年家庭支出总和的中位数。[5] 如果婴儿潮一代的人能够拥有大量可供依靠的私人、州或者地方养老金，那么情况可能会好些。不幸的是，他们中的绝大部分人并没有。他们之中只有不到1/3的人拥有除社会保障福利之外的养老金，而且平均每年的社会保障福利也不足1.8万美元。[6]至于那些有养老金的人，很多都是没有纳入社会保障体系的州或地方政府的工作人员，他们的职业不允许他们加入社会保障计划。

普遍存在的储蓄不足不仅仅是婴儿潮一代所面临的问题。大多数工薪阶层家庭的储蓄实在是微不足道。波士顿学院退休研究中心的一份报告指出，如今一半的工薪阶层家庭面临着退休之后生活水平大幅下降的风险。[7]如果所有工薪阶层都选择推迟两年退休，那么这一比例将下降约一半。

我并不是想危言耸听。借用一句老话，有数百万提前退休的人把事情搞砸了。这并不意味着正在阅读本书的你一定没有足够的储蓄。尽管如此，你的退休计划可能仍然实施得过早，或者在本应重返职场的时候，你却选择了维持退休状态。在决定什么时候永久放弃继续工作之前，你需要对以下两件事加以考量：首先要意识到，你可能会比你计划的活得更久，要从经济角度来分析这种情况；其次你要明白，多工作几年会在你年迈时对你的钱袋子产生神奇的影响。

你不能预测死亡时间

我们很多人未能充分储蓄，其中一部分原因是我们对预期寿命普遍存在着误解。在统计学中，"期望"指的是平均水平。例如，平均而言今天一个 50 岁的人会在 82 岁死去，因此，他们的期望寿命是 32 年。期望寿命通常被用来设定一个人的规划期限，这听起来似乎并无不妥，但坦白说，这样做其实非常荒谬。

我们恰好在到达期望寿命时死亡的概率几乎为零，在距离期望寿命一年内死亡的概率也微乎其微。在当今 50 岁的人当中，有超过一半的人会活到 80 岁以后。[8] 大约 1/4 的人会活到 90 岁。此外，如果你已经结婚或有伴侣，那么你的家庭整体预期寿命才是最应当给予关注的。对于一对儿 65 岁的已婚夫妇，两人中至少有一人活到 95 岁的概率是 18%。[9]

那么成为百岁老人的情况呢？也就是你能活到 100 岁或 100 岁以上的情况。这听起来可能有些不可思议，但事实并非如此。你能跨越这个门槛的概率在 1% 到 5% 之间，具体将取决于你当下的年龄和健康状况。如果你的年龄真的达到了 3 位数，你会发现你并不孤独。到 2050 年，美国百岁老人的数量将接近 50 万人，这与一个规模相当大的美国城市的人口相当。想象一下这个场景：你开着车，从堪萨斯城穿城而过，沿途遇到的每辆车的驾驶员座位上，坐着的都是百岁老人。

如果你能一直保持健康状态并活到 100 岁或更久，那将是巨大的福分。假设你开始生育后代的时间很早、生得孩子又多的话，在有生之年你不仅会看到你的曾孙，还可能会看到你的玄孙。对于你个人来说，这是一件非常快乐的事情。但从经济角度来说，这可是一个不小的问题。你每多活一年，你就需要多负担一年吃、穿、住和维持生存的费用。考虑到维持生存的成本，尤其是医疗保健、家庭护理的费用是随着年龄增长而上升的，这部分的支出变得令人不寒而栗。

提前退休使这个问题变得更为复杂。假设你在62岁退休，这在当时看来是一个合理的退休年龄，可最后你活到了100岁。再假设你是在25岁开始工作的，那么结果就是你工作了37年。毋庸置疑，在37年的漫长岁月中，你需要在脾气古怪的老板面前忍气吞声，需要忍受长距离的通勤，需要对你不喜欢的同事强颜欢笑，还得把薪水的一大部分拿出来向美国政府缴税，这对任何人来说都将是度日如年。但是62岁和100岁之间的间隔是38年，甚至超过了你37年的工作时间。也就是说，如果你活到100岁，那么你处于退休状态的时间会比处于工作状态的时间还要多出1年！

尽管很多人对这个话题讳莫如深，但我还是要提醒你：虽然你的理财规划师或者社会保障机构的人总是把期望寿命这个词挂在嘴边，但你不能指望自己会准时死去，在这种情形下讨论平均寿命没有任何意义。因此，我奉劝你不要用期望寿命作为你的规划期限。

那么，应该把什么作为财务规划的期限呢？答案是你可能的最长寿命，也就是你能活到的最大年龄。这虽然听起来很疯狂，但确实如此。

如果你50岁了，你的最长寿命是100岁，那么你的规划期限就应该是50年，而不是32年。这样一来，时间跨度足足增加了56%！毋庸置疑，正确地设定规划期限对于你需要存多少钱、何时永久退休等重大问题都将产生决定性的影响。

过早退休带来的财务风险

让我们设身处地地来看看 25 岁的玛莎的情况。对于玛莎来说，我们假设她活到 100 岁，合理的理财规划期限就是 75 年。我们再做个假设，在 62 岁（也就是玛莎想要退休的年龄）之前，她的年收入能维持在相当于今天 10 万美元同等购买力的水平。最后，我们假设玛莎用存款投资了安全的美国国债，这些国债的收益率刚好与通货膨胀率相抵消，但除此之外不会有什么实质性的投资回报。

那么，从现在起一直到 62 岁退休，玛莎每年需要存多少钱才能确保她到 100 岁前都能够维持所期望的消费水平呢？用当下的美元购买力来衡量，玛莎希望每年的可自由支配支出的规模在 5 万美元左右（可自由支配支出指的是除了固定支出之外的所有支出，固定支出包括住房、联邦和州税收，以及诸如学费、赡养费、汽车贷款等开支）。即使届时玛莎享有社保和 401（k）计划的保障，为了能维持每年 5 万美元的消费支出水平，在 62 岁退休前玛莎还必须每年留出 2 万美元来进行储蓄，这占到她税前年收入的 20%。然而，由于收入需要先满足税收和住房等必要支出后才能用于储蓄，这 2 万美元实际上占了每年 5 万美元可自由支配收入的 40%。在为必需的社会保障和退休计划支出一大笔钱之后，玛莎是否能够如此自律地从用于食宿、娱乐、旅行等方面的 5 美元中保留 2 美元用于储蓄？可能性也许并不大。

为了能够维持必要的生活水平而储蓄足够的钱，玛莎应当如何计划？我们假设她把心一横眼一闭，铁了心认定她将在 82 岁的期望寿命到达时准时死去。至于活过 82 岁的可能性，她的回答是：

"绝无可能发生。"这样做的话将大大缩短玛莎为退休理财计划的年限，也会因此让她在退休前每年需要储蓄的金额近乎腰斩。同时，这也使她税后每年可自由支配的收入达到近 6 万美元。在之前的假设中，玛莎每花 5 美元就得存 2 美元，而现在她只需要存 1 美元就够了。

让我们把时间快进到玛莎 82 岁的生日聚会上。她所有的朋友和亲戚悉数到场，玛莎对他们致辞，感谢他们让她的一生充满了爱和欢乐。表达感谢后，她接着说道："亲爱的朋友们，今晚将是我在这个美好的地球上生活的最后一天。我已经活到了我的期望寿命，明天我就要离开了。"

玛莎在做完这个悲伤的宣告并与亲友告别之后，就睡着了，她满心期待自己醒来时，能看到天堂的大门。可是，当玛莎睁开眼睛时，她发现自己正躺在她那没有电梯的公寓的 4 楼卧室里。她马上意识到，自己银行账户里已经一分钱都没有了，因为她精心计划了在 82 岁时刚好花完最后一块钱。面对即将到来的穷困窘境，玛莎感到万分沮丧，同时她也担心会因此错过自己的天堂之约。想到这儿，她真想打开窗户一跃而下。

正确的理财规划期限是最长寿命

幸运的是，玛莎那位身为经济学家的妹妹——玛格丽特，向她伸出了援手，玛莎得以过上衣食无忧的幸福生活。唯一的缺憾是玛格丽特每周都要在玛莎耳边提醒她："玛莎，你要牢记，你不是一个统计数据,你是一个单体结果。"

玛格丽特说得没错。每一个统计数据的核心本质都是多个单体结果的平均值。当谈到期望寿命时,我们一定不能忘了你自己的最终寿命只是众多单体结果中的一个。你可能死得比期望寿命更早或更晚,但几乎不会在期望寿命到达那一刻准时死去。这同样适用于每一位和你相似的人。你的期望寿命只是成千上万和你相似的人最终死亡年龄的平均值。

因为人一生只会死一次,而且无法确切地知道自己到底什么时候会死去,所以关于长寿这件事,你需要特别注意这样一个后果:如果你活到了自己的最长寿命,从经济角度来看这可能是最糟糕不过的事情了。然而,在内心深处,我们都认为无论如何自己都不可能活成969岁的玛士撒拉。我们如此笃信这一点,无疑是因为在内心深处我们都想逃避痛苦。诚然,想象自己会变得老迈是一件可怕又令人沮丧的事情。我们活得越久,就会越不喜欢镜子里自己的样貌,我们兜里剩下的钱就会越少,能做的事也就越少。每当我们为明天而忧虑,我们就不得不经历这种情感上的苦楚。这可能就是那么多人倾向于假设自己会早点死去或准时死去的原因。但是,我们终究要面对将来老迈的那个自己,除了把他照顾妥当,我们别无选择。

我已经记不清这些年来和人进行了多少次关于什么是正确的人生规划期限的激烈辩论,其中很多次辩论的对象都是理财规划师。但是,每当我说出这条符合经济学范式的长寿格言时,争论就戛然而止了:

"按照你的最大年龄来做理财规划,但用一个合理的赔率来押注你会在最大年龄之前死去。"

换言之，即便你怀疑自己是否能活那么久，你也应当把你的规划期限设定为你的最长寿命。但你心里必须清楚，一旦真的活到了那一天，你年轻时候的消费无度就需要用老了之后的被迫节衣缩食来补偿。没错，与现在相比，当逐渐老去时你对生活标准的要求会有一定程度的降低，但是你绝不应该让未来的自己一无所有。当然，随着你步入暮年，你的消费很可能也会相应地缩减，至少在旅行等这类体力要求较高的活动上的消费会缩减。

说到这儿，让我们把话题拉回到玛莎身上。我们一起来看看如果玛莎计划活到100岁，同时她也计划在75岁以后把生活水平逐年下调1%，那么她每年可以为退休后的生活少储蓄多少钱？这相当于投下了一个相当大的早死赌注。如果玛莎最后活到100岁，按照这个计划，她届时的生活水平将比75岁时低22%。但作为交换的是，她不必为了整个计划而每年存那么多钱了。

这样的调整会带来多大的差别呢？回想一下，按照原来的计划，如果玛莎打算让自己的生活水平一路平稳地维持到100岁，那么在工作期间，她必须从赚的每1美元中省下20美分存起来。如果按照75岁以后生活水平逐年下调的计划，玛莎就可以少存一些钱，但也不会少很多。在新计划下，她在75岁之前每年可以多花5%的钱，她只需从挣的每1美元中省下18美分而不再是20美分。换个角度来说，玛莎每花1美元需要省下36美分，而不再是40美分。

由此可见，虽然在合理范围内对死亡押注可以给退休储蓄的计算带来微小的改变，但这改变真的是杯水车薪，你不应该在做退休计划时过分期待它的效果。那么，还有更好的计划吗？让我们来看看延长工作时间会带来怎样的影响。

延迟退休的魔力

有没有一种更行之有效的方法，可以让玛莎既能到100岁高龄时都保持自己的生活水平，又能避免疯狂的高额储蓄或为之采取的极端措施。答案是有的，而且非常简单，那就是玛莎不能过早退休。

如你所知，玛莎每年能赚10万美元。如果不考虑税收和其他因素，玛莎多工作5年就能增加50万美元的终身收入。这可是一笔巨款。即使在我们之前谈到的每年2万美元的极端激进储蓄策略的情况下，她也只需要多工作5年就能挣到辛辛苦苦25年才能攒下的钱。

当然，我们也不能忽略掉联邦和州政府的税收。这两者会从玛莎额外收入的50万美元中扣除掉近15万美元。但也有两个好消息。首先，玛莎将通过多工作5年从雇主的401（k）计划中获得额外的3万美元；其次，玛莎可以规避另一个错误，即在她62岁的时候就迫不及待地开始领取社会保障福利。延长工作时间，将会推迟领取社会保障福利，她的退休福利就不会因为所谓的"提前退休扣减"而缩水。这千真万确，如果她在67岁退休前不启用社会保障，那么她将获得全额退休保障福利。假如她能活到100岁，那么她将获得高达28万美元的额外终身福利！

那么，持续工作到 67 岁能够给玛莎的可持续生活水平带来何种影响？缴纳税款之后，她每年还能多消费多少钱呢？如果不包括终身社会保障福利的增加，玛莎的生活标准将提高 10%；算上社会保障福利的增加后，生活标准则能够提高 17%。改善的幅度是巨大的。推迟 5 年退休，可以让玛莎从现在到 100 岁的 75 年中，每年的消费水平比按时退休增加 17%。

延迟退休会让玛莎工作期间所需的储蓄发生怎样的变化？她是否还需要每赚 1 美元就存上 20 美分，才能在退休之后保持退休前稳定的生活标准？答案是否定的。如果延迟退休，她在退休前每赚 1 美元只储蓄 12 美分就可以了。这个变化无疑是可观的，而且这更易于达成。

无论玛莎一生能赚多少钱，延迟退休对她终生的财务状况都会产生积极的影响。事实上，这种影响在较低收入的人群中会略微放大。例如，如果玛莎每年挣 5 万美元而不是 10 万美元，那么延迟 5 年退休将使她每年的生活标准提高 18%，而不是 17%。如果玛莎每年挣 20 万美元，延迟退休给她的生活标准带来的提升将是 15%。在这里我想传递的信息是：考虑到美国累进式的税收制度，延迟退休会给低收入者带来更大的好处。

延迟退休对于高龄工薪阶层的意义

诚然，玛莎在她 25 岁时就开始为退休后的生活做计划。但对于大多数人来说，他们直到晚得多的人生阶段才会认真考虑退休的问题。如果对一个25岁的人来说多工作5年是一件很划算的事，那么对那些年满62岁，正在抉择是立即退休还是坚持工作到67岁的人来说，这意味着什么呢？

假设内布拉斯加州有一对儿夫妇——雷和苏，他俩都已经62岁，都有一份年薪7.5万美元的工作。他们的401（k）账户里总共有100万美元，此外他们还拥有一幢30万美元的无贷款的房子。他们为自己的100万美元储蓄感到骄傲，这毕竟相当于他们近7年的工作收入。但是如果用100万美元除以他们将继续生存的38年，得到的数额是每年大约2.6万美元。从这个角度来看，100万美元的储蓄就不那么令人兴奋了。如果再扣除掉10%的联邦和州所得税，他们剩下的退休金总额就只比联邦贫困线高一点点。如果我们再加上夫妻双方每人每年2.3万美元的社会保障福利，情况就会好很多。这样一来，雷和苏每年总共有7.2万美元的生活费，但还要从中扣除要缴纳的所得税、医疗保险B部分的保费、补充医疗保险的保费、自费医疗的费用、财产税、房屋保险费、房屋维修费和汽车保险费。扣除所有这些费用后，他们每年剩下大约5万美元可以用于其他开销，折合到每个月是约4 167美元，折合到每周是约961美元，折合到每天是约137美元。这个水平不算太寒酸，尤其是对于生活在内布拉斯加州的人来说。但是，苏的妈妈住在价格不菲的养老院里，雷的爸爸也很快就需要搬进养老院，两人都需要雷和苏在经济上的援助。因此，这对夫妇要重新考量他们的提前退休之梦了。

如果夫妇二人持续工作到67岁，他们的税前总收入就将增加75万美元。这也意味着，就像我们在玛莎身上看到的那样，一旦他们这样做，社会保障福利也会提高。把这两个因素叠加在一起，这对夫妇的年消费能力将提高33%，这可是一个惊人的数字。这大约是玛莎延迟退休所获得的消费能力提升的两倍。这额外的提升是从何而来的呢？因为雷和苏夫妇因延迟退休而获得的额外劳动收入将被分摊到更少的年份中。

雷和苏属于中产阶级，更精确地说，属于上层中产阶级。但数以千万计与雷和苏一样的夫妇到了退休的时候，所面临的是更加严重的存款不足的情况。美国人在储蓄方面做得实在不怎么样。美国人这个群体似乎认为美国政府和雇主提供的退休计划会让我们在退休后过得很舒服，但实际情况并非如此。事实上，如果雷和苏的401（k）退休金处于婴儿潮时期出生的人的退休金的中位数水平，也仅有14.4万美元，那么选择在67岁而不是62岁退休则意味着他们余生的生活标准将会提高51%！

本章要点回顾

- 一个绝对能够创造财富的方法，而且从财务角度来看是挣一大笔钱的方法，就是延迟退休。
- 人们很容易陷入一个误区：认为自己会正好在期望寿命到达时死去。你可千万别犯傻，事实上几乎没有人会准时死去。
- 你的期望寿命是一个统计量，也就是说是一个平均值。但你不代表平均水平，你只是群体中的一个个体。
- 由于你只会在命运到来之时，而不是统计学家说你应该死去的时候死去，你的期望寿命对你的财务规划来说是毫无价值的。

我的建议是：把期望寿命抛诸脑后吧。
- 为可能到来的长寿灾难做好准备。从财务上来说，活到最长寿命才去世是一件糟糕的事。你活得越久，你需要在衣食住行以及娱乐上花钱的时间就越长。
- 为有可能活到的最长寿命去做计划是决定你何时退休的关键。否则，你可能会储蓄得太少，退休得过早。
- 根据自己的最长寿命来制订计划，并不意味着无视你可能不会活那么久的事实。经济学给人的忠告是尽可能大地为在最长寿命时死去而押注。这样做再容易不过了。如果你在退休后稍早一些的时间把钱花掉了，你就得清楚地知道：假如你在打赌自己会死去的时间没有死去而又不得不继续活下去，在此后的日子里你就得节衣缩食了。
- 如今，安全的投资在扣除通胀因素后几乎毫无收益，那么为可能很漫长的退休生活存钱是极其困难的，这需要你具有非常人所能及的高度自律性。延迟退休肯定是你最好的选择。如果你尚且年轻，你每年需要为退休而做的储蓄就会少得多，虽然这仍可能比你想象的要多得多。如果你已经一把年纪，又没多少积蓄，那么晚一点儿退休简直就是经济上的救赎。
- 提前退休通常意味着提前领取社会保障福利。对于大多数家庭来说，这是一个巨大的财务方面的错误。

第3章

社会保障——最大化你的终身收益的10个秘诀

社会保障对于个人财务管理的重要性远远超出我们许多人的认知。年轻人或许会觉得社会保障这个概念只是用来供政客们争吵不休的话题，而那些事业和收入都处于顶峰时期的人可能会认为，社会保障除了能从他们的薪水中平白扣掉一大笔钱之外毫无用处。即便是更为年长的人，他们也不会去认真琢磨社会保障这件事：既然政府都已经替你规划好了，那又何必为之劳神呢？但实际情况是：对于大多数人来说，在影响其一生的财务状况的各种因素中，社会保障即使不是最重要的，也是最重要的因素之一。并且，社会保障的收益是可以通过一些方法来提高并最大化的。在本章我将分享给你 10 个颇为关键的秘诀，告诉你如何把社会保障变成你的财富金矿。首先，请允许我虚构一位名叫桑迪的人，通过讲述她的故事，来让你对社会保障对于个人财务的重要性有一个初步的认识。

桑迪居住于堪萨斯州，年届五十，单身且无子女。她每年的收入是 5 万美元。在她的 401（k）账户中已经积攒了相当于她 3 年收入的余额。在她的 401（k）计划中，个人和雇主的缴存比例都是工资的 3%。此外，她还有一笔相当于半年工资收入的活期存款，外加一幢价值 25 万美元的房子。目前，这幢房子还有 20 年期的按揭贷款需要偿还。桑迪计划在 62 岁退休并开始领取社会保障福利。

桑迪目前拥有 5 项资产：一直到退休时的劳动收入、401（k）账户中的退休金、房产的净值（其市场价值扣除剩余未偿还的抵押贷款）、她的日常资产（活期存款）以及她的终身社会保障福利。这里面哪一项占比最高呢？答案是社会保障福利，而且它远远高出其他几项资产。她的终身社会保障福利总额为 72.4 万美元，超过了她到退休前可获得的 65 万美元的劳动收入。她未来的可提取 401（k）退休金的现值是 19.1 万美元。她的房产净值和常规资产则分别仅为 5 万美元和 2.5 万美元。

未来所有的社会保障福利都应该被当作活期存款账户里的个人金融资产来看待，虽然听起来可能有些奇怪，但其实这就是社会保障的意义所在。一旦你这样来看待社会保障，你就会意识到需要像对待所有其他资产一样来对待它，对其进行悉心管理。那么，为什么应当将社会保障福利视为你的个人金融资产呢？因为它实际对应的就是你工作所赚取的每 1 美元收入的 12.4%。对于一份纳入了社会保障计划的工作来说，你获得的薪酬会被征收联邦社保医疗税（FICA Tax）。美国国会规定，税率为 12.4% 的联邦社保医疗税的一半由雇主承担，另一半由雇员承担。这种说法可能会让我们误以为雇主是在帮我们纳税，因为我们个人仅需要承担一半的联邦社保医疗税。但是，我们的老板不是我们的朋友，不是我们的父母，更不是我们那些富有的七大姑八大姨。羊毛出在羊身上：老板替我们支付的任何费用，都是以减少我们实际到手工资的方式，从我们创造的经济价值中扣除的。在任何的福利保障体系中，你名下的每一块钱本来就是属于你自己的。[①]这就是为什么对于社会保障福利你需要"得到本该属于你的东西"。这样就意味着你需要主动去管理这部分资产。就桑迪而言，社会保障福利恰恰是她需要去管理的最重要的资产。原因显而易见：对她来说这是金额最大的一部分个人资产。

现在我们来看看桑迪三倍体的情况。桑迪三倍体是桑迪的财务克隆体，除了社会保障资产，桑迪三倍体拥有的其他个人资产都恰好是桑迪的3倍。换句话说，桑迪三倍体的工资收入是桑迪的3倍、她的401（k）账户里的存款是桑迪的3倍、她的房子价值是桑迪的3倍、按揭贷款是桑迪的3倍，以此类推。

那么桑迪三倍体从现在一直到退休前的终身收入为195万美元，而她未来的社会保障福利价值则为129万美元。桑迪三倍体的社会保障福利总值还不到桑迪的两倍，这是由累进效应造成的。在收入达到某一高点之前，收入越高则社会保障福利就越高，但社会保障福利的增加却并不与收入的增长成等比关系。尽管如此，我们可以看到，社会保障福利仍然是桑迪三倍体的第二大资产。

那么如果是桑迪六倍体呢？桑迪六倍体的终身社会保障福利的价值为130万美元，这和桑迪三倍体的情况相差无几。然而，桑迪

---

① 在这里也许有些人会指出：对这些福利我们没有法定的索取权，它们只是公共福利，可以随时被重新分配。对此，那些帮你争取法定社会保障福利的专业律师会持有不同的看法。但是，在本书中我们讨论的是经济问题，而不是法律问题。美国政府只消大笔一挥，通过一项支出、税收或强制征收法案，我们所有的资产，不管被称为私人资产还是公共资产，都可以被增加、减少甚至被没收。

六倍体的终身劳动收入总额则高达 390 万美元。尽管个人资产排名上第一项和第二项之间的差距增大了许多，但社会保障福利仍然是桑迪六倍体的第二大资产。她未来的 401（k）退休福利的现值为 115 万美元，紧随其后排在第三位。

在规划未来的财务安全问题时，我们夜不能寐地思考如何使终身收入最大化。我们是否应该换个工作？是否要调整我们的职业方向？是否应该提前退休？同时，我们也会为关于退休账户的决策而焦虑：我们是否应该每月多缴存一点儿退休金呢？我们是否应该开设一个罗斯个人退休账户？我们应该如何进行投资？进行罗斯转换会有帮助吗？我们该什么时候从退休账户中取钱出来？怎么取才最合适？关于最低提取额的限制是什么？诸如此类的考虑不胜枚举，但是，我们中大多数人其实都没有真正关注到重点。我们该费心思考的是，如何管理好我们的社会保障福利。

你可能会问："但社会保障福利是由政府设定的啊。政府说了算，既然我无法改变它，又何必去劳神呢？"

事实上，有很多方法可以帮助你充分发掘出终身社会保障福利这一宝藏的价值。

秘诀 1：了解什么是社会保障福利

在美国，社会保障包括的福利总共有 13 项之多，其中大部分你可能从未听说过。以下是社会保障福利的列表：

1. 退休金

2. 伤残抚恤金

3. 配偶福利

4. 离婚配偶福利

5. 育婴配偶福利

6. 遗属福利

7. 儿童福利

8. 残疾儿童福利

9. 母亲（父亲）福利

10. 离婚遗属福利

11. 家长福利

12. 孙子女福利

13. 死亡抚恤金

社会保障制度中存在着很多规则，其中很多规则都是基于年龄制定的。这些规则限定了你可以何时、以何种方式领取自己的福利以及向他人提供福利。尽管有如此之多的限制，但如果我们熟知这些刻板冗长的条条框框，并对其加以合理利用，我们就能从中获利。

现任配偶和前任配偶分别可以享受配偶福利和离婚配偶福利。但对于前任配偶来说，除非熬够了一定年头，否则是不能领取这项福利的。你的配偶需要和你一起维持至少10年的婚姻关系。当然，这并不意味着配偶需要和你在一个屋檐下生活整整10年，更不用说需要10年都同床共枕了。在这10年中，配偶只需要和你保持合法的婚姻存续关系就可以了。但是，如果对方再婚了，对方也是不能够享受你名下的离婚配偶福利的。(如果你觉得这听起来像是男性写的条款，恭喜你，猜对了。)

儿童福利和残疾儿童福利分别适用于年幼的子女和那些年龄不足 22 岁的残疾子女。育婴配偶福利是为那些负责照顾年幼或残疾子女的配偶提供的。为了让你的配偶和孩子能获得这些福利，首先你本人需要处于正在领取退休福利的状态中。对于你的前任来说，他们当然也可以领取离婚配偶福利，但情况就没有这么简单了。我再重复一遍，他们领取的前提是曾经和你维持了至少 10 年的婚姻关系，同时你已经至少 62 岁了，即达到了退休金领取年龄，并且你们离婚已经超过两年，还有，你猜怎么着，你的前任必须还是单身。

现在讲讲遗属福利。要让你的被抚养人、前任，甚至是被抚养人的父母能够领取遗属福利，你首先要做的就是：死去。一旦你去世了，每个人都可以去尝试获得遗属福利，他们可以优先把你的死亡抚恤金收入囊中。遗属福利可比被抚养人福利更加诱人。所以，你一定要让你那由你承担至少一半赡养费的 90 岁的老母亲知道，从你和这个世界永别的那一刻起，她就可以获得一笔相当可观的家长福利金，金额可高达你全部退休福利的 3/4。

残疾的遗属可以从 50 岁开始享受遗属福利，非残疾的遗属则从 60 岁开始才能享受。如果你的配偶在你去世后仍然照顾你年幼或残疾的孩子，他们就可以领取母亲（父亲）保障金。

在社会保障制度下有时也会产生棘手的问题。其中之一就是它关于最高家庭福利的规定。这项规定会根据你以往的收入来设定你的孩子、配偶和父母可以共同领取的福利金额的上限。一旦一对儿夫妻双方都开始领取各自的退休金，他们的最高家庭福利就合二为一了，这可以减少支付给被抚养人的福利金额上的约束。如果应付给被抚养人的福利总额超过了相应的家庭福利的最高限额，他们将会按比例获得属于自己的部分。幸运的是，该如何分配在法律上有明文规定，这就避免了你的家庭成员为了你留下的社会保障福利争得头破血流的情况。

符合领取条件且单身的或者60岁后再婚的前任（感觉到性别歧视的味道了吗？）可以享受遗属福利。但前任所能得到的部分并不会算在在世配偶和子女所能获得的最高家庭福利之内。国会中那些聪明的立法者早就考虑到了，要让你的前任和现任配偶在你去世后的福利分配问题上井水不犯河水。

秘诀2：及时主动申请，不然就会作废

社会保障体系的逻辑是你不主动申请就不会自动启动。如果你有资格领取某一项福利但你当时却没有提出申请，那么你将永远与这段时间应得的福利失之交臂。尽管我们每个人在整个职业生涯中都在不断以缴纳联邦社保医疗税的形式为社会保障体系做贡献，但社会保障机构可没有义务在我们可以享受这些福利的时候来提醒我们。

许多70多岁的人问我他们什么时候才会开始收到社会保障机构寄给他们的支票。每当这时我都会叹息一声，告诉他们，他们需要立刻提交领取福利的申请。超过70岁才开始领取福利金并不会

使你每月可领取的金额有所增加。你每晚一个月申请，就会多失去一个月的福利。当然，社会保障机构会给你稍稍宽限一段时间，他们会允许你对往前 6 个月的福利提出申请，但也就仅限于此了。因此，如果一位每年有 3 万美元福利金的老人在 73 岁半还没有提出申请，那么他就已经和 7.5 万美元永别了。

超过 6 400 万的、几乎占美国老年人总数 1/6 的人口正在领取社会保障福利。显然，他们都已经做出了领取福利的决定，其中还有不少人要做出关于福利提取的其他决定。除了这些正在领取社会保障福利的人，其余所有的美国人也都或早或晚要做出关于领取福利的决定。因此，实际上我们要么自己已经上了社会保障福利领取决策这条船，要么就是有同事、朋友或亲戚已经在这条船上了。然而，在我们日常生活的交谈中，有关社会保障福利的话题却鲜被提及。因此，你不能指望通过偶然的机会获得关于这方面的知识。

下面，我给你布置个关于社会保障福利的作业（别忘了我可是一名教授！）：首先，你要列出所有你可以获得的福利项目，并弄清你何时可以取得这些福利；然后，无须赘言，你一定要按时提出领取申请。需要注意的是：去社会保障局的网站上寻找答案或求助于其工作人员可能恰恰会让你误入歧途。这个网站的内容误导性非常强。至于社会保障局的工作人员，根据我的经验，他们告诉你的东西中有一半内容要么是错误的，要么是有误导性的或者是不完整的。他们把工作做得如此糟糕有多种原因：社会保障系统极其复杂、工作人员工资过低、超负荷工作、训练不足。不幸的是，他们都坚信自己根本不会犯错。

让我给你讲一个关于玛乔丽的故事。我曾经帮她拿到了一项她应得却差点儿失去的福利。此前,玛乔丽曾去当地的社会保障机构办公室申请这项福利,但她却被告知不符合申请资格。随后她和我取得了联系,根据我写的一篇专栏文章的内容,她认为自己是符合领取资格要求的。我告诉她,她毫无疑问是具备领取资格的。我让她再次去往当地社会保障机构办公室,叫她请工作人员直接给我打电话。果不其然,第二天我就接到了该机构工作人员打来的电话。这名工作人员一上来就不由分说地对我大吼了半个小时,指责说我在这项福利问题上的理解是完全错误的。在她咆哮时我几乎无法插话,但最后还是设法打断她,说道:"我想确认一下是否准确记下了您的名字和您所在办公室的名称,因为一个小时后,我将就您说的这段话发表一篇专栏文章。"听到这里,她嘟嚷了一句,挂断了我的电话。大约10分钟后,她又打了过来,但这时她的语气却来了个180度的大转弯。原来是她挂电话后向她的主管报告了和我通电话这件事情,现在,她完全同意我是对的,问我是否能接受她的道歉。"当然。"我答道。最终我也没有去写什么专栏文章。

秘诀 3:多做比较

如果社会保障条款极其复杂(事实的确如此),如果社会保障局网站上提供的信息具有误导性(事实也的确如此),如果社会保障局的工作人员只能给出糟糕的建议(他们确实会这样做),那么怎样才能做到不错失自己应得的福利呢?

首先,应该仔细研究一下社会保障制度。我曾与人合著了一本关于这个话题的畅销书，这本书可供参考。[1]

其次，多做比较。多走访几个机构的办公室，打电话咨询不同的工作人员，并要求和他们的主管直接沟通。如果在交流中，你确定你是对的而他们是错的，那么不要被他们给你的否定答案轻易动摇。在涉及支付给家属附加福利的复杂案例中，社会保障机构的人员会手工计算你能得到的福利金额。考虑到他们在这个过程中可能会犯错，坚持不懈、较真到底真的会让你得到更好的结果。这虽听起来令人难以置信，但是千真万确的。此外，你还需要知道，对于特定的福利，即使社会保障局说你不符合资格，你也应当坚持提出申请。社会保障局是不能拒绝你对一项福利的申请的，通过提出申请这个动作，你确保了自己未来可以提出申诉的权利。

你也可以购买和使用各种各样的在线辅助工具，我的公司也提供了一种[2]。社会保障局也有自己的在线计算器，但我的建议是不要使用他们提供的工具，因为这些工具既可能低估也可能高估你未来的福利收益。如果你还不到60岁（60岁之前的工资收入会被收录进工资指数），社会保障局提供的工具既不会考虑将来平均工资是否会随着经济整体水平上涨，也不会考虑通货膨胀的因素。假设你今年40岁，那么社会保障局的工具算出的你未来的社会保障福利金额就会被低估1/5之多。如果你尚在工作，该工具则很可能会

---

[1] 《得到属于你的》(Get What's Yours) 是《纽约时报》评出的畅销书，是我与美国公共广播公司《新闻一小时》节目的经济记者保罗·索曼以及资深个人理财作家菲尔·默勒合著的。

[2] "最大化你的社会保障"（Maximize My Social Security）是我们公司设计开发的社会保障计算辅助工具。

假设你将继续保持目前的收入水平一直到退休为止。如果不是上述这种情况，那么你利用社会保障局的工具得到的计算结果很可能会比你未来可获得的福利金额要高。

同时，我也建议你远离那些免费的在线计算器，因为它们往往是粗制滥造的。

秘诀4：静待良时

假设桑迪、桑迪三倍体、桑迪六倍体都按计划在62岁时退休，但是她们对社会保障福利的领取策略做了一个颇为关键的调整：等到70岁再开始领取。这样做对她们将领取到的终身福利有影响吗？答案是肯定的，这样做的结果是：每个桑迪的终身福利都增加了数十万美元！

桑迪的终身福利增加了267 520美元，这笔钱足以让她成为1/4个百万富翁了！想象一下这个场景，桑迪打开大门，看到一叠8层楼高的一美元钞票堆在门前，而且这些钱可以由她任意支配。对于桑迪三倍体和桑迪六倍体来说，她们的终身福利分别增加了474 616美元和476 010美元，这可是接近1/2个百万富翁的财富，用一美元钞票码起来的话有足足15层楼那么高。

让我来解释一下这些看似从天而降的社会保障金到底从何而来。我们在第2章提到过，如果你过早开始领取保障福利，那么你能领到的金额就会相应减少。如果你在达到社会保障退休年龄（也被称为"正常"退休年龄，对于1960年或更晚出生的桑迪来说，正常退休年龄为67岁）之前就开始领取福利，每年领到的福利金就会比达到正常退休年龄时领取的少大约7%。准确的数据是前36个月每月减少1%的5/9，余下的每月减少1%的5/12。另外，在达到了社会保障的正常退休年龄之后再开始领取你的退休福利会产生延迟退休补助（DRC）。每多等待一年领取，延迟退休补助会使你的退休福利增加8%（每月增加1%的2/3），但是，延迟退休补助只能累积到70岁，所以，正如本章中刚刚提到的，如果你等到70岁以后再来领取，你的社会保障福利就不会再继续增加。

　　提前领取情况下的福利减少和推迟领取情况下的福利增加这两种情况都被称为精算调整。这个机制是为了应对人们提早开始领取福利的情况而设立的，用来对被延长的平均领取年限的影响加以补救。但对于福利增减的计算是几十年前做出来的，当时利率很高，人们的平均寿命也没有现在这么长。如今，如果我们有耐心延迟领取，那么社会保障局支付给我们的超额福利的比例之高是惊人的。

　　假设每个桑迪都从70岁而不是62岁开始领取退休福利的话，那么她们将领取到的退休福利总额将增长大约76%。以桑迪三倍体为例，如果她从62岁就开始领取退休福利一直到100岁，那么在接下来的38年里她每年将能领到32 008美元。但如果她延迟到70岁再开始领取，那么在接下来的30年里她每年将能领到56 364美元。这将会给她带来额外的47.4万美元的社会保障福利。[1]

---

[1] 是否应该在计算中全额考虑那些你不一定领取的福利呢？从经济角度分析，作为一种金融套利，答案无疑是肯定的。十拿九稳的实际社会保障福利收益（经通胀调整后）与定期收到由美国财政部签发的通货膨胀保值债券（TIPS）的派息没有什么区别。

现在，你可以惊呼一句："哇！"桑迪只要多等上 8 年再去申领社会保障退休福利，她就能实打实地获得相当于额外工作了 5 年的收入。对于桑迪三倍体来说，通过如此操作能多领取的福利相当于 3 年多的劳动收入。对于桑迪六倍体来说则是相当于 1 年半以上的劳动收入。

那么税收的情况又是如何呢？难道这些额外的福利收入不用交税吗？答案是需要交税，但同时也有一个抵税的政策可以利用，使得这些额外的福利收入基本上等于是免税的。先介绍一些背景知识：如果你的收入合计（调整后的总收入 + 不应税的利息收入 + 一半的社会保障福利）超过 25 000 美元（对于已婚人士为 32 000 美元），并少于 34 000 美元（对于已婚人士则为 44 000 美元），你就需要为你一半的福利收入缴纳联邦所得税。如果你的总收入超过了 34 000 美元（对于已婚人士是 44 000 美元），那么你还需要为额外 35% 的福利收入纳税。与其他大多数的联邦所得税不同，社会保障福利收入的起征点是不与通货膨胀挂钩的。因此，随着时间的推移，由于一代人比一代人赚得更多以及相应得到的福利也更多，将会有更高比例（接近 100%）的社会保障受益人面临需要为 85% 的社会保障福利收入缴纳联邦所得税的情况。

眼睁睁地看着山姆大叔从你的口袋里收回付给你的福利金可不是什么令人开心的事情。但延迟领取福利金会使你要缴纳的税金出现微妙的减免。在等待 70 岁到来时再领取福利金期间，三位桑迪都已经花掉了大部分的常规资产。这意味着当她们 60 多岁时，她们的应税收入低是因为她们还没有福利收入；然而到了 70 岁后，她们的应税收入低是因为她们没有那么多的应税常规资产收入。这种应税收入的拉平使得三位桑迪能够处于较低的纳税等级。低到什么程度呢？总体来看，低到她们因为推迟领取福利金而获得的额外的福利几乎不会导致她缴纳额外的税款。①

等到70岁之后再领取社会保障福利并非对每个人都可行。很多人提早或刚达到正常退休年龄就开始领取福利是因为他们别无选择——他们没有其他的生活来源；有些人不得不去使用儿童、残疾儿童、育婴配偶或配偶福利；还有一些人清楚地知道由于健康状况的原因，他们已经时日无多了。尽管如此，我还是恳请你在采取任何关于社会保障的行动时三思而后行，先去找到能使你的家庭终身总福利最大化的策略。请不要忘记：决定何时开始动用社会保障福利可能会成为你一生所做的最重要的财务决定之一。

给你一个警告：如果你计划在70岁时开始领取社会保障福利，那么在你70岁生日到来前几个月时，你可能会收到一个"诈骗电话"。但这并非非法的诈骗电话，事实上这个"诈骗电话"来自社会保障局。也许当你读到本书时他们已经改变了这种做法。但是，在写本书之时所有人在年届七十时都会收到来自社会保障局的提议，告知你可以去补领接到电话之日起前6个月的退休福利。作为"诈骗"诱饵的，其实是一张相当于你过去6个月应得福利的大额支票。当那些接近70岁的人打电话给社会保障局，提出从70岁开始时领取社会保障福利的要求时，他们也会收到这个欺诈性的

---

① 另一个好处是，你本人的到手收入要比桑迪六倍体还要高，你才需要为社会保障福利收入支付堪萨斯州的所得税。但其实除了堪萨斯州，在美国只有12个州对社会保障福利收入征税。

提议。

一旦你接受了社会保障局提出的这个建议,你将失去的是到达70岁之前每一个月的延迟退休补助再加上额外6个月的延迟退休补助。举例说明,假设你距离70岁还有4个月的时间,如果你接受了社会保障局的这一建议,他们会寄给你一张支票,面值为假定你6个月前就开始支取的社会保障退休福利的总额。两个时间相加,你如果接受他们提出的提议,那么你将失去整整10个月的延迟退休补助,你的收益将永远降低6.67%。当他们想方设法让你接受他们的提议时,社会保障局可不一定会告诉你这样做会带来如此巨大的永久性的福利损失。这就是为什么我把这个行为称为一个骗局。这对社会保障局有好处,但对你则意味着损失惨重。

第一次听到这个骗局时,我正躺在牙医的椅子上。我当时问我的牙医关于领取社会保障福利有什么计划,但我并没有意识到他其实已经超过70岁了。"哦,我是一直等到70岁才领的。"然后他开始用电钻钻我的牙,在钻了几分钟后,他对我说:"我真心觉得社会保障局的人很好,他们提前几个月就给我打来电话,提出可以免费补发给我6个月的福利,这让我对他们大为钦佩,他们在付给我全额的福利之外又额外多给了我一张6个月福利金的支票。"当听到他这么说时,我暗自思索是否应该让他知道,他其实是被人骗了。他根本就没有意识到如果不收这张支票,他每个月得到的和以后将要得到的支票面额要大得多。虽然对他来说于事无补,但当我想到他有可能会因此提醒其他人不要重蹈覆辙时,我还是决定告诉他,其实他被骗了。然而,最后的结果是:我的看牙账单比预想的要高。

如果你离70岁还有几年的时间，那么关心一下政府是否能妥善管理他们欠你的福利是应该的。社会保障的长期财政状况，就像联邦政府的其他部门一样糟糕透顶。这个体系有53万亿美元的无准备金负债，即所有预期未来支出与所有预期未来收入的现值差额为53万亿美元[1]。这笔负债的规模约等于美国两年半的GDP（国内生产总值）。没有人知道这个赤字将如何被填补。当然，削减当前已退休或近期将要退休人员的福利在政治上是很难实施的。不过，即使从2030年左右开始，社会保障福利将被永久性削减20%，也改变不了等到70岁再领取退休福利这一做法的正确性。当然，等待的好处会因此变少一些，但依旧相当可观。这是为什么呢？因为无论如何你都有可能会面临福利削减的风险，并且对此无能为力。

秘诀5：通过遗赠获得更多福利

延迟领取社会保障福利可以给桑迪，或者更准确地说是桑迪的配偶，提供另一个潜在的财富来源。这笔潜在的财富以遗属福利金的形式出现。让我们假设桑迪三倍体有一个配偶叫作简，简的出生日期和桑迪三倍体相同，但是简在62岁时每年能拿到手的退休金是11 696美元，大约只有桑迪三倍体的1/3。如果桑迪三倍体在70岁时去世，他们又是从62岁起就开始领取退休金的，那么从桑迪三倍体去世时起，简将开始收到桑迪三倍体名下的社会保障福利，而不是他自己的。①

每年多出 25 805 美元的福利金，这是一个相当可观的数目。但如果桑迪三倍体等到了 70 岁才开始领取社会保障福利金，涨幅就更大了。简原来每年收到的 11 696 美元一下子就激增到了 56 364 美元，增加了 44 668 美元。如果简活到 100 岁，他将比桑迪三倍体提前开始领取保险金的情况下多领取 565 890 美元的福利金。

即使桑迪三倍体和简离婚了，在某些情况下，简仍然可以领取相同的福利金。只要是前配偶与亡者曾经维持婚姻关系 10 年以上，且是单身或 60 岁以后才再婚，适用未亡配偶的福利领取政策对于前配偶就同样适用。哪怕桑迪三倍体有数个前任，他们也都有可能因桑迪三倍体延迟到 70 岁才开始领取社会保障金这件事而受益。

如果你在超过正常退休年龄但还没有到 70 岁之间这个年龄段去世，并且还没有开始领取社会保障福利，又会是怎样的情形呢？配偶和前配偶的遗属福利是基于你去世时那个月应该领取的退休福利的金额来计算的。如果你在未满法定退休年龄时去世，并且还没有开始领取退休福利，社会保障局就会用你的全额退休福利的金额来计算遗属福利。如果你在去世时就已经开始领取退休福利了，社会保障局会使用一个被称为 RIB-LIM（退休保险福利限制）的复杂公式来计算遗属福利。在某些情况下，

---

① 社会保障局将其解释为简收到的是他自己的退休福利加上额外的抚恤金，等于桑迪三倍体在 70 岁时的福利和简在 62 岁时福利的差值。简而言之，当桑迪三倍体去世后，简将收到桑迪三倍体的全额社会保障金。

你在越接近正常退休年龄的时候开始领取退休金,你的遗属领到的福利就会越高。

对于年幼的子女以及在 22 岁之前不幸残疾了的任何年纪的子女来说,他们将获得的福利是否也取决于你何时开始领取自己的退休金呢?答案是否定的。这些遗属福利的计算是基于你的全额退休福利,而不是你死前实际获得的退休福利。①

说到这里,我要讲一个悲伤但真实的故事,这个故事能够告诉我们延迟领取社会保障退休福利对于低收入的遗属来说意味着什么。几年前,我参加了一个晚宴,坐在我身边的是一位叫作布莱恩的 68 岁的心脏外科医生,我们虽然之前并不认识,但很快相聊甚欢。此前,布莱恩已经从晚宴主人那里得知我曾经写过关于社会保障的文章。几分钟的寒暄之后,他告诉我,一个月前他被诊断出患有胰腺癌,医生告诉他,他最多只有两年的寿命了。这让我感到很意外。我向布莱恩表达了深切的同情。接着,布莱恩告诉我他本来计划一直等到 70 岁再开始领取社会保障金。但是,当收到癌症的诊断结果后他去了一趟当地的社会保障办公室,并向他们说明了自己的情况。社会保障局的工作人员告诉他,由于他能领取社会保障福利的时间已经所剩无几,他应该马上开始领取退休金,并且他们会把过去 6 个月的退休福利补发给他。布莱恩同意了,就在前几天,他刚刚收到了一张社会保障局寄来的支票。

然后我问布莱恩他的妻子帕姆是否有工作,以及社会保障局的工作人员是否向他询问过帕姆的历史收入情况。"帕姆没有工作,我

---

① 家长福利在这方面也是一样的。

的工作要求是随时待命,所以她留在家里抚育我们的三个孩子。而且,社会保障局的工作人员根本就没有询问我的婚姻状况。"

听到这些,我告诉布莱恩,社会保障局给了他一个非常糟糕的建议。"如果你等到 70 岁的时候再开始领取社会保障福利,帕姆的余生每个月都将会得到比现在高出 16% 的福利,而且还是经过通货膨胀调整后的金额。从经济角度来讲,未来能够拿到更高的终身福利远比现在就开始享受退休福利更重要。不过别急,事情还有转机。有一个好消息,从你开始领取退休福利的时候算起,你有一年的时间可以撤回领取申请,你如果决定这样做就需要退还你已经收到的福利,这样能够让你的社会保障账户复原到未被领取的状态。最终无论你能获得多少延迟退休补助,帕姆未来收到的退休福利金额都会因此得到永久的提升。布莱恩立刻领会了我这番话的意思,他说回去后他会去撤回他的退休福利领取申请。

在这里需要说明的是,家庭利益最大化和个人利益最大化是可能存在冲突的。这种情况在其他场景也会出现。假设你 62 岁,有一个年幼的或身体残疾的孩子,还有一位在照料孩子的配偶。一旦你开始领取退休福利,他们就可以领取残疾儿童福利和育婴配偶福利。因此,如果你推迟社会保障福利的领取以期使你自己的终身福利最大化,那么你家人能领取的终身福利将会减少。在这种情况下,你的最佳选择总体来说仍然是等待,但不一定要一直等到 70 岁。然而请注意,在家里有残疾子女的情况下,如果子女正在领取补充保障收入(SSI)福利和/或在自己的工作岗位上享受着残疾儿童福利,那么在你领取退休福利的过程中,你名下的社会保障福利为他们提供的残疾儿童福利的每 1 美元,都会使得他们自己的补充保障收入和残疾儿童福利的总和减少 1 美元。因此，对于享受补充保障收入福利以及残疾儿童福利的残疾子女的父母来说，等到 70 岁再开始领取自己的社会保障福利有可能仍是最好的选择。

秘诀 6：暂停和重启

看完以上几个秘诀，你可能会因为太早开始领取退休福利而捶胸顿足。但好消息是：如果你正好处在正常退休年龄和 70 岁之间，那么你可以通过暂停领取福利并在 70 岁时重新开始领取来减少损失。当你重新开始领取时，你的退休福利将会有所增加，这与你在福利暂停期间所累积的延迟退休补助有关。

坏消息是，当你暂停你的退休福利时，你也暂停了你的配偶或孩子正在领取或根据你的工作记录可以领取的所有福利。一旦你重新开始领取你的退休福利，那么他们相应的福利也会重启，但他们领取的福利保障金的金额将维持在暂停前的水平，不会根据通货膨胀进行调整。不幸的是，在社会保障福利中，除了退休福利，没有类似延迟退休补助一类的精算增长。

秘诀 7：基本可以被忽略的"收入检查"

这个秘诀非常重要。假设你选择在达到正常退休年龄之前就开始领取社会保障福利，在此期间如果你继续工作，并且收入超过"收入检查"的起征点，那么收入每增加1美元，你收到的社会保障福利就会相应减少50美分。2021年，收入检查的起征点为18 960美元。当你达到了正常退休年龄（对于1960年或之后出生的人来说是67岁），那么从那一年的1月1日算起，起征点之上的每1美元的收入造成的社会保障福利的扣减就会下降到33美分，同时从这一天起，收入检查的起征点也提高到了50 520美元。因此，当你到了正常退休年龄之后，收入检查基本上就算是华丽谢幕了。这意味着从这时起你无须再因为退休后继续工作赚钱而在社会保障福利方面蒙受损失。

叠加在我们承担的名目繁多的纳税项目之上，这种与年龄挂钩的收入检查着实令人抓狂。为什么这么说呢？假设你今年63岁，在半年前刚刚丢掉了每年5万美元的工作，于是你不得不开始领取那份由于提前领取而被打了折扣的、每年2万美元的退休福利。6个月后，好消息来了：你的前老板打来电话说想重新雇用你，工资待遇和原来一样。但是在这种情况下，对于你来说重返工作岗位似乎完全没有意义。由于重新返回工作岗位，你需要缴纳联邦社保医疗税、联邦所得税、州所得税，你还将因为收入检查而损失掉15 880美元的社会保障福利。这意味着你辛辛苦苦工作一年的收入还剩下大约2万美元，也就是说相当于收入的60%都用来交税了。那么，你何苦要重新去辛苦工作，到头来却把挣的每1美元中的60美分都拿去交税呢？

幸运的是，对大多数人来说，社会保障体系中的收入检查机制很大程度上只是虚张声势。之所以说它只是虚张声势，是因为如果仔细研究，你就会发现收入检查机制几乎起不到任何作用。它的可怕之处就在于大多数人没有意识到它其实起不到实际作用，因而最终决定不去继续工作。在这种情况下，他们因为误认为会被过度征税，所以错失了收入，导致最终损失惨重。

　　由于社会保障体系中存在一项鲜为人知的条款，即所谓的"削减因子调整"，收入检查机制基本上无法起到实际作用。"削减因子"是指因为过早的领取行为而使你自己的福利受到削减。原则上，福利的削减应当只适用于你提前领取福利的那些月份。如果你因为收入检查而损失了几个月的福利，那么从理论上来说，福利削减就不应该再把这几个月包括进去。换句话说，因过早退休而产生的福利削减会因为收入检查的存在而减少，现实情况也是如此。但是，这种福利削减是滞后的，会在你达到正常退休年龄时才发生。到那个时候，你的社会保障福利会得到持久性的提升，在大多数情况下，这部分提升足以抵消掉此前的损失，让你最后接近于不亏不赚。

　　让我们用一个更加简单的方法来解释一下这种实际上是把钱从右口袋挪到左口袋的复杂且诡异的情形：假设你在62岁生日那天提交了提前领取退休福利的申请，碰巧就在同一天，你收到了一份薪水很高的工作的聘书。薪水之高足以覆盖在经过收入检查机制的扣减后，你从62岁起直到达到正常退休年龄之日为止所获得的所有福利。在削减因子调整机制的作用下，你在达到正常退休年龄时所能得到的社会保障福利将与假定你在62岁时没有提前申领社会保障福利的情形并无二致！[①]换句话说，你不会因为重返工作岗位

[①] 顺便解释一下，如果你在开始领取退休福利的一年内撤回了你的领取申请，最终的结果也不会有什么不同。经过收入检查的洗礼后，结果将不会有什么不同。

而受到惩罚。更进一步来讲，即使你到了67岁，即正常退休年龄那一年，暂停退休福利的领取，并在你达到70岁的时候重新开始领取，那么你在70岁时所能领取的金额和你在62岁时就开始领取所得到的金额也没有什么不同。

削减因子不仅适用于你自己的退休福利，还适用于所有由于收入检查的存在而让你的财富得而复失的福利项目，包括配偶福利、离婚配偶福利、遗属福利、离婚遗属福利等。只有一个重要的例外，我们下面将要谈及。

这个例外就是：当你达到正常退休年龄时，如果你转换到一项比原来的福利金额更高的福利项目上（例如遗属福利），由于收入检查机制的存在，更高的福利并不会对你产生任何实际的帮助，收入检查机制会导致这些高出来的部分最终无法落到你的口袋里。在这种情况下，收入检查确实就等同于一种可怕的工作税。鉴于此，这种情况下你能采取的最佳行动可能是告别职业生涯，提前开始领取退休福利。

秘诀8：在符合条件的情况下领取免费的配偶福利

2015年，美国《社会保障法》进行了一项重大修订，修订后的《社会保障法》可以说是为1954年1月1日前出生的人群献上了一份大礼：在领取配偶福利的同时，可以先不领取自己的退休金从而去积累延迟退休补助。当然，这里包含一个前提：领取配偶福利的人的配偶需要已经开始领取退休金。举个例子，假设有一位出生于 1953 年的 69 岁的妻子，她的丈夫 62 岁。如果丈夫申请提前领取他的退休金，妻子只申请领取丈夫名下的配偶福利，那么在她到达 70 岁并申请领取自己的退休福利之前（假设她自己的退休福利高于她丈夫名下的配偶福利），她将获得为期一年的她丈夫的全部退休福利的一半。假设她的丈夫每年的全额退休金为 3 万美元，那么在等待达到 70 岁开始领取最高额退休金的一年间，妻子可以领取 1.5 万美元。

大多数符合条件的夫妇对这笔可以白得的钱一无所知。数年前，我在参加完一个会议的返程航班上，偶遇了邻座的一位 72 岁的哈佛大学经济学教授，他被认为是世界上顶级的宏观经济学家之一，我们在这里称呼他为弗兰克。我灵机一动，意识到弗兰克可能已经开始领取他的退休福利了，同时他的妻子可能是在 1954 年 1 月 1 日前出生的。于是我就问了问他。不出所料，他的妻子刚好到了正常退休年龄。结果不费吹灰之力，我就让弗兰克多赚了 5 万多美元，因此，我提议他请我和我的妻子吃饭（最后他照做了）。

我在这里讲关于弗兰克的故事的目的，除了要证实这个赚钱窍门真实有效，还想告诉你：领取配偶福利的一方最好比领取退休福利的一方更为年轻，以便他们在享受配偶福利的同时积累自己的延迟退休补助。

不幸的是，这个赚钱的窍门在 2024 年 1 月 1 日之后就将不复存在了，因为那时在 1954 年 1 月 1 日之前出生的人都已经 70 岁了。即便如此，收入较高的一方配偶仍应该提前领取退休金，以便让年龄较大或较小的另一方配偶能提前领取配偶福利。同样的道理也适用于儿童福利和残疾儿童福利的激活。

秘诀 9：正确选择领取遗属福利和退休福利的顺序

以珍妮特为例，她是一位退休的寡妇。在她 62 岁生日那天，她心怀喜悦地去了当地的社会保障局办公室，庆祝自己终于可以开始领取本属于她的那些社会保障福利了。珍妮特并不是很确定她可以领取哪些福利，好在一位举止友善的工作人员告诉她，最好的做法就是申请领取全部福利，包括她自己的退休福利和她的遗属福利。

令人遗憾的是，这位工作人员给出的建议简直糟糕透顶。

为什么这么说呢？让我们先补充一些细节。假设珍妮特的提前退休福利是每月 2 000 美元，她的遗属福利是每月 2 001 美元。倘若珍妮特听从了工作人员的建议，同时申请两项福利，她将得到其中较大的一项，在这个例子中，就是 2 001 美元的遗属福利，而且这将贯穿她的余生。也就是说，虽然珍妮特在漫长而辛劳的职业生涯中为自己的退休福利缴纳了高昂的联邦社保医疗税，但她再也没有机会领取它了。[①] 终其余生，珍妮特每月收到的福利将是 2 001 美元，持续 38 年的话（假设珍妮特的寿命为 100 岁），她收到的福利总额为 912 456 美元。

如果这名社会保障局的工作人员真的了解退休和遗属福利的运作机制，他就不会如同渎职一般给出前面那样的馊主意，而是会向

---

① 没错，社会保障局会声称珍妮特得到的是 2 000 美元的退休福利，外加 1 美元额外的遗属福利。如果她的退休福利只有 1 000 美元，他们就会说她得到的另外 1 001 美元是额外的遗属福利。不管怎么说，在这两种情况下她每月收到的支票总额将为 2 001 美元，等于珍妮特的遗属福利。

珍妮特提出以下正确的建议。

目前，你应当只申请领取遗属福利，等到70岁再开始领取自己的退休福利。你可以自由选择何时领取，没有必要同时申请两项福利。假定今年你62岁，距离70岁还有8年时间。在这8年中，你每个月都可以领取2 001美元的遗属福利。然后，从到了70岁那一年起，你应当转而去申请领取自己的退休福利，而不是继续现在的每月2 001美元的遗属福利。那样做的话你每个月将得到3 520美元，这可比原来高出76%。这是由于你的退休福利不会受削减因子调整的影响，同时由于你累积的延迟退休补助，你的退休福利反而增加了。

由于从70岁开始你的两项福利中较高的一项是3 520美元的退休福利，那么从70岁开始一直到100岁你都可以领取这笔钱。当然，你也有可能活不了那么久，但是考虑到长寿的现实可能性，锁定一项更高的晚年福利价值巨大。让我们来算一笔账：70岁前每月可领取2 001美元，持续8年；再加上在此之后30年中每月领取3 520美元，合计是1 459 296美元。这样做的话比现在你一次性地申请领取两种福利的情形要多出546 840美元。

那么，为什么我认为社会保障局的工作人员不太可能会给珍妮特提出如此考虑周全的建议呢？

难道社会保障局的工作人员是如此的失职或心怀恶意，以至任凭遗属们错误地多勾了一项福利申请而损失掉一大笔钱？以珍妮特为例，这可是近50万美元的损失。然而事实就是如此。2018年，社会保障局的监察长发布了一份报告，指责本机构通过这种方法削减了至少 1.32 亿美元的遗属福利支付。[2] 社会保障局的监察长呼吁该局的负责人去纠正这个问题，并考虑对损失了终身福利的遗属们加以补偿。但直到本书写作时，这个问题仍然没有得到纠正，也没有人获得补偿。关于这些所谓的"错误"是如何产生的，我们也没有得到任何解释。有可能像珍妮特这样的人本来只是想申请领取遗属福利，但工作人员登记时把两项福利都给填上了。这种行为暴露出社会保障局工作人员的粗心、失职、恶意，或者三者兼而有之。

如果珍妮特意识到了这个错误，她也可以回到社会保障局的办公室，要求工作人员以书面形式确认珍妮特只申请领取遗属福利，并且在他们的系统中不能留下她曾经申请领取退休福利的记录；另外，她还应该在申请表的备注部分特别说明（并拍照留证），她此次的福利申请仅限于遗属福利，并且在未达到一定年龄前不会申请领取退休福利。

虽然对于珍妮特来说情况就是如此，但我想澄清的是，先申领遗属福利后申领退休福利的策略并不是对于任何人来说都是最优的。在某些情况下，最好的策略也可能是在 62 岁时申领退休福利，待遗属福利达到最高值，也就是即使继续等待福利金额也不会继续增加时，再转而申领遗属福利。当一个人的遗属福利比退休福利高得多的时候，就会出现这种情形。对于丧偶的人来说，如果他（她）们的已故配偶从未领取过自己的退休福利，或是在达到正常退休年龄后才开始领取，那么遗属申领遗属福利的最佳时间是在达到完全退休年龄时，届时福利将不会因为提前领取而被扣减。对于那些已故配偶去世前提前领取了退休福利的遗属来说，遗属福利最早有可能在遗属本人到达正常退休年龄之前的 3 年半达到最高值，这是根据我前面提到过的颇为复杂的 RIB-LIM 公式计算出来的。

请把上一段的最后一句话连读 5 遍。假设你在 62 岁时申领退休福利，5 年之后到了正常退休年龄时领取遗属福利，因为你认为那是你的遗属福利达到最高值的时间。但实际上遗属福利可能在你 64 岁半时就到达峰值了。如果你错过了 64 岁半的申领时点，那么你可能会因此而损失数千甚至数万美元。你之所以会犯这个错误，可能是因为读了社会保障局网站上极具误导性的信息，或者是受了一些非常无知或缺乏培训的工作人员的蛊惑，也可能是听从了你的理财规划师出的馊主意，虽然他们理应清楚如何正确申领。如果你符合以下情形：60 岁出头丧偶，而且故去的配偶生前提前开始领取退休金，那么，你一定要花些时间仔细研究，确保不出差错。①

秘诀 10：通过赚更多钱来提升你的福利

我们前面已经谈到社会保障福利的金额是如何随着你在职业生涯中所挣得的金额变化而变化的。但更重要的是，你需要了解如何确定要赚多少钱才是最合适的、才能恰好使你到手的钱最多。

---

① 我公司的网站可能是你确保在这件事上百分之百不出差错的利器，而且只需要花上区区 40 美元。也许这听起来像条广告，但我认为其他所有测算工具都是把你看作平均样本，而不是一个独特的个体来做精算估值，没有一个受过良好训练的经济学家会认可它们的做法。

你可以领取的（包括他人可以因你而领取的）每一项社会保障福利都与你的基本保险金额（PIA）挂钩。在计算你的基本保险金额时，社会保障局会对你过去社会保障所覆盖的全部收入进行排序，包括你整个职业生涯中那些支付了联邦社保医疗税的收入。但在排序前，社会保障局会对你60岁之前的收入进行调整，以消除全美平均工资增长这一因素的影响。[①] 对60岁以后的收入不会再进行系数调整，以实际金额参与排序。因此，如果你在60岁以后仍然继续工作并且收入不菲，无论这是由于你自身的能力，还是因为整个经济体的增长，或由通货膨胀因素所造成的，你60岁以后的收入将对你的基本保险金额产生相当大的影响。

社会保障局会将你以往的全部保险覆盖收入（即60岁之前的经系数调整的收入以及60岁后的不经系数调整的收入）从高到低进行排序，然后它会取最高的35个值求和并进行平均，得出你的指数化月平均工资（AIME），然后借助指数化月平均工资来计算你的基本保险金额。在这个过程中有很多复杂的细节，但最关键的是你要明白：如果你继续工作，你就可以提高你的指数化月平均工资，从而提高你的社会保障福利。社会保障管理局把这个操作称为福利的重新计算。在你领取社会保障福利期间，政府每年都会对你的福利进行重新计算。举一个极端但完全具有可能性的例子：你

---

① 例如，如果你在2018年达到60岁，那么在排序前，你在1995年，即37岁时的收入将以2.11的系数被放大，这个系数是2018年美国平均保险覆盖收入52 145.80美元与1995年平均保险覆盖收入24 705.66美元的比值。至于60岁以后的覆盖收入，它们实际是多少就以多少纳入计算，不会再按系数进行调整。

在88岁被返聘，从事一份收入足够高以至能跻身收入排序前35位的工作，一年后，社会保障局将提高你的指数化月平均工资、你的基本保险金额（取决于你的指数化月平均工资）以及你的退休福利（取决于你的基本保险金额）。届时，你的退休福利的增长将超过那一年的生活费用调整（COLA）。

现在，让我们假设你有5个目前处于单身状态的前夫，他们每一位都与你经历了超过10年的婚姻存续期，并且申领了你名下的离婚配偶福利。要想领到这笔钱，他们每个人在各自的职业生涯中的收入都必须相当少，总之就是他们的收入需要比你低得多（或者他们从事的是没有缴纳联邦社保医疗税的工作）。无论他们是职业吃软饭的，还是根本就无力自己谋生，他们都将从你的社会保障收入中受益。为了防止出现多位前任之间的社会保障福利争夺战，每位前任领取的福利都不能影响其他人可以领取的福利。所以，如果你88岁时还从事一份收入比原来更高的工作，从而使你的基本保险金额得到提高，那么你的每一位前任都将在他们的余生中获得更高的离婚配偶福利。此外，一旦你撒手人寰，还活着的前任们将各自获得更高的离婚遗属福利，即便他们已经再婚了（前提是在60岁以后再婚）。①

如果你过去的收入很低或只有零星收入，那么在步入老年时能赚更多的钱并提高你的基本保险金额就变得尤其重要（有必要提醒

---

① 如果他们在60岁之前再婚，一旦他们的新配偶故去，他们就可以开始领取你名下的离婚遗属福利。事实上，如果他们有多个已故的前任或配偶，而配偶去世时他们又正处于结婚状态，他们就可以从提供了最高遗属福利的那个人的名下领取福利。

你的是，如果你有一个收入远高于自己的现任或前任配偶，并且不太可能申领你自己名下的社会保障福利，那么在晚年通过赚更多钱来提高你自己的基本保险金额可能就变得不太重要或根本就没有意义了）。如果你是一个高收入的高龄工作者，收入超过了社会保障局覆盖的收入上限，在这种情况下提高你的基本保险金额也很重要。①

如果你的收入记录参差不齐，其中可能包括许多很低甚至完全为零的数据项，那么，无论你多么年长，通过赚取更高的收入，你就能够用大于零或更高的收入值来取代这些薄弱的数据点。这将使你的指数化月平均工资得以提高，进而提高你的基本保险金额。

现在我来仔细说明这个诀窍潜在的重要性。假设你是一名单身60岁的路易斯安那州居民，并且打算明年退休。目前你的收入是每年2.7万美元，并在过去一直与全美平均水平相当。你之前结过十几次婚，但每次婚姻都没能维持10年以上，所以无法申领你前任名下的社会保障福利。因为你在抚养孩子期间没有工作，所以你在45岁时才开始工作挣钱并开始供养你的社会保障账户。为此，你已经花了10年时间来确保攒够将来要领取社会保障退休福利所需的40个"参保季度"。幸运的是，你从你最喜欢的前任那里继承了50万美元，你计划靠这笔钱生活到70岁，然后开始领取自己名下的社会保障福利。

如果此时你再多工作一年会是什么情况呢？你的终身社会保障

---

① 计算社会保障税的上限是最高收入额。2021年，这一数字为14.28万美元。随着时间的推移，收入上限会随着经济体平均工资的增长而上升。

福利将因此而增加 9 288 美元，这比你税前年收入的 1/3 还要多些。简而言之，只要多工作一年，你将来退休期间的福利收入就会增加约 1/3。当然，你和你的雇主需要为这部分工资收入额外支付社会保障工资税，加在一起一年共 3 348 美元。即便如此，多工作一年也能让你净赚 5 940 美元，这相当于你额外缴纳的社会保障税获得了 77% 的回报！

下面，我们假设你继续工作下去，而且明年你的工作收入能够达到社会保障规定的上限，这样的话，你的终身福利将惊人地增加 98 310 美元。同时，你和你的雇主所缴纳的社会保障税加起来是 17 707 美元，即便如此，你仍然可以净赚一大笔。没错，多工作一年，就能让你终生的社会保障福利增加近 1/4！

现在让我们来研究一下社会保障覆盖收入的另一种情形。假设你的收入一直高于社会保障的收入上限，此外，目前你的年龄已经超过了 60 岁。我们进一步假设你今年的收入也超出了社会保障的上限。如果今年的法定上限相比此前年份的上限有所提升（这几乎是必然的），那么你的指数化月平均工资就会随之提升，进而你的基本保险金额也会提升。基于此，当你开始领取退休福利时，福利金额也会提升。尽管可能不易被你觉察，但在计算社会保障福利时，超出收入上限的部分是被排除在外的。那么，在这种情形下，提高社会保障福利真的值得吗？答案见仁见智。多工作一年会让你的按现值计算的终身福利增加约 4 500 美元，这比你将额外支付的大约 17 707 美元的社会保障工资税要低得多。但倘若你无论如何都要去工作，这也是一笔相当不错的额外收入。

还有一个可以通过赚取更多收入来提高福利的重要途径，这适用于那些在职业生涯中部分工作没有被社会保障所覆盖的劳动者，在全部劳动者中占比大约为15%。这些人主要是州或地方政府的雇员，比如教师等。他们不需要为工资所得缴纳社会保障税。这些没有被社会保障所覆盖的劳动者通常从他们的雇主那里领取养老金。但他们如果也曾有一份被社会保障所覆盖的工作，并累计缴纳了40个季度（即10年）的社会保障税，就同时也可以申领社会保障福利。此类劳动者通常被社会保障覆盖收入的时长相当短，因此在用社会保障局高度累进的基本保险金额福利公式来衡量时，他们会被当作低工资收入群体，因而获得与收入不成比例的高福利。

为了避免对拥有非覆盖养老金的劳动者过于慷慨，美国国会通过了"外财冲销规定"（WEP），一旦你开始领取非覆盖养老金，该规定就会立即生效。符合"外财冲销规定"意味着你的指数化月平均工资要通过一个不再那么慷慨的基本保险金额公式来计算。外财冲销规定带来的福利削减不会超过你的非覆盖养老金的一半，也不会超过被政府归为非覆盖403（b）或类似退休计划的养老金的一半。

有一件事情非常重要：你的养老金被外财冲销规定影响的程度取决于你从事被社会保障覆盖并且收入可观的工作的年数。2021年，被认定为收入可观的标准是年收入超过26 550美元。如果你拥有可观收入的年限是20年或以下，你就会受到外财冲销规定的严重影响；如果这一年限处于在20年到30年之间，你的福利被外财冲销规定影响的程度会逐年下降；超过30年就完全不受外财冲销规定的影响了。因此，20年到30年这10年间你的可观收入将影响你的退休福利。

对于你从已故的配偶或前配偶（与你至少有10年的婚姻关系）

那里获得的配偶、离婚配偶、遗属和离婚遗属福利来说，如果你正在领取未覆盖养老金，那么福利扣减则是通过另一项"政府养老金抵消条款"（GPO）来计算的。① 具体来说，在你收到的非覆盖养老金或政府认为你的养老金来自非覆盖退休福利账户时，你每获得3美元的非覆盖养老金，就会产生2美元的社会保障福利的抵扣。有一个非常简单的绕开政府养老金抵消条款的方法：只要你在联邦、州或地方政府从事了一份由社会保障覆盖的工作并达到了60个月（不要求连续）即可。在这种情况下，你将永远远离任何政府养老金抵消条款的影响。

本章要点回顾

对我们大多数人来说，社会保障是我们最大的或第二大的经济资产。如果我们对其管理得当，它也是可以使我们的资产大幅增加的一项来源。我来总结一下本章我所告诉你的关于社会保障的秘诀：

- 在美国，社会保障体系中共有13项福利，其中大部分你可能从未听说过。对于社会保障福利，你可以充分利用，也可能白白丢掉。你如果不去申请你有资格领取的福利，就等于放弃白给的钱。你要做的就是去拿到这些本属于你的钱。
- 社会保障体制为你提供的这些福利可不是白白送给你的免费礼物。在一定收入范围内，你每赚一美元都要缴纳12.4%不菲的

---

① 如果是在国外赚取的养老金，那么在领取遗属福利时不会触发政府养老金抵消条款。

联邦社保医疗税。无论政府如何在雇员和雇主之间给这些贡献打标签，它们都来自你通过劳动所创造的财富。

- 要获得任何福利都需要你提出正式申请。当你具备了领取资格时，社会保障局并不会通知你。如果你的申请有所延误，它会补给你最多过去 6 个月的福利。

- 别在一棵树上吊死。向不止一个社会保障管理办公室问询，并通过使用非常精细的在线工具来查你是否有资格获得 13 项福利中的一项或多项，或者你的家人、朋友甚至你所记挂的前任是否在领取他们的福利。我推荐你使用我公司开发的工具，当然，其他的工具也有可能帮你完成这个任务。

- 当前的社会保障体系为延迟领取退休福利提供了巨大的鼓励机制，这也是你能从这个体系中获得的最大一笔财富的关键点所在。这可不是彩虹尽头的神话，它是真实存在的。你只需要有一些耐心，花点儿微不足道的时间来选择什么时候开始申请福利。

- 等到合适的时机再开始领取更高的退休福利，也会给未亡配偶和符合条件的前配偶提供更高的遗属福利。如果你这样做，你的遗属就可以获得巨大的收益，所以牺牲一些你自己的终身退休福利来提高他们的退休福利是有意义的。

- 如果你已经过早开始领取退休福利，你可以在从正常退休年龄起一直到 70 岁之间的任何年龄时暂停领取，并在 70 岁之前或 70 岁之后的某个时点重新开始领取。不要相信社会保障局的骗术，在 70 岁之前领取退休福利的代价是未来每个月领取福利的永久性减少。

- 对于大多数劳动者来说，"收入检查"对他们的终身福利影响甚小或几乎没有影响，因为收入检查造成的损失会以从到达正常退休年龄开始你将长期获得的、更高的福利形式得到补偿。所以，如果你退休或失业了，不要因惧怕收入检查而放弃回去工作，从而被迫提前领取社会保障退休福利。

- 对于那些在1954年1月1日前出生的人来说，他们或许可以获得一项免费的配偶福利。有几百万婴儿潮时期出生的人可以通过这样做而发一笔小财。但是，很多人很可能并不知道只要他们符合条件就可以获得免费的配偶福利，因为社会保障局没有采取任何行动去告知大家这项福利的存在。

- 如果你的配偶或前配偶已经故去，那么你一定要对先领取遗属福利还是先领取退休福利进行正确排序，这对于最大化你的终身福利至关重要。出于无知、错误或恶意，社会保障局已经骗取了本应属于成千上万的寡妇和鳏夫的数亿美元。这个机构甚至无视它自己的监察长的报告，该报告呼吁该机构使用其内部数据来确定哪些遗属的权益被侵害了，并为他们提供合理的补偿。

- 根据你的从业经历，你可以通过长期从事一项被社会保障覆盖的工作来大幅提高你的终身福利。对一些人来说，在晚年挣得更多可以使他们从那些为社会保障而贡献掉的收入上获得巨大的回报。对于任何超过60岁并且收入超过社会保障制度规定的收入上限的人来说，由于社会保障福利的计算机制，他们的基本保险金额和所有基于此的福利都会自动被提高到超过每年的生活费用调整的水平。如果你是外财冲销规定所适用的人，那么赚取超过"可观收入上限"的工资可能会减少外财冲销规定的影响。

第4章

合理避税——调整退休账户

正如在前面的章节中曾让我慨叹的那样，整体来看美国人在储蓄方面的表现非常糟糕。无论在个人层面，还是在整体层面，我们在储蓄方面都很失败，这已经是老生常谈。(在新冠肺炎疫情之前，美国的国民储蓄率也极低。)美国国会早在几十年前就认识到了这个问题，因此精心设计并推出了包括退休账户及有益品账户的储蓄体系，以此来收买我们，试图让我们储蓄的钱超过投入社会保障账户中的钱。

美国国会中律师背景的人实在是太多了。律师们除了能把事情尽可能地复杂化之外，并不能真正对我们有所助益，这是由他们的职业基因决定的。这些人已经成功地让美国的社会保障系统成为民众的噩梦，除此之外，那些令我们抓狂的退休储蓄账户体系也得归功于他们，其中之一就是我在前文中曾着重强调过的由雇主设立和管理的401（k）计划。现在让我们对各种类型的退休储蓄账户体系进行一个全面的盘点，这个体系包括：传统个人退休账户计划、罗斯个人退休账户计划、配偶个人退休账户计划、基奥计划、简易雇员退休账户计划、简单个人退休账户计划、简单401（k）计划、工资扣减个人退休账户计划、403（b）计划、利润分享计划、固定福利计划、员工持股计划、457计划、个人401（k）计划、不可扣减个人退休账户计划、罗斯401（k）计划、罗斯403（b）计划、罗斯457计划以及……算了，这些已经足够多了，现在我需要杯咖啡缓缓神！

每种类型的退休储蓄计划都有各自的规定、限制、缴款限额以及资格要求。深入了解你有资格申请哪种类型的退休账户，以及知晓如何以最佳的方式使用它们，能够有效地降低你的终身税收支出。显然，你也能够因此而获得更高的终身消费支出。在本章中，我将详细介绍两种基本类型的退休账户，探究如何利用它们实现税收减免，以及如何在不同类型的退休账户之间调配资金，以最大限度地获得税收优惠。然后，我们将从那些极其枯燥，但至关重要的条条框框（你可以先暂时跳过这部分）转移到真正有趣的部分：你能够从退休储蓄这顶别致的魔法帽中变出多少钱来。对于大多数被雇用的劳动者来说，其中包括一笔无须付出额外劳动就可以从雇主那里获得的、为数不少的财富，这笔钱叫作"雇主配缴"。

充分利用雇主配缴机制可能是本书所讲述的最简单的金钱魔法。雇主配缴对员工退休账户的平均贡献超过员工工资的4%。尽管如此，仍有约1/4本来有资格获得这笔完全免费财富的人没有参加雇主配缴计划。道理显而易见：

当老板白白送钱给你时，请毫不犹豫地收下它！

稍后我在介绍不同类型的退休账户时，将着重讨论健康储蓄账户（HSA）、自选福利计划以及529计划。这些账户专门针对特定类型的消费支出，允许你在规定的范围内动用账户中的钱去购买"有益品"，如类似教育、医疗服务等这些政府鼓励并通过税收减免来进行补贴的产品。以健康储蓄账户和自选福利计划为例，对于这两种计划的税收减免是100%，这意味着：把收入配置到这些账户中是完全不用缴税的。

我接下来要灌输给你的有关退休账户的细节信息很枯燥，但十分重要，也许你已经知晓其中一部分了。然而，退休账户可是美国政府主动向你发出的减税邀请，我需要确保你不会与任何一个减税的机会擦肩而过。因此，在这里我有必要先带你熟悉一下两类主要的退休账户，了解它们如何帮你实现终身纳税金额的最小化，你该如何在它们之间调配资金，以及你能够在多大程度上利用它们来合法避税。

递延税款和罗斯退休账户

退休账户可分为两种基本类型：递延税款账户和非递延税款账户。琳琅满目的退休账户计划中绝大多数属于递延税款类型，它们通常被称为传统或常规个人退休账户。与之不同的是以特拉华州前参议员威廉·罗斯命名的罗斯个人退休账户，它属于非递延税款账户。罗斯个人退休账户约占所有个人退休账户资产规模的10%。[1]

由雇主资助的401（k）退休计划允许员工和雇主匹配缴款。401（k）又分为两类：递延税款类型和罗斯类型。401（k）是一种固定缴款计划（DC plan），这意味着雇主和政府要设定缴款金额。

近几十年来，固定缴款计划在很大程度上取代了保障退休福利的固定收益计划。

曾几何时，固定收益计划在大公司中相当普遍。但如今，除了那些由工会、州和地方政府以及军方赞助的养老金计划外，固定收益计划正面临消亡。大约一半的私营组织的雇员只能参与固定缴款计划，13%的雇员可以同时参与固定缴款计划和固定收益计划，4%的雇员只能参与固定收益计划，其余32%的雇员在为根本不参加退休计划的公司工作。[2] 显然，固定缴款计划，主要是指401（k）计划，它构成了我们绝大部分的递延税款资产。一旦资金存入了你的固定缴款账户，你就可以在雇主设定的限额内用它来进行投资。相比其他类型的账户，你几乎可以随心所欲地把钱存入个人退休账户中。对于固定收益计划而言，你可以存入其中的额度可能会比固定缴款计划的大得多，而且你从这笔资产中获得的收益多少是由公式决定的，而不是由账户资金的投资表现决定的。

那么，递延税款账户是如何运作的呢？投入这类计划的资金是可以从你的应税收入中扣除掉的，这意味着你在存钱的同时不必为你存入的钱支付所得税。而且，你还可以把存入的钱用于投资。根据账户类型的不同，你可以投资共同基金或交易所交易基金（ETF），即基础证券的集合；也可以投资特定类型的证券，包括股票、债券、房地产信托、黄金及大宗商品、租赁物业、（在限定范围内的）期权、土地，甚至加密货币（如比特币）。当你的投资获得回报时，你也不需要立即为盈利缴纳税款，这就是所谓的"内部积累"。"内部积累"意味着，只要那些流入账户的股息、资本利得、利息以及其他投资收益还保留在你的账户中，你就不用在它们流入账户时纳税。

然而，这样做的代价是：当从递延税款账户中取款时，你必须为你取出的那部分钱缴税。此外，这部分钱将不再享受任何税收优惠。例如，虽然目前政府设置的对股息和资本利得的适用税率低于普通的个人收入所得税率，但401（k）计划中累积的股息和资本利得在被提取出来时，会被要求按照与劳动收入相同的所得税率来缴税。

递延税款账户还有另外一个"陷阱"：一旦你的年龄达到了72岁或70.5岁（适用于2020年1月之前达到年龄条件的情况），那么你必须开始从账户中提取资金，而且提取的金额至少要达到强制最低提款额（RMD）。强制最低提款额的计算方法是将账户余额除以对应年龄的预期寿命系数。72岁对应的预期寿命系数是25.6，82岁对应的系数是17.1。因此，如果你在72岁时，在传统个人退休账户上有100万美元，那么你必须在那一年取出39 062美元；在你82岁时，100万美元账户余额对应的强制最低提款额则为58 479美元。

罗斯账户与传统账户的区别

与递延税款账户不同，存入非递延税款的罗斯账户中的款项不能从应税收入中扣除掉，这意味着你在存入时仍然要为此纳税。就像递延税款账户一样，罗斯账户中的内部收益累积也是免税的。但与递延税款账户不同的是，你在最终提款时不需要缴税。因为你在存入资金时已经为这笔钱缴过税了。因此，当你取出这笔钱的时候，它不会再次被累加到你的应税收入中。另外，罗斯账户也不受强制最低提款额的约束（关于这一点我们稍后还会再讨论）。

递延税款个人退休账户和非递延税款的罗斯个人退休账户具有共同的优势：你存入其中的资金能够享受税收方面的优惠，这是由于它们都是专门为应对退休而设立的。因此，如果你在59.5岁之前从一个递延税款的退休账户中提取资金，你不仅要为这笔钱纳税，而且通常会面临10%的罚款。而对于罗斯账户来说，当从中提取存入的资金时，你是不需要缴税的，并且也不会被罚款。但如果你在59.5岁之前，从罗斯账户中提取账户资金产生的收益，那么你将会被征税和罚款，除非提取的资金被用于教育、首次购房、生育或收养等目的。在59.5岁之后，只要你满足了账户已设立超过5年并且曾经向其中存入过资金的条件，你就可以随意提取账户收益而不用缴纳税金和罚款。[1]

稍后我将详细讲解这个话题：你可以向个人退休账户存入的资金是有限额的。如果超过了这个限额，虽然你仍然可以向传统的个人退休账户内存款直到达到第二个限额，但是，在这种情况下你继续存入的款项将不再会被从应税收入中扣除掉。尽管如此，这些不再免税的资金所产生的投资收益仍具备"内部积累"的优势，而且资金在账户中的积累是免税的。另外，我们之前提到过，当你从罗斯账户中提取资金时，只有通过投资收益积累的那部分资产收入将被征税。

---

[1] 请注意，这并不仅限于你要取钱的那个罗斯账户。

年金化你的退休账户

无论你拥有的是递延税款账户还是罗斯退休账户，你都可以用其中的资产来购买年金。年金是一种持续向受益人支付直到其去世的金融产品。年金可以是适用于单人的（直到你去世），也可以是与遗属联合的（直到你或你的配偶去世，取决于哪种情况更晚发生）。年金条款可以包含保证期限，也可以是分级式的，这意味着它向受益人支付的数额可以逐年递增。如何设计你的年金计划，即年金应该具备哪些要点，决定了年金向你支付的方式以及终止支付的条件。不幸的是，市场上没有一种年金具有通货膨胀保护功能。有人声称分级年金可以抵御通货膨胀的不利影响，这只是无稽之谈。通货膨胀保护是指当物价上涨50%时，你收到的年金也能够上涨50%，在这种情形下，一项能带来3%独立于通货膨胀率的收益增长的分级年金，还不足以抵抗通货膨胀带来的风险。

但如果暂且抛开通货膨胀保护方面的考虑，年金在提供长寿保障方面的表现还是可圈可点的。如果一个人想让退休账户的投资尽量简单化，最基本的做法就是投资年金。如果你能持续活下去，年金就能给你带来很高的实际回报。当然如果你不幸去世了，那年金就没有什么用处了。所以说，购买年金其实是一场赌博。但假设你死后不再需要钱（当然你肯定不需要），那么年金其实也没有什么坏处。然而事实上，大多数人不会年金化自己的退休账户，这相当令人惊讶。究其原因，交易费用并不是个问题，年金产品的交易费用是相当合理的。这种对年金化的抗拒似乎反映了我们过度相信自己会英年早逝、过于担忧通货膨胀的影响，以及担心销售年金的保险公司可能在我们还活着的时候就消失了等诸如此类的风险。对于早逝的过度确信只不过是你在财务上的一厢情愿罢了，实际上并非如此。如果你担忧保险公司会违约，那么你可以通过从不同的保险公司购买多个年金来分担风险。另外，在后续章节我很快会提到，你可以通过投资普通债券来抵御通货膨胀的影响，例如不动产按揭月供这种实际价值会随物价上涨而下降的金融产品。

因此，如果你也曾有上述顾虑，我建议你重新考虑一下年金产品，尤其是最近出现的新型年金品种——合格长寿年金（QLAC）。你最多可以将 25% 的递延税款退休账户中的资金投入合格长寿年金，最高投资额度为 13.5 万美元。如果投资了合格长寿年金，你将获得一份在未来的某个特定日期开始领取的年金。由于这种年金在计算模型中纳入了受益人在支付日到来之前死去的可能性，合格长寿年金的支付额比一般常规年金的支付额更高。因此，如果你已经年届七十并确信自己能再活 15 年但不可能更久，那么购买一份在 85 岁（你可以开始领取养老金的最晚年龄）时开始给付的合格长寿年金，就可以在你活到 85 岁以上的情况下为你提供很好的保护。合格长寿年金的另一个好处是，你投入其中的资金可以不受强制最低提款额的限制。合格长寿年金存在的主要问题是通货膨胀风险，由于名义付款被推迟，这一风险变得更加复杂难测。

缴款限制——个人退休账户和 401（k）账户

无论对于传统退休账户还是罗斯退休账户，你在任何年龄都可以向账户中存款。但是，联邦政府对你的缴款额度会加以限制。政府还对个人向雇主发起的退休账户［例如401（k）］的缴款金额设定了限额。具体限额的多少取决于账户的类型。以2021年为例，你可以存入传统和罗斯个人退休账户的总金额不能超过6 000美元（50岁以上为7 000美元）或2021年的劳动收入，以较低者为准。这里的"劳动收入"被美国国税局称为"应税收入"。①

罗斯个人退休账户不仅有缴款限额的限制，还有对于缴款人收入上限的要求。还是以2021年为例，如果你是单身人士，如果你的调整后总收入（MAGI）超过14万美元，你就没有向罗斯账户缴款的资格。如果你的调整后总收入在12.5万美元到14万美元之间，你虽然可以向罗斯账户中缴款，但是有金额的限制。对于已婚夫妇来说，调整后总收入的上限在19.8万美元至20.8万美元之间。②罗斯账户的好处之一是，你向其中缴款的资格不受年龄限制，而且如前文提到过的：一旦你超过50岁，实际上你可以向其中缴存更多的资金。

对于401（k）计划来说，2021年的缴款限额为19 500美元（对于50岁及以上的人为26 000美元）。例如，如果2021年你的年龄是45岁，从事一份高薪的工作，那么你总共可以向你的401（k）账户和罗斯401（k）账户中存入19 500美元。即使你同时为多个雇主工作，2021年你的缴款总额上限也为19 500美元（对于50岁及

---

① 应税收入包括工资、薪金、自雇收入和应纳税抚养费，不包括资产收入，如利息、股息、资本利得或租金。
② 关于这方面的规定，美国国税局的《2020年罗斯个人退休账户缴款金额说明》是一个很好的参考。

以上的人为 26 000 美元），这与只为一个雇主工作的情形是相同的。

如果参加了雇主资助的退休金计划，还能向传统个人退休账户缴款吗？

如果你的收入没有超过特定数额，你能够向 401（k）账户和传统个人退休账户缴款的金额互不影响。然而，当你同时向 401（k）账户和传统个人退休账户缴款时，收入上限的计算就变得复杂起来。你需要仔细阅读美国国税局的相关规定，以确保能够正确理解相应年份的政策。[3] 在 2021 年，如果你加入了一个雇主资助的退休金计划，无论这个雇主资助的退休金计划属于何种类型，当你的调整后总收入低于 6.6 万美元时，你向传统个人退休账户中所缴的金额都可以完全从应税收入中扣除。如果你是已婚人士，并且夫妻双方都加入了雇主资助的退休金计划，那么调整后总收入的上限则为 10.5 万美元（如果只有一方配偶加入了雇主资助的退休金计划，对应的调整后总收入上限为 19.8 万美元）。如果你是单身，你的调整后总收入在 6.6 万美元至 7.6 万美元之间，而且加入了雇主资助的退休金计划，那么你向传统退休账户中缴款的金额是可以部分从应税收入中扣除的。如果你结婚了，你和你的配偶双方都参加了雇主资助的退休金计划且调整后总收入处于 10.5 万美元到 12.5 万美元之间（如果只有一方配偶拥有雇主计划，对应的调整后总收入上限 19.8 万美元到 20.8 万美元之间），那么缴款金额是可以部分从应税收入中扣除的。

如果你的收入超出了调整后总收入的上限，你仍然可以向传统个人退休账户中缴款，但是这部分缴款就不再能够抵扣应税收入了。然而，请牢记无论是传统个人退休账户（包括可税收扣除和不可税收扣除的）还是罗斯账户，你的总缴存额仍然有6 000美元（超过50岁则为7 000美元）的上限。不可税收扣除的个人退休账户可以转换为罗斯个人退休账户。这种直接转换等于打开了罗斯账户的"后门"，帮助富人们绕开了罗斯账户基于收入的缴款限额限制。

总之，如果你或你的配偶加入了雇主资助的退休金计划，无论是哪种类型的，那么可税收扣除的传统个人退休账户的缴款金额与调整后总收入、年龄、当时的年份等因素相关。如果你没有加入雇主资助的退休金计划，个人退休账户的缴款限额（罗斯和传统账户加总）就是你能够向个人退休账户缴存的金额上限。

如果你参加了一个雇主资助的退休金计划，你还能向罗斯个人退休账户缴款吗？

罗斯个人退休账户的缴款限额并不取决于你是否加入了雇主资助的退休金计划。你的罗斯个人退休账户、传统个人退休账户和不可扣除个人退休账户的缴款总额不能超过个人退休账户的整体缴款限额。正如之前提到过的，能限制罗斯个人退休账户缴款额度的只有你的调整后总收入。

配偶个人退休账户

如果你的配偶全职在家而你在工作，那么你的配偶仍然可以拥有自己的个人退休账户。但是在这种情况下，存入账户的金额不能超过个人退休账户的缴款限额，而且你们二人的合计缴款金额不能超过你的收入总额。如果你在工作中有一个退休账户，那么你配偶的个人退休账户供款限额和你自己的个人退休账户供款限额计算应基于相同的调整后总收入。

雇主向你的退休账户缴款的限额

让你的雇主把钱缴存入你的递延税款账户，要优于你自己向递延税款账户中存入相同数额的钱。这是由于雇主缴存的资金不需要缴纳工资税，也就是联邦社保医疗税。相比之下，你自己存入的钱是不能免缴联邦社保医疗税的。

当你从退休账户中取款时你是不需要缴纳联邦社保医疗税的。对于取出你自己缴存的那部分退休金来说，这是顺理成章的。毕竟，当初你赚到这些钱的时候就已经为其支付过工资税了。但如果取出的是雇主缴存部分，这笔钱你是没有为其缴纳过联邦社保医疗税的。雇主承担了你实际缴纳的联邦社保医疗税税点中的6.2%，相当于社保征收的最高税点12.4%的一半，这是一笔相当不错的交易。至于联邦社保医疗税中2.7%的医疗保险部分，无论你的工资多高，雇主承担的份额都是工资税点的1.45%。

雇主的缴费限额取决于计划本身。2021年，401（k）计划的雇主缴费上限以以下二者中较低的一项为准：你工资的25%或5.8万美元（如果你的年龄等于或超过50岁则为6.45万美元，包括6 500美元的"追加缴款"）。但这一限额会随着你个人缴款的增加而降低。例如，2021年，如果你个人向401（k）计划账户缴纳了1.8万美元（不论是可免税的还是罗斯类型的），而雇主的缴存上限为5.8万美元，那么你的雇主只能缴存限额剩余的4万美元。无论如何，你和你的雇主对任何雇主计划的缴款总额不能超过你薪酬的100%。

而简易雇员退休计划则不需要员工缴存款项。以2021年为例，这一计划中雇主缴纳的最高养老金为员工薪酬的25%，最高不超过5.8万美元。在该计划中，对于年龄较大的员工没有追加缴款。

罗斯转换——正式的和非正式的

正如我们刚才讨论的那样，递延税款账户可以让你推迟纳税，罗斯账户则不行。对于这两类账户，你缴存的款项都会被征税，只是缴纳的时点不同罢了：一个是在资金存进退休账户时，一个是在资金从退休账户被取出时。下面我们很快就会谈到，基于某些理由，把资金从一种类型的账户转移到另一种类型的账户（通常是从取款时需要缴税的传统账户转移到取款时不需要缴税的罗斯账户）是能够使人获益的操作，这种操作被称为"罗斯转换"。

基于罗斯转换，你可以从递延税款账户中提取资金，并在为你提取的资金支付税款后，立即将这笔钱存入罗斯账户中。举个例子，如果你从传统的个人退休账户中取出 5 万美元，你需要为这 5 万美元缴纳税款，但同时你也具备了向罗斯账户额外存入 5 万美元的资格，不受你当前缴款限额的限制。

对于接近退休年龄的人来说，进行罗斯转换是非常简便的。如果你超过了 59.5 岁，你只需要从传统的个人退休账户中取出钱来，然后等额存入罗斯个人退休账户中（你也可以选择不等额存入，人们通常会用取出的钱支付税款），这种操作被称为"非正式罗斯转换"。然而，如果你的年龄尚不足 59.5 岁，在大多数情况下你则必须为从递延税款个人退休账户中取出的资金支付 10% 的罚款。这对于有点儿财务意识的人来说，并不是理想之举。[1] 了解了"非正式罗斯转换"，让我们再来看看"正式罗斯转换"。"正式罗斯转换"允许年龄不满 59.5 岁的人进行从传统个人退休账户到罗斯账户的等额转换。

你甚至可以从 401（k）或类似的由雇主提供的递延税款账户中提取资金进行罗斯转换，只要你参加的雇主资助的退休金计划允许这样操作。此外，如果你离开了前任雇主，你可以将资金从递延

---

[1] 不管提取资金的用途是什么，你都有很多方法避开 10% 的递延税款账户提前提款罚款。最简单的方法是：连续 5 年或在更长的时间中，每年提取相同数额的钱出来。如果你用这笔钱支付大额医疗费用账单、失业后购买健康保险、支付大学学杂费、购置首套住房（最高 1 万美元）、支付残疾相关费用以及服兵役相关费用，你就可以避免被罚款。最后，如果你是从继承的个人退休账户中取款，那么你也不会被罚款。参见艾米莉·布兰登所写的《避免个人退休账户提前提款罚款的 12 种方法》一文，刊登于 2020 年 12 月 15 日的《美国新闻与世界报道》。

税款的前雇主账户转入传统的个人退休账户，然后在未来进行罗斯转换。

虽然不是很常见，但是你也可以进行与上述操作反向的资金调配，也就是将钱从罗斯账户转移到递延税款账户。你所需要做的仅仅是从罗斯账户中取出法律所允许的额度之内的资金，并将其存入你的递延税款账户中。举个例子，假设你在罗斯个人退休账户中有10万美元，同时你今年想向你的传统个人退休账户中存入5 000美元；再假设由于现金流方面的原因，如果不动用罗斯退休账户中的资金，你就无法存入这笔钱。那么，你完全可以从罗斯账户中取出5 000美元，这么做的话你就将获得5 000美元的税收减免。①

利用退休账户来合理安排纳税的时间点

那么，进行能让你的当下应税收入更高、未来应税收入更低的罗斯转换的意义何在呢？而相反的操作，即向递延税款的账户里存入更多的钱以减少当下的应税收入而提高未来的应税收入又有何意义呢？所有操作的目的都是为了能够降低你的终身税收支出。具体如何操作与你所处的税率等级有关。

---

① 当然，这与从你的收入中向传统个人退休账户存入1万美元，并从罗斯账户中提取1万美元来解决你的现金流问题并没有什么区别。常言道，一美元就是一美元。不管你怎么描述这个操作，你的罗斯账户都将减少1万美元，与此同时，你的传统个人退休账户则增加了1万美元。

如果你和大多数人一样，退休后不再继续工作挣钱，你所处的税率等级就会下调甚至剧烈下降。也有可能你的税率等级现在相对较低而未来会提高。例如，目前你可能处于失业状态，但预计一年后会被召回到原来的岗位或是重新找到一份工作。在这种情况下，把钱存入罗斯账户将能确保用于缴款的那部分收入能够按你当前适用的低税率来缴税，而不是你未来面临的高税率。再重复一遍：如果当前你所处的税率等级暂时较低，那么你应当尽量现在纳税而不是将来纳税。这就是向罗斯账户缴款的意义所在，进行罗斯转换操作的道理也是如此。

到目前为止，我一直使用"税率等级"这个术语来指代适用你的额外应税收入的联邦及州所得税税率。但对于退休人员来说，他们的额外收入应缴纳的税款，在很大程度上也会受到联邦社会保障福利所得税以及对较高的医疗保险 B 部分保费评估的影响，该保费评估是由你过去两年的调整后总收入决定的。

美国政府对社会保障的征税非常复杂，但对其有所了解非常重要，尤其是对高收入人士来说。在 2020 年，如果你的调整后总收入加上一半的社保福利超过 2.5 万美元（适用于单身人士）或者 3.4 万美元（适用于已婚人士），那么你的社会保障福利的一半都需要被征收联邦所得税。如果你的调整后总收入超过 3.4 万美元（适用于单身人士）或者 4.4 万美元（适用于已婚人士），高达 85% 的社会保障福利都需要纳税。对于高收入家庭来说，针对福利收入的税率高达 31%。重申一下，这些设定的门槛并不会受到通货膨胀的影响。因此，最终所有的退休人员所面临的都将会是 85% 的社会保障福利被征税的情况。

高收入人士医疗保险 B 部分的收入相关每月调整金额（IRMAA）是对老年人征收的另一种类似的税负。2021 年的 B 部分基准保费为 1 782 美元。2021 年，那些 2019 年的调整后总收入位于 8.8 万美元至 11 万美元的单身参保人士和调整后总收入位于 17.6 万美元至 22.2 万美元之间的已婚参保人士将需要缴纳每人每年 712.80 美元的额外保费。① 对于那些收入超过下一个临界值的人，每年的保费金额又会增加 1 069.20 美元，在此之上还有 3 个临界值！这些临界值也都是不与通货膨胀挂钩的。

假定你处于联邦所得税较低的税率等级，而且你认为自己提取应纳税的退休资产时可以省税，那么你可要小心了。你的提取行为可能会触发社会保障福利税的提升，并且可能在两年后引发更高的医疗保险 B 部分的保费。因此，罗斯转换可能对那些还没有参加社会保障以及医疗保险的退休人员有意义；但对于那些属于以上两种情形之一的退休人员来说，罗斯转换尤其是大规模的转换可能意义不大或根本没有意义。

免税的内部累积

在各种类型的退休账户中，以免税的方式获取资产收益会给你

---

① 收入相关每月调整金额会有 2 年的滞后，你两年前的收入决定了你当下的收入相关每月调整金额。另外请注意，传统类型（不包括罗斯类型）的个人退休账户的提款会被计入你的调整后总收入中。

带来怎样的好处呢？这意味着通过递延税款机制，你可以用那些你欠政府的钱来挣钱。

假设你要缴纳给美国政府 1 万美元的税款，然而政府却大发慈悲道："谢谢，但我现在很慷慨，你先留下这 1 万美元，拿它去投资吧。无论你赚了多少钱，都可以等到 30 年之后再向我缴这笔税款。"美国政府给你的这个选择确实不错：一笔 1 万美元的贷款加上等到你的税率等级较低时再缴税的承诺。让我们假设今年你向个人退休账户里存入了 1 万美元；而且，你正处于 30% 的税率等级并将维持不变；最后，假定你可以通过非常安全的方式将这些资金以 3% 的收益率进行投资。如果在你进行投资的这 30 年期间都是免税的，那么最终你将能够得到 20 094 美元。如果你必须为这 3% 的投资收益支付 30% 的税，那么你最终将得到 16 813 美元。假使你的投资收益率是基于目前 1.5% 的长期利率的话，那么两者之间的差额将会缩小，分别为 14 509 美元和 12 984 美元。虽然相差的金额减少了，但即使是在利率较低的情况下，内部积累也仍旧价值可观。

另一种描述内部积累的方式是它能为你的资产收益避税。这让我想到了罗斯账户那相当微妙的优点，我不确定这个优点是否普遍为人们所知。回想一下，当你向罗斯账户缴款时，你需要为存入账户的资金缴纳税款，缴税额是根据你此时收入适用的所得税税率来计算的。但这就意味着，随着时间的推移，你的非退休资产越来越少。换一种说法，你的总资产中更大的一部分（包括你的非退休资产和退休资产）将被放入退休账户中从而得到税收保护。①

拿真金白银来说话

合理使用退休账户能为一个人的终身消费支出带来多大的提升呢？让我以一位名叫杰瑞的年轻人为例来回答这个问题。

假设杰瑞今年25岁，年收入为5万美元，他刚开始自食其力，因此还没有积攒下任何资产。杰瑞住在新泽西州，是一位自由职业者。他已经为自己设立了一个传统个人退休账户，并开始每年向这个账户存入3 000美元，也就是他收入的6%。让我们假设杰瑞的收入和向退休账户的缴存额与通货膨胀保持同步，并且假定杰瑞能够从他的个人退休账户存款中获得1.5%的投资收益，刚好等同于1.5%的通货膨胀率。最后，假设杰瑞将在72岁时开始从他的退休账户中提取资金，这也是退休金强制最低分配开始的年龄。

如果杰瑞把每年收入的6%存入个人退休账户，在67岁那年退休，但在72岁前不从个人退休账户中提取资金，那么这些钱将为他产生多少终身收益呢？按现值计算是39 403美元。这是相当可观的一笔钱，大约相当于杰瑞一整年的税后收入。想想看，杰瑞

---

① 不管你通过递延税款账户还是罗斯账户缴款都是如此。如果你意识到递延税款账户中的资金是在提取时才被征税的，那么你可能会在递延税款账户中存入更多的资金来覆盖那些额外的未来税收。

第4章　合理避税——调整退休账户　　101

只需花上一个小时设立个人退休账户并设定好向账户自动缴款的安排，就可以在保持生活消费标准不变的情况下提前一年退休。

如果杰瑞把同样 6% 的钱存入罗斯账户而不是传统的个人退休账户，那么产生的终身消费支出的增长就会少得多，仅为 11 440 美元。这很容易理解，因为杰瑞年轻时所处的税率等级比年老时要高很多。虽然向罗斯账户存款可以帮助他保护自己的储蓄回报，也就是我们刚刚讨论过的免税的内部积累，但他并不能以较低的税率为缴存的资金纳税。

使用传统个人退休账户或罗斯个人退休账户获得的终身消费支出增长，与找到一个愿意为他的 401（k）计划匹配缴款的雇主相比，就不那么具有优势了。如果雇主对他 6% 的退休金缴款进行匹配缴款，那么他的账户将合计获得相当于薪资 12% 的资金。因此，这个账户带来的终身收益将达到 150 231 美元，相当于杰瑞 4 年多的可支配收入的规模。你可能对这个数字不以为然，但是别忘了，如果杰瑞的新工作再有 6% 的加薪，那么在接下来的 42 年里，他显然将过得更好。然而，大多数雇主的匹配缴款是基于杰瑞本人缴存的金额而定的。因此，杰瑞可以最初就对此有所考量，首先选择加入一家能够为员工提供匹配缴款的公司，然后再决定如何发挥好雇主匹配缴款这一优势。在这种情况下，由于雇主匹配缴款的存在，使用退休账户所获得的收益将大得多。我们在这里要记住，千万别错过天上掉下来的馅饼。换句话说：

至少要向你的退休账户中存入能确保雇主进行匹配缴款的资金。

三倍体杰瑞

假设有一位三倍体杰瑞，他每年能挣 15 万美元，向 401（k）计划账户中的缴款数额同样是收入的 6%，这将能够给他的终身消费支出带来 58 421 美元的收益。这虽然是一笔可观的收入，但可能远没有你预想的那么多。究其原因，这和他年长时能享受到的减税幅度有关。与普通杰瑞相比，年轻的三倍体杰瑞和年老的三倍体杰瑞之间的税率等级之差要小很多。随着年龄增长，普通杰瑞税率等级的降低幅度约为 80%，而三倍体杰瑞的税率等级降低幅度仅为约 40%。如果我们看一看 50 万倍体杰瑞的极端情况，对于他来说，年老时的税率等级下降是不存在的。收入如此之高的人，一辈子都将处于最高的税率等级。因此，对于一个富可敌国的人来说，使用退休账户的好处仅仅是内部积累。

如果三倍体杰瑞投资的是罗斯 401（k）计划而不是标准的 401（k）计划，那么这一行为能带来的终身消费支出收益将是 66 746 美元。为什么对于三倍体杰瑞来说罗斯账户的收益超过了同样数额的递延税款 401（k）账户，而对于普通杰瑞来说情况正好相反呢？原因如下：与普通杰瑞相比，三倍体杰瑞需要存入成比例增加的资金，因为社保的福利公式是累进的，他不能像普通杰瑞那样更多地依赖社会保障获得退休后的支持。在其他条件相同的情况下，更高的缴存意味着更高的资产以及更高的应税资产收入。因此，三倍体杰瑞在年老时将会落在更高的税收等级，这导致他在老年时进行资产的避税更为重要，这也是罗斯类型计划的优势所在。

三倍体杰瑞在有雇主匹配缴款的情况下，终身消费支出的收益将达到 288 078 美元，超过了两年的税后收入。没错，三倍体杰瑞向 401（k）中缴款所获得的绝对收益几乎是普通杰瑞的两倍。但是别忘了，三倍体杰瑞的收入可是普通杰瑞的三倍。这个事实反映出三倍体杰瑞退休后的纳税等级远高于普通杰瑞。所以对于普通杰瑞来说，加入 401（k）计划相对来说是一件更有价值的事情。换一种说法就是：相比高收入的劳动者，低收入的劳动者参与到递延税款的雇主配缴退休账户中将获得的收益相对更大。这一点与传统观点相左，但和你在本书中读到的很多其他内容是一致的。

未来税率高企的风险

让我们继续以三倍体杰瑞为例，让他重回为 401（k）账户缴款的原先的工作岗位。让我们假设当他在 72 岁开始从退休账户取款时，税收永久性地增加了 25%，那么他现在的收益就仅有 29 612 美元了，大约是不增税时收益的一半。这也很好理解，使用递延税款账户能带来税率等级优势的前提是，退休后开始提款时适用的税率更低。但是如果退休时适用的税率提高了 25%，情况就不如原来那么乐观了。相比之下，增税实际上会使向罗斯账户中缴款的收益增加，使其达到 78 577 美元。为什么罗斯账户能够带来更高的收益呢？

答案是，无论三倍体杰瑞是否参加 401（k）计划，未来的增税都将不可避免地发生。而预见到这一点就意味着他要在当下存入更多的钱。因此，随着杰瑞变老，尤其是退休后，达到无缴存资产基线涉及更多的资产积累，这意味着他需要缴纳更高的资产收入所得税，会导致同等缴存条件下终身消费支出的下降。但是，罗斯账户的亮点所在就是为资产收益提供所得税保护。与非罗斯账户带来的终身消费支出增长相比较，向罗斯账户中增加缴款所获得的终身消费支出增长更高。简而言之，这就是罗斯账户在未来增税的情形下表现得比人们预想的还要好的原因。

罗斯转换

接下来，假设有一位名字叫作简的人，我们以她为例来进行关于罗斯转换的定量分析。简今年 61 岁，年薪 10 万美元，打算在 62 岁那年退休。她坐拥 250 万美元的传统个人退休账户存款和 50 万美元的常规资产。她的计划是从 65 岁那年开始，稳步从退休账户和社会保障福利账户中提取资金。

假设简今年准备进行 50 万美元的罗斯账户转换操作，请记住，这时她还处于工作状态。这将是一个非常糟糕的举动。罗斯转换会将税收从未来转移到现在，而对简来说，由于这个时候她在工作，所以所处的税率等级是相对较高的。如果简今年进行罗斯转换，她的终身税收将会增加 16 335 美元，这可相当于她税后年收入的 1/4。从对终生消费能力的影响的角度来看，简完全可以这一年只工作三个季度，剩下的一个季度完全不工作。选择不进行罗斯转换，她不仅能维持与进行转换的情况下相同的生活水平，还能多享受 1/4 年的闲暇退休时光。

对简来说，明智的做法是推迟到她62岁退休时再进行罗斯转换操作。简的税率等级在62岁、63岁、64岁这三年要比现在下降不少。然后，随着她开始从退休账户中提款和领取社会保障福利，税级将会相应升高。如果简利用这三年中税率等级较低的机会每年进行10万美元的罗斯转换，那么她的终身税收将减少42 038美元。

显然，对于罗斯转换来说，时机是至关重要的。如果能够对罗斯转换的时间和金额都进行合理规划，罗斯转换就可以产生可观的财务价值。

简也可以选择其他时点开始从传统个人退休账户中稳步提款来达到相似的减税目的。对于简来说，如果她不想进行罗斯转换或采取任何其他退休相关的操作，那么她开始从传统个人退休账户中提款的最佳年龄将不是65岁，而是62岁。这样做将为她减少11 251美元的终身税收，原因同样是充分利用了62岁到64岁之间低税率等级的阶段。然而，不进行转换情形下的减税额大约相当于我们刚刚谈到的进行逐年罗斯转换所带来的减税额的1/4，两者的差别显而易见。如果简在收入较低的这几年中需要用更多的钱，她并不一定必须进行罗斯转换。例如，她可以在62岁到64岁之间从她的传统个人退休账户中每年提取10万美元，同时并不需要在这几年向罗斯账户中存钱，在65岁时，再开始稳步地提取账户中剩下的钱即可。

合理规划罗斯转换和提款的时间点

当你决定开始从退休账户中取钱时，是先从罗斯账户中提取还是先从传统账户中提取更好呢？什么时候应当考虑进行罗斯转换呢？这些问题的答案取决于以下三个目标的实现：第一，使你的税率等级在较长时期内保持稳定；第二，在免税的基础上积累资产（即实现内部积累）；第三，维持相对平稳的生活水平。

困难的是，试图实现其中任何一个目标都会增加达成其他两个目标的难度。你需要寻求一条中庸之道。就像当下的情况，当利率很低时，实现第一个目标比第二个目标更重要，但实现第三个目标永远是至关重要的。怀着对未来奢侈生活的臆想，当下严重亏待自己，只为省下那点儿税钱，为了在未来——甚至可能是你无缘得见的未来——过上更高质量的生活，这样的做法并不一定可取。

我们以今年 65 岁的乔治为例来进一步阐述这个问题。在去年退休前，乔治的收入处于中等水平。他有 180 万美元的传统个人退休账户存款和 10 万美元的常规资产。乔治的计划是等到 70 岁再开始领取他每年 3 万美元的社会保障福利，等到 72 岁强制最低提款额生效时，再开始稳步从他的个人退休账户中提款。

乔治的这一基础计划会导致严重的现金流问题。在他 65 岁到 70 岁之间，每年仅有 18 670 美元用于生活开支；在 70 岁到 72 岁之间，每年将有 37 997 美元用于生活开支；72 岁以后，这个数字将会一下子跃升到 78 997 美元。如果乔治能够借用他未来的社会保障福利或提早从个人退休账户中提款，他就可以维持相对平稳的生活水平，但他不能。因此，他不得不在 70 岁之前用自己的常规资产来支撑生活支出，之后的几年时间他可以把社会保障福利的提取计入支出，最后才能够开始从个人退休账户中稳步提取款项。

按照乔治的基础计划，他的终身支出为 2 551 418 美元。但当他意识到自己在短期内会有多么拮据时，就像大多数人的做法一样，他比原计划提前申请提取了社会保障退休福利。这在一定程度上提高了乔治的消费平滑度。这样操作之后，从退休起一直到 72 岁之间，他每年可以有 38 529 美元的消费支出，72 岁以后乔治每年的消费水平可以达到 72 600 美元。但是这与真正的平滑消费还相距甚远。此外，由于提早动用社会保障福利，乔治终生支出将相应减少 96 760 美元，这个数目是相当可观的。

如果乔治按照最初的计划在 70 岁时开始申领社会保障福利，但是把开始稳步从个人退休账户中提款的时间提前到 66 岁，那么情况会如何呢？这样做会降低他的终身税收并提高他的终身支付能力。与严格坚持基础计划相比，乔治的终身支付能力增加了 72 191 美元；与立即开始申领社会保障福利相比，终身支付能力增加了 168 951 美元。这是一个巨大的提升。然而不幸的是，虽然第三个计划更好地实现了消费平滑效果，但它仍然不完美。在这个操作下，乔治可实现的最平稳消费能力变化是在 70 岁前为 55 241 美元，但在 70 岁后一下跃升到 72 926 美元。

还有第四个计划，乔治决定在 66 岁到 70 岁之间每年从个人退休账户中取出 8 万美元，并在此后将余额平稳地取出。与基础计划相比，这使乔治的终身支付能力增加了 73 629 美元，并使他的年度支付能力稳定在 70 599 美元。终于，现在乔治实现了两全其美的结果：更高的终身支付能力以及在逐步老去的过程中不会再遭遇支付能力的瓶颈。

接下来的问题是：乔治能否通过罗斯转换实现一个更好的结

果？比方说，如果乔治到 70 岁之前每年都进行 3 万美元的罗斯转换，那么他的终身支付能力将比坚持他的基础计划的情形下高出 79 455 美元，虽然改进幅度不大，只提高了大约 6 000 美元，但是，总是聊胜于无吧。然而，这确实需要乔治在 70 岁之前少花些钱。原因很简单，罗斯转换需要提前缴纳额外的税款，这必然会给乔治带来现金流方面的压力。

让我们稍微调整一下这些数字，看看如果乔治在未来 4 年里每年进行 5 万美元的罗斯转换，并且从未经转换的个人退休账户中每年支取 6 万美元，他会面临什么样的情形。如果依此计划行事，乔治将获得比执行基础计划多出 82 827 美元的终身支付能力。但这也会为乔治带来现金流上的一些限制，因为在 70 岁之前他必须缴纳更多的税款。这一计划的结果是，乔治在 70 岁之前的年支付能力为 46 596 美元，70 岁之后则跃升至 72 457 美元。

对于乔治来说，几乎所有来自平滑的税率等级的收益，都只需通过从应税退休账户中提款这种方式来实现。这样做的另一个好处是可以缓解现金流紧张，改善消费平滑度。除此之外，通过罗斯转换乔治还可以节省更多的终身税收，但代价是潜在的严重现金流限制和与之相关的对消费能力的扰动。

然而，正如我们在简身上所看到的，如果你的家庭有相当多的常规资产，罗斯转换引发或加剧现金约束的问题就将迎刃而解。例如，如果乔治有 100 万美元而不是 10 万美元的常规资产，他在 65 岁到 70 岁之间就不会面临现金流紧张的状况。此外，由于在这些年间他没有从个人退休账户中提款，他的税率等级就会很低。在这种情况下，进行罗斯转换不会对乔治产生任何消费平滑的影响。如果可以大规模地进行罗斯转换，乔治真的可以因此规避在未来缴纳资产收益所得税。

当谈及常规资产时，我们要记住的关键点是，只有在这些资产基础之上的盈利才需要纳税，本金（主体或基础）则不需要。但是，家庭常规资产的本金规模（在乔治的例子中是 10 万美元）将在很大程度上决定一个家庭是否会因为罗斯转换而面临现金流压力。总而言之，罗斯转换对于那些相对于退休账户中的资产规模，拥有可观的常规资产的人来说最有价值。之所以如此，是因为你手头有足够的钱来支付罗斯转换产生的额外税款。拥有充足的常规资产与富裕的经济状况是密不可分的。但无论你是否算得上富裕，如果你发现自己在退休时拥有的常规资产相对于退休账户中的资产和终身社会保障福利而言较为可观，罗斯转换都可能是你的不二选择。综上所述，时刻关注如何将应税收入转移到不同年份来纳税，这将会对你所需缴纳的社会保障税和后续两年的 B 部分保费的高低产生影响。

社会保障或 401（k）计划，先动用哪个？

也许你并没有发现，在之前提到的错综复杂的退休金体系中隐藏着一个足以让人眼前一亮的金钱魔法，这个魔法就是，提前从退休账户中提取资金并推迟领取社会保障福利可能带来潜在收益。我曾在几年时间里为一个全国性的综合个人理财专栏撰写文章，当时就碰到过这个问题。

有一天，我的专栏编辑斯科特告诉我，他决定辞职不干了，并就此退休搬去他的牧场生活。斯科特当时65岁，身体非常健康，但日复一日的工作还是让他感到疲惫。虽然他说并不是因为与我一起工作才令他疲惫不堪、萌生退意，但我妻子对此不以为然。无论真相如何，由于我的总体观点是自愿退休就相当于经济上的自杀行为，所以我尽了最大努力让斯科特在工作岗位上继续干下去。但最后我的努力被证明是徒劳。然后，就在我们道别的时候，斯科特告诉我他打算马上开始申领社会保障金，这样他就可以继续用他的401（k）养老金在市场上进行投资。

"等一下，斯科特，我认为这是一个很大的错误。把具体的数字告诉我，我帮你查看一下。"

果然不出我所料，斯科特一旦这样做，就会白白损失近8.5万美元。但是，让他真正理解这一点并不容易。斯科特在他全部的职业生涯中都在和个人理财专栏作家合作，但是在我之前，他合作的作者中没有一位是经济学家。我们团队的专长之一是评估风险，斯科特原本打算推迟从401（k）退休账户中提款，以便在股市中大赚一笔。但是股市里的风险是极高的，这一点我很快就会讲到。一旦经过风险调整，把养老金继续用于投资带来的回报将远远低于不提前领取社会保障金所能获得的回报。（想想这种操作：早点儿把养老金取出来，然后在70岁的时候再存回去进行投资以获得更高的收益。）

进行风险调整的道理再简单不过了。你只要看看购买美国通货膨胀保值债券所能获得的收益率就知道了，通货膨胀保值债券是最安全的有价证券。因为人们可以自由地选择投资股票或通货膨胀保值债券，选择投资通货膨胀保值债券的收益率就相当于人们为了避免股票风险而愿意支付的代价。因此，通货膨胀保值债券收益率相当于经风险调整后的股票收益率，通货膨胀保值债券的收益可以直接与通过"投资"社会保障资金而获得同等安全的实际投资回报相较。

如果在这一章我能教会你这一件事——应当先支取退休账户养老金，再动用社会保障金，这样做是有价值的，我就很满足了。

指定用于购买有益品的消费账户

现在让我们把话题转向有益品账户。我最喜欢的有益品账户类型是健康储蓄账户。存入健康储蓄账户中的钱不需要缴纳联邦所得税、联邦社保医疗税或大多数州的所得税。另外，如果你把账户中积累的资产花在支付医疗相关的费用上（共同支付、免赔额、共同保险、医疗保健、视力保健、牙科保健，甚至包括非处方药品），这些花销也是免税的。如果你把健康储蓄账户中的钱花在了未被包括在指定范围内的事情上，比如整容手术，相关的花销就会被像从个人退休账户中提款一样对待（如果你在59.5岁之前取款），就会被征税并可能被处以惩罚性措施。因此，健康储蓄账户至少可以被当成有效提高个人退休账户缴款限额的一种手段。

有一份工作并不是你向健康储蓄账户缴款的必要条件，但你必须要加入一个高免赔额的健康保险计划，准确的名称是"高免赔额健康计划"（HDHP）。无论你是否处于工作状态，只要你加入了高免赔额健康计划，你就可以建立自己的健康储蓄账户，并且不一定要通过雇主建立。然而，如果你自己建立了健康储蓄账户并且有劳动收入所得，你存入健康储蓄账户中的钱将不能被免征联邦社保医疗税。但是这笔钱仍然不需要缴纳联邦所得税，在大多数情况下也不用缴纳州所得税。加入医疗保险计划和健康储蓄账户存款的税收抵扣之间也有关系。如果你只参加了医疗保险中的 A 部分，即其中关于住院的部分，虽然你可以继续向你的健康储蓄账户内存钱，但你必须为存入的款项缴纳税款。不幸的消息是，如果你已经达到 65 岁或以上，并且正在接受或开始接受任何形式的社会保障福利，那么你将自动被纳入医疗保险的 A 部分。

2021 年，个人的健康储蓄账户缴款限额为 3 600 美元，家庭缴存的限额为 7 200 美元，对于 55 岁及以上的人，还有额外 1 000 美元的追加额度。考虑到这些限制，加入健康储蓄账户会成为一种很好的金钱魔法吗？让我们重新回到新泽西州的朋友杰瑞的场景中，他 25 岁，单身，年收入 5 万美元。健康储蓄账户的上限是他工资额的 7.2%。杰瑞所处的税率等级大约在 30% 那档，考虑到联邦收入所得税、联邦社保医疗税和州所得税的存在，他在工作年限内缴纳的健康储蓄账户相当于他工资的 2.13%，也就是每年 1 065 美元。用这个数字乘以杰瑞剩余 42 年的预期工作年数，我们就会得出杰瑞参加雇主赞助的健康储蓄账户计划会获得 44 730 美元的额外终身消费能力的提升，这大约是他年税后收入的 1.3 倍。换句话说，通过加入他所在公司的健康储蓄账户计划，在保持生活水平不变的情况下，杰瑞可以提前 1.3 年退休。因此我们又发现了一个令人着迷的生财之道。

如果你没有参加与健康储蓄账户兼容的保险计划，公司设立的灵活储蓄账户（FSA）可以用来支付当前年度的医疗保健、家属护理、不由雇主提供的医疗计划的保费，以及其他一些小额支出。灵活储蓄账户享受与健康储蓄账户相同的税收待遇，但不像健康储蓄账户那么慷慨，而且在支出的时间方面也受到更多限制。这些限制实际上大大消除了内部积累的可能性。医疗灵活储蓄账户是最常见的类型，它们覆盖了从假牙到输精管切除术等一系列与健康相关的费用。

另一个主要的有益品计划是"529计划"，它涵盖与教育相关的一系列支出，特别是学费、杂费，以及购买书籍、学习用品和设备（诸如笔记本电脑）的费用。该计划的学费支出覆盖了美国所有获得相关认证的学院、大学和职业学校，甚至部分国外大学。对529计划的存款没有任何联邦税收的减免，但在某些州会获得州税收减免。529计划有内部积累，对符合要求的支出提款不征税。因此，从税收角度而言，529计划与罗斯个人退休账户非常相似。529计划有两种类型：预付学费计划（适用于10个州）和储蓄计划。预付学费计划可以为账户的受益人（你本人、你的配偶或你的孩子）规避未来学费上涨的风险。但是，缺点是会将你的选择锁定在某个或某几个特定的大学中。

本章要点回顾

退休和有益品账户可以通过将应税收入转移到你处于低税率等级的年份（税率等级平滑）、推迟你的纳税（免税的内部积累）、将支出用于有税收补贴的医疗和教育等方式降低你的终身税收。本章具体的核心要点如下。

- 多年以来，美国国会出台了种类繁多的退休计划。
- 退休计划可以是个人的，比如个人退休账户或罗斯个人退休账户，也可以是公司发起的，比如401（k）。退休计划主要包括递延税款或非递延的罗斯固定缴款计划。
- 你在递延税款计划中的缴款对于联邦社保医疗税来说是抵扣所得税而不是递延。你的雇主在你的退休计划中的缴款对于所得税和联邦社保医疗税两种税来说都是递延的。递延税款退休计划中的资产积累是免税的，但从中提取资金则需要缴纳联邦所得税以及可能的州所得税，然而，提取的资金不需要缴纳联邦社保医疗税。
- 罗斯个人退休账户的存款不是免税的，但是账户中的资产积累是免税的。从账户中取款时除了一些例外情形一般是不需要缴税的。
- 无论是罗斯个人退休账户，还是传统个人退休账户，每年向个人退休账户缴存的金额都有一个总体的限制，金额不能超过你的劳动收入。如果你的调整后总收入太高，向罗斯个人退休账户存款就会被进一步限制或完全禁止。如果你或你的配偶参加了雇主资助的退休金计划，那么对传统个人退休账户的缴款会被施以额外的与收入相关的限制。
- 罗斯转换可以让你扩展罗斯退休账户的资产规模。1比1的转换意味着你需要从个人退休账户中提取资金并等量存入罗斯个人退休账户中。从账户中取款会触发所得税征收。雇主也可能会允许你从雇主发起的递延税款账户向你的罗斯退休账户转换。
- 你向你所拥有的全球范围内的雇主提供的退休计划存款的金额有一个加总的上限。同时，雇员和雇主加起来的总缴存款也有一个更高的限额。
- 平滑历年的税率等级、免税资产积累（内部积累）和罗斯转换是能显著降低终身税收的非常有用的工具，特别是在你的税率等级随着时间的推移而发生重大变化的情况下。但要注意：跨年转移应税收入可能会引发更高的社会保障福利税，以及未来更高的医疗保险 B 部分的保费。
- 如果你拥有相对较多的常规资产，那么你可以从罗斯转换中获得最大的益处。因为你可以用这些资产来支付额外的税款，而不必减少其他的生活开支。
- 有益品消费账户，包括健康储蓄账户、灵活储蓄账户和 529 计划，可以帮助你减少终身税收。在健康储蓄账户和灵活储蓄账户中的存款、账户中的积累和从账户中提款都是免税的。关于 529 计划的税收机制和罗斯计划是一样的。
- 提前提取退休账户中的存款以推迟领取社会保险金（如果有必要），与相反的操作相比，这样做可以使你的口袋中多出一大笔钱。

第 5 章

通过住房积累财富

——与母亲合住以及其他关于居所的明智举措

"房奴"（house poor）是一个常见的表达，用来形容那些在住房上花费太多，以至能花在其他事情上的钱所剩无几的人。同时这个词也可以指那些在住房上花了冤枉钱的人。所以，本章的目标是让你变成"房富"（house rich），帮助你确保最终能够以你负担得起的价格买到你真正想要的房子。我们在本章中将逐一讨论关于房子的一系列问题，包括：如何计算房产的真实价格；如何定义适合你的住房市场；拥有房产是否比租房更可取；为什么按揭贷款买房是财务角度和税收角度的双输之举；如何动用退休账户里的钱去偿还按揭贷款才能让你大赚一笔；如何发挥持有房产隐含的避税功能；如何利用房屋所有权降低长寿风险；共同居住的好处（包括与母亲住在一起）；缩减房屋资产规模带来的收益；释放被套牢房屋产权的最佳方法（这里会涉及一种名为反向抵押贷款的成本较高的操作）。

首先，我来讲讲我本人是如何实现从"房奴"到"房富"的转变的。虽然结局差强人意，但整个过程并不能让我引以为傲。此时此刻，我正坐在一栋位于罗得岛普罗维登斯的又小又旧的房子里敲着键盘写作，这栋房子是我和妻子最近才买下的。这里距离我所就职的波士顿大学有一个小时的车程。我们卖掉了位于波士顿的两居室公寓，转而买下了这栋房子。我说它年代久远，并不是在开玩笑。这栋房子建于1720年，看看它低矮的天花板、开裂的梁柱和四个壁炉共用的单根烟囱，不难感受到它已经历了多少年的风风雨雨。

原本我并没打算搬到这里居住。波士顿远比暮气沉沉的普罗维登斯更令人振奋。住在原来的公寓时，我10分钟就能到达办公室。另外，我也很喜欢那栋建于1880年的褐砂石建筑，它有高高的天花板，从宽敞的窗户望出去，可以欣赏美丽的街景。那时我相当确信，搬进普罗维登斯这栋如同博物馆一般古老的房子（这绝非夸张之词）是个错误的选择。

为此，我和妻子争吵不休。"我会想念波士顿的"，"你会爱上普罗维登斯的"；"通勤时间太长了"，"反正你大部分时间在家里工作"；"我喜欢高高的天花板"，"你会习惯的"；"波士顿有世界级的交响乐团"，"我们又从来都不去"。

争吵仿佛没有尽头，直到我的妻子列出两处住所成本上的差额，并将其摆在我眼前。真是令人难以置信，新房子（就是非常旧的那栋）的价格是我们原来的公寓的一半，面积还要比原公寓大60%。如果按每平方英尺来计算，新房子的价格仅仅是公寓的1/3。除此之外，它还有一个地下室和一个小院子。

这个结果让我十分懊恼，妻子竟然在经济学这一我擅长的领域打败了我。我无法想象住房市场会如此的扭曲，以至普罗维登斯同等质量的住房比位于波士顿的要便宜得多。没错,很多人和我一样更喜欢波士顿,但我从来没有想到价格补偿差异会如此之巨。也正是由于这个误判,我甚至从来都没有考虑过去查一查这两个城市间的房价差异。

当拂晓来临,阳光又一次照亮波士顿湾的马布尔黑德镇的时候,我们终于决定卖掉波士顿的公寓并买下普罗维登斯这栋老旧的房子。就这样,我们搬家了。在搬到了普罗维登斯居住之后,我终于意识到我妻子说的一切都是对的。天花板低矮一点儿其实并没有什么。另外,居住在历史悠久的老房子里,也让我们平添了一份使命感——为保护美国的历史遗产尽一份微薄之力。除此之外,我们的新邻居都非常友善(住在波士顿的8年间,我们甚至没与任何一位邻居打过交道)。另外,普罗维登斯这个小镇让人感觉安静祥和。以上种种都让我突然感到,新房子给我们带来的总体生活质量上的提升,甚至超过了每平方英尺价格比老房子便宜了2/3这一好处。

我忍不住向朋友和亲戚们倾诉,这两个城市间的房价差距是如此巨大。"哎呀,我们能弄清楚这一点难道不是非常明智的吗?"在我孜孜不倦地四处宣告后,我突然意识到这番夸耀的背后其实意味着这样一个事实:在波士顿住了这么久是一个巨大的财务错误。虽说最终我能够幡然醒悟,不继续在住房上花那么多冤枉钱,这诚然是件好事,但我们已经这样生活了8年之久!我甚至长久以来都没能意识到,自己违背了自己一贯秉持的理财信条:最简单的赚钱方法就是避免浪费钱。在任何事情上过度花销实际上都是在白白浪费钱。

讲到这里，本章要讲的第一个实现"房富"的秘诀就浮出水面了：

别在房产上过度支出。

虽然我将其称为秘诀，但这听起来实在有些滑稽，因为这是包括你在内众人皆知的常识。过度支出意味着我们没有货比三家，这是我们常犯的错误。我们没有对房地产市场足够关注，这就等同于一直在盲目地购房。这个秘诀中隐藏的诀窍是要知晓如何正确地比较两套截然不同的房子的价格。即使在这两套房子的质量和面积一样的情况下，这也是一个棘手的问题。比如说，如果一套房子是租住的而另一套是买来住的，你该如何比较两者的实际成本呢？下面，我们将深入探讨这个问题。

如我们夫妇一样，大多数人花在住房上的开销很可能是生活预算中最大的一项。在我们搬家之前，我们夫妇二人的可支配收入中约25%都花在了住房上。然而现在我们的住房开销比原来节省了一半，也正因如此，我们余生的生活水平相应提高了大约12.5%。前面这些我亲自经历的苦乐参半的回忆，揭示了第二个让我们实现"房富"的秘诀：

密切关注与你相关的房地产市场。

什么是与你相关的房地产市场？

密切关注意味着你需要持续不断地去查看你可能会居住的地点的房价，无论你准备买房还是租房。但是，与你相关的房地产市场具体有哪些呢？在当今社会，它的覆盖范围无疑会比以往更广。因为在这个远程办公的时代，你的住所和你的工作场所不一定必须在一个地方。

写完上一段的最后一句话后，我暂停了本书的写作，和居住地位于中国香港的编辑就专栏写作进行了探讨。虽然在地理上，我们身处两个不同的地方，甚至位于两个不同的半球，但我们可以进行实时交谈。这不由让我想到，如果换成我在香港而她在普罗维登斯，从工作层面来看，这样交换也不会有什么不同。实际上，如果我的教学、研究和会议也可以完全以远程方式实现，我本人就可以生活在世界上的任何地方，只要我能够随时接入高速互联网。

这是否意味着在我应该关注的房地产市场清单中，也要包括香港呢？表面上看来是这么回事，但其实不是。因为搬到离家12个时区之遥的地方，意味着要告别太多的亲朋好友。在当今社会，你的朋友和亲戚住在哪里，可能是定义你要关注的房地产市场最重要的考量因素。这也是我和我的妻子一直在向朋友和孩子们宣传普罗维登斯的原因：我们希望社交圈子里的人都搬到这里来。希望他们也会赞同喜剧演员乔治·伯恩斯的那句话："所谓幸福，就是在另一个城市里拥有一个充满爱、相互关心、亲密无间的大家庭。"

需要说明的是，我并不建议你把寻找最优居所当作一份全职工作一样来做。但你一定要比我当年花更多的时间来做这件事情，比如每个月花上几个小时去研究一下与你相关的房地产市场的价格走势。

选择你的居所

选择在哪里安家可不是件容易的事。别墅、公寓和出租房在价格、面积、布局、吸引力、位置、暖通空调系统、家用电器、水电费用、街道噪声、周边设施、停车、税收、保险、风险因素（洪水、火灾、地震、风灾等）、安全性、设施保养状况等各方面都是千差万别的。

居所选择之所以复杂，更是由于定义完美住宅的许多因素是主观性的。没有一个完全客观的计算器可以准确地帮助你计算出某栋房子的迷人程度。有些时候别人不满意的因素恰恰成就了你的完美居所。这就和本书的第 1 章中，南希把殡葬师作为一个完美的个人职业选择是一个道理。寻找完美居所的过程涉及心理补偿差价的问题。我曾经很担心普罗维登斯便宜的房价能否补偿搬离波士顿给我带来的损失。但当我对普罗维登斯有了更多了解后，我发现新居所无论是地段还是价格，相比波士顿的居所来说都明显更胜一筹。这正是心理补偿差价的有趣之处：同样的差别，对于不同人来说，结果可以是负的，也可以是正的。

那么，我们该如何在选择房产的过程中纳入心理补偿差价因素呢？假设你正在房产 A 和房产 B 之间踌躇不定，房产 B 的价格比房产 A 的高出 5.3 万美元，这时你就需要问问自己：如果你现在拥有房产 A，那么你愿意花多少钱来换成房产 B 呢？如果答案低于 5.3 万美元，你就应该毫不犹豫地选择房产 A。

如果你同时面临着 3 个选择：房产 A、房产 B 和房产 C，你又该怎么抉择呢？其实很简单，先判断你愿意支付多少钱（可能是负数）来从A搬到B，再判断你愿意支付多少钱来从A搬到C。得出的两个数值就是你的心理补偿差价。它们并不取决于购买这3套房子中任何一套的实际成本，而是取决于与A相比，你有多想住在B或者C。做完这些计算后，用B和C的实际价格来减去这些补偿差价的价格（如果差价是负的，你就会得到一个更高的数值）。那么现在你就分别有了3套房子的最终价格，这时的价格已包含了它们的补偿差价，因此，此时你就能够清晰地知道在考虑了所有因素后，哪一套房子对你来说是最划算的。

假设房产B的标价比房产A的高8万美元，但你对于B和A之间的心理补偿差价是4万美元，那么，对你来说B的总成本比A高出了4万美元，所以A胜出。现在假设房产C比房产A的标价低8万美元，但是你认为A与C相比较而言，心理补偿差价高出10万美元。所以不管标价如何，对你来说C其实比A的成本高出了2万美元，那么A又胜出了。再举第三个例子，假设在考虑了补偿差价之后B比A便宜了3.5万美元，C比A便宜了6万美元，那么无疑C是正确的选择。

有句老话说，经济学家知道所有东西的价格，却对任何东西的价值都一无所知。在这里我把范围从经济学家扩展到所有人，对这句话重新进行表述：在考虑心理补偿差价之前，我们可以知道任何事物的市场价格，但对它们基于个人价值取向的定价一无所知。很显然，不是每件东西都能被贴上价签的。为了得出心理补偿差价，我们需要得出一件东西基于我们个人价值取向的价格。因此，在确定一处房产对我们个人的实际价格之前，我们应该把所有与定价相关的因素都考虑进去。例如，如果在你余下的职业生涯中从B城

第5章 通过住房积累财富——与母亲合住以及其他关于居所的明智举措　　125

通勤去上班所需要的花销是 1.3 万美元，那么你就应该把这笔钱加到买这套房子的成本上。

读到这里你应该已经很清楚了。对房产进行考量时你需要把直接支付的、所有与选项 A、B 和 C 相关的费用都计算进去。如果 A 是你现在的居所，那么就假装你是在重新开始购置房产。在进行这个计算时，附加费用的清单包括：通勤、保险、维修、养护、安全系统、园艺、水电的费用，房产税、州或国家的专项税收，以及你的融资成本（这并不等同于你使用按揭贷款的成本，我们稍后会讨论这个问题）。一旦你把所有有形的额外成本都加到房产 A、B 和 C 的价格中，再从 B 和 C 的价格中减去你愿意为从 A 搬出去、住在那里而额外支付的费用（也就是它们的补偿差价）。最后，你可以对得出的最终总价格进行比较。

比较购房自住和租房居住的成本

租房子住和买房子住到底哪个更好？有两种方法可被用于比较租房和买房的成本，但两者都稍显复杂。一种方法是把你拥有的房产假定为租的，然后考虑你需要实际支付给房东（你自己）多少租金。这种模拟的租赁价格被称为"估算租金"，你可以将同等质量的租赁单元的租金与之进行比较。通过估算租金，经济学家可以确定每年全国所有的非空置房屋以住房服务的形式为 GDP 带来了多少贡献。估算租金可以直接通过计算类似住房的租金的形式来确定，也可以通过间接方式来计算。这个间接的计算方法是：计算出房主需要向租客收取多少租金才会愿意继续持有该房产并将其作为一种投资形式。房主的持有成本包括房产税、房主保险、维护费用以及放弃的税后利息收入的总和，减去预期的经通胀调整后的价格升值。[1]

或者，我们也可以从相反的角度来考虑这个问题：把租住的单元当成你要买的房子来对待。我更喜欢这种方法，因为估算租金的公式可能会有点儿令人头疼。以你可以永久租赁（买下这处房产）的视角对你租住的公寓进行估价。然后，你就可以把这个假设的永久资产与你可能购买的房产进行比较。

让我们用一个简单的例子来探讨这个问题：假设你正在考虑往后的日子里一直租用房产C。之后的计算过程和你已经买下这座房产的情况一样，买房的成本就是你将支付的租金的现值加上其他杂七杂八的额外费用（比如水电费）。这些费用在计算房产A和B调整后的价格时也要被包括在内。[2]

以上的讨论，引出了关于比较购房和租房的总现值成本这个问题，以及我将阐述的最后一个要点：如果你打算卖掉自己的房子然后再去购买或租赁另一套房子，那么在计算这个住房计划之于你的成本时，你需要减去出售所得的现值。此外，你还需要加上未来将

---

[1] 这个公式会帮你弄明白，对你来说在什么情况下，以估算的租金价格出租你的房子与卖掉它用卖房收入进行投资而获得的税后实际投资回报是一样的。

[2] 但如果你打算在一个地方租房4年，然后在另一个地方再租房呢？在这种情况下，你可以通过计算整个计划的租赁路径中这两个地方的租金来得到现值。如果是先租后买的情形呢？那么你就应该把短期租金的现值加上未来购房价格的现值，再加上你可能为未来购置的房屋支付的其他成本。

支付的购房成本或租金的现值，以及所有随之而来的成本。实际上，你是在比较不同路径的住房策略。

那么，应该如何对待你将来寿终正寝时，从所拥有的房子中离开的情形呢？这项必然出现但不会在近期产生的出售房屋的现值（实际上是它的遗赠价值）是否会降低你正在考虑购买的房子的总成本呢？答案是肯定的。即使你要将房子赠给继承人，你也将从中获益，实际上，它会使你这一住房策略的成本下降。

按揭贷款不是住房基本成本的一部分

作为一名经济学家，怎么能说按揭贷款的还款不是住房成本的基本组成部分呢？我来给大家举例解释一下。想象一下，你银行账户里还有100万美元的现金并且不用缴纳任何的税款。同时，假设你能够以与存款相同的利率去借款。换句话说，你的按揭贷款利率与你的资产收益率完全相同。最后，假设你购买了一套50万美元的房子。

你的购房计划可以通过很多种方式来实现。最直接的方式就是用现金购房。只要拿出50万美元现金去支付房款，你就拥有了一套房子和留在活期账户里的50万美元现金。你的净资产，即你所有的实际（实物）资产加上你的金融资产减去你的金融负债（债务），仍然是100万美元。计算的方法是价值50万美元的房产和50万美元的活期账户余额之和减去零债务。

假设你借了40万美元用来买房，也就是有了40万美元的房屋按揭贷款。现在，你拥有了一套价值50万美元的房子，以及90万美元的资产（10万美元被拿去用作房子的首付了），还有40万美元的金融负债（按揭贷款）。这时如果我们把你的全部资产加起来，再减去按揭贷款，结果如何呢？哇！你的净资产仍然是100万美元。如果你借了一笔不同数目的贷款，比如20万美元，一切都不会有任何改变，你的净资产仍然是100万美元。

既然你有可能去借规模大小迥异的按揭贷款，但是拥有和居住于同一所房子，具有完全相同的净财富，那么你的按揭贷款和买房成本又有什么关系呢？答案是完全没有关系。我们在这里把这个事实当作秘诀之一来做个笔记：

按揭贷款还款并不是住房持有成本的一部分。

按揭贷款只是名目繁多的贷款中的一种。市场上有学生贷款、信用卡贷款、汽车贷款、发薪日贷款、经营贷款、住房改善贷款、住房权益贷款等多种贷款。为什么我们偏偏把"按揭"一词和住房所有权贷款而不是和学生贷款联系在一起呢？原因很简单：如果我们无法偿还按揭贷款，我们就可能会失去我们的房子。

当银行或其他金融公司向你发放贷款时，它们会要求你提供你会按期偿还的保证，这就是所谓的抵押品。例如，如果你申请汽车贷款，它们就会留置你的汽车，换句话说，银行或其他金融机构会把它们的名字登记在你的车的所有权证上。所以没有它们的允许你不能卖掉它，你的车就是它们收取的抵押品。"collateral"（抵押品）这个词来自中世纪拉丁语。"co"的意思是"附加于"，"lateral"的意思是"旁边"。这两个词加起来指的是带有附加条件的贷款。如果你不偿还贷款，银行就会把你的特斯拉开走，临走时还不忘从车窗里伸出手冲你竖起中指。

不同种类贷款的抵押方式也不一样。学生贷款可以用你未来的收入作抵押。如果你不能偿还贷款，银行就会扣除你的工资去还贷。如果违约时你拥有社会保障福利，放贷人甚至也会从你的福利中扣除应还的金额（虽然令人震惊，但这是事实）。按揭贷款是用你买的房子作抵押物的。你也可以用房产来为小额商业贷款做抵押物。然而，没有人会认为你的买房成本应包括未来可能的商业贷款的还款。

因为按揭贷款是用你的房子做抵押物的，按揭贷款的还款难道不是理所应当的被视为房子的成本吗？事实是：你仍然只是在借贷，你借来的钱的用途不一定与购买或居住这处房产有任何必然的联系。因此，按揭贷款也不一定与拥有一套房子的成本有必然关联。

关于这个问题的另一种理解是：假设你和你的克隆体拥有一模一样的房子，但你的按揭贷款数额更大些，所以你需要支付更高的月供。从财务角度来说，这会造成任何你和你的克隆体之间的差异吗？其实并不会。正如前面的例子所表明的那样，你们都将住在相同的房子里，你们的净资产也完全相同。在拥有相同数量的资产这方面，你和你的克隆体没有什么不同，区别只是你的克隆体把一半的钱放在他的右口袋、另一半放在左口袋里，而你是把所有的钱都放在你的左口袋里罢了。

说了这么多，当我们把这些假设情形转化到现实世界中时，我们需要考虑下面这一点：按揭贷款利率实际上是高于安全的投资利率的。在我写这本书的时候，30年期按揭贷款利率为3.2%。30年期美国国债的利率是 1.5%，两者相差 1.7 个百分点。①

没有人会在以 3.2% 的利率借款的同时却以 1.5% 的利率放贷，这是注定会赔钱的做法。我们看到人们持有高利率的按揭贷款，那是因为他们没有足够的现金去直接买房子。这就是"现金流紧张"这个词的意思。为了拥有一套房子而每年支付一笔以年息差 1.7% 和未偿还贷款余额的乘积来计算的金融费用，这可是一项额外的成本。这项成本的性质就像往返于工作场所和居所之间的额外通勤成本。所以在理解什么是拥有一套房子的总成本时，你当然需要加上这一项你可能购买的房子的额外成本的现值。到此为止，我们可以重新表述前面做了记录的秘诀：

应该计入住房成本的是，按揭贷款利率与安全投资利率之间的利差，而不是全部按揭还款本身。

按揭贷款可不是你的朋友

由于按揭贷款利率与安全投资收益率之间的差异，按揭贷款会带来财务上的损失。虽然它们远没有信用卡欠款、学生贷款或发薪日贷款等那些利率高企的贷款那样糟糕，但你仍应该尽可能地远离按揭贷款。和所有消费性质的贷款一样，按揭贷款会导致财务损

---

① 这两种利率严格来说是可比的，因为它们都是安全的，这里所说的"安全"的意思是"肯定的"。假设你不违约的话，你肯定要支付你的按揭贷款还款；同样，如果山姆大叔不违约的话，它肯定要向你支付 30 年期债券的利息。

失，因为它们的实际利率远远高于你安全的储蓄利率。这就是为什么尽可能从利率最高的债务开始偿还掉家庭债务，是你能进行的最好的投资。这种投资是绝对安全的，它为你提供了一个肯定高于市场的收益率。

想想这个道理：如果你现在有 10 万美元，用这笔钱投资收益率为 1.5% 的债券，一年下来你就会有 1 500 美元的利息收入。但如果你有一笔利息为 3.2% 的 10 万美元的债务，假设你现在就还清，一年下来你就能省下用于支付利息的 3 200 美元。总的来说，通过投资债务偿还而不是投资债券，你就可以在没有任何风险的情况下赚到 1 700 美元。

按揭贷款不仅会造成投资上的损失，也会带来税收上的损失。在 2017 年《减税和就业法案》（TCJA）通过之前，按揭贷款通常被认为在降低税收成本上是有益的，因为通常情况下你可以从应税额中扣除为按揭贷款支付的利息，并因此而受益。《减税和就业法案》改变了这一计算方式，2021 年扣减的标准大约提高了一倍，已婚夫妇的扣减标准为 25 100 美元，单身人士为 12 550 美元，并且利息扣减资格被限定为只针对 75 万美元以下的按揭贷款。由于这些变化，很少有人能再享受到按揭贷款相关的利息抵扣的好处。在现行政策下，当逐项计算包括按揭贷款利息等各种抵扣项时，最后得出的抵扣总额几乎总是低于标准抵扣额。因此，对于绝大多数家庭来说，现在借钱买房并不能获得税收减免的好处。

好了，对于按揭贷款的税收优惠是基本上不存在了，但为什么这就意味着按揭贷款会带来税收上的损失呢？

先暂时忘掉按揭贷款利差这件事，让我们假设你能够以与按揭贷款利率相同的收益率进行投资，再假定你有50万美元现金用来购买房产，但你以按揭方式贷了30万美元，所以你只需要拿出20万美元的现金，而把剩下的30万美元用于投资。与直接用全款购房相比，你这样做会提高你的纳税额。原因是30万美元投资的利息是需要纳税的，而30万美元贷款的利息是不可扣除的，这是由于你几乎肯定会适用于标准抵扣额。在此基础上，当你把按揭贷款利差这一因素重新纳入考量范围时，结果就变得更加糟糕了。

关于按揭贷款的这些问题让我们得出了另一个关于实现"房富"的秘诀：

尽可能避免使用按揭贷款购房。

从你的退休账户中提现来偿还你的按揭贷款

如果按揭贷款在财务上和税务上都会造成损失，有没有一种能够减少或消除按揭贷款的方法来改善你的财务状况呢？答案是肯定的，这完全有可能实现。

让我们来认识一下住在马里兰州的山姆和丹妮尔。山姆今年61岁，丹妮尔今年55岁。山姆刚刚从一个年薪为15万美元的工作岗位上被解雇，但他预计一年后会被重新聘用。丹妮尔为联邦政府工作，年薪为5万美元。两人都将在67岁退休，到那时他们将开始申领社会保障福利。

这对夫妇的传统个人退休账户中有170万美元，山姆拥有一个余额为40万美元的罗斯个人退休账户，此外他们的活期存款账户中还有10万美元。在住房方面，他们拥有一幢价值60万美元的房子，关于这幢房子他们还有40万美元的30年期按揭贷款，按揭贷款的利率为3.65%，这远远高于30年期国债的1.5%的利率。

山姆在5年前建立了他的罗斯退休账户，所以他不必缴税就可以提取出账户中所有的存款。如果这对夫妇用山姆的全部罗斯账户余额来偿还按揭贷款的话，他们的终身消费能力将增加近96 000美元，这约等于他们税后年收入总和的2/3！

利差是这笔巨大收益的来源。在第一年，这对夫妇通过投资30年期的国债仅能赚取6 000美元的财富，但他们为按揭贷款支付的利息就达到了14 600美元。这8 600美元的年利息差额将随着时间的推移而减少，因为他们未偿还的余额越来越少了，并且通货膨胀会侵蚀它的实际价值。不过，96 000美元的终身收益也是很可观的。同理，你也可以评估你自己还清或者至少在一段时间内提前还清按揭贷款所能获得的收益，你只需计算你按揭贷款剩余年限中的、经通货膨胀调整后实际每年的利差（在上面的例子中为8 600美元）就可以了。

请注意，执行这样的交易操作是没有任何风险的。用一个安全的资产，即罗斯退休账户余额，来偿还另一个安全的负债，即按揭贷款。但是当山姆和丹妮尔考虑这么做时，他们想知道把罗斯账户里的40万美元投资股市是否会是更好的选择。从历史数据来看，股市的收益率高于通货膨胀率6.5%。这可比山姆和丹妮尔投资30年期美国国债几乎为零的实际收益率要高出许多。

山姆和丹妮尔在这一点上格外小心。正如我在前面已经提到过并将在第9章进一步讨论的那样，股票市场是有极高风险的。从历史数据上看，长期投资股票（30年或更长时间）会获得丰厚的回报。但股市可能会下跌并且长期保持下跌趋势。没有什么能够保证你在花光钱之前，能够在股市上解套翻身。

在我写这本书的时候，风险溢价（也就是股票平均实际收益率与短期国债平均实际收益率之差）约为6个百分点，这一事实折射出市场是有极高风险的。实际上，市场是在告诉你，一旦你针对风险进行调整，你会发现它的实际回报是零，这是30年期美国通货膨胀保值债券的普遍实际收益率。

尽管如此，山姆和丹妮尔可能还是愿意承担风险，投资股票市场。但实际上，他们是有可能鱼与熊掌兼得的。即使他们用罗斯账户中的钱还清了按揭贷款，他们也可以将传统个人退休账户中的资产更大比例地配置到股票投资中。这样做将使他们在获得9.6万美元终身收益的同时，获得他们期望的在股市的额外投资机会。

但如果山姆和丹妮尔把他们的罗斯账户和传统个人退休账户中的资产全部都投入股票市场中呢？用他们的罗斯账户中的资产来偿还按揭贷款必然会减少他们的股票总持仓。但山姆和丹妮尔需要明白的是，如果不偿还掉按揭贷款，实际上等于是在借钱进行股票投资。和没有按揭贷款、没有罗斯账户的情况相比，在持有按揭的情况下用罗斯账户中的资产进行股票投资，和借40万美元去进行股票投资没有什么差别。伴随着这样的杠杆仓位，这么做甚至比单纯投资股市的风险还要大。股市一旦崩盘，你的净资产缩水比例会更大。为什么这么说？因为在这种情况下你的资产减少了，你的负债却保持不变。

如果山姆和丹妮尔用他们的传统个人退休账户资产而不是罗斯

第5章 通过住房积累财富——与母亲合住以及其他关于居所的明智举措　　135

个人退休账户资产来偿还按揭贷款,结果会有所不同吗?如果这样做,他们就需要为支取的款项缴纳税款。缴纳的这些税款也必然会影响这对夫妇的日常现金流状况。为了避免对现金流产生影响,他们可能需要提取出 60 万美元,以便有充足的资金来支付额外的税款。在这种情况下,他们的终身消费收益刚刚超过 9 万美元。这比通过提取山姆的罗斯退休账户来偿还按揭贷款所获得的收益要低一些。

这是怎么造成的呢?考虑到从传统个人退休账户取款需要缴纳税款,这样做的收益不应该比从罗斯账户中取款要低很多吗?并非如此。这对夫妇的传统个人退休账户资产总会在某个时点被提取出来并被征税,正如我们在第 4 章中讨论过的那样,提取操作最好发生在税率等级较低的时候,换句话说,就是要进行税率等级平滑。别忘了,山姆可是刚被解雇。

综上所述,无论是从哪个账户中提取资金,秘诀都在于此:

套现你的退休账户资产来偿还按揭贷款能让你大赚一笔。

为什么买房比租房好

拥有一套住房有一个鲜为人知的税收优势,这个税收优势与按揭贷款没有任何关系。拥有住房的税收优势很微妙,因此大多数人可能并不知道这个秘密:

拥有住房是一种避税手段。

为了弄清楚其中的原因,我们可以假设存在两个都叫特鲁迪的克隆体,每个特鲁迪都是另一个人的完全复制版本。他们两个在身体、情感、经济上甚至在有些神经质这点上，都一模一样。两个特鲁迪的房子一模一样并且彼此隔街相望。虽然他们各自有自己的房子，但每个特鲁迪都住在对方的房子里，并向对方支付房租。

为什么要如此安排呢？两个人住在完全一样的房子里，又都收到并支付租金的话，难道不是和住在自己的房子里没有区别吗？区别是有的：当每位特鲁迪都把房子租给对方时，双方收到的租金收入都是要缴税的。如果他们只是住在自己的房子里，实际上相当于向自己而不是另一个特鲁迪支付租金，那么这种租金收入（你应该记得前面讲过这被称为估算租金）是不纳税的。由于不对估算租金征税，政府实际上是为自有住房提供了相对于租房居住的税收优惠。经济学家称这种税收优惠为对自有住房的补贴。

这种补贴能有多大呢？假设两位特鲁迪都是30岁，两人的年薪一直到67岁退休时都维持在7.5万美元，并且，他们每人都把收入的4%存入个人退休账户中。我们还假设他们的房子价值30万美元，他们向对方收取的租金经通胀调整后相当于每年16 920美元。[1]

正如预期那样，如果两位特鲁迪都住在自有住房中而不是互相租住，他们的终身纳税额就会降低近4.8万美元，这意味着他们一生中的可自由支配收入也会增加相应的数额。每个特鲁迪的终身可自由支配的财富增加了约1.6%，这虽然并不是什么惊天动地的大数目，但也相当可观了。

---

[1] 这也就是他们一生中每人每年花在住房上的钱，无论他们是租房还是购房居住。

如果特鲁迪们的年收入都为 5 万美元，拥有的房子都价值 20 万美元并以市场价格相互出租，那么情况会如何呢？在这种情况下，由于他们都处于较低的税率等级，将对方赶出家门并各自搬回自己的房子所获得的收益则要小得多，终生纳税额只是减少了 1.1 万美元，相当于他们一生可自由支配收入的 0.7%。收益虽然少了很多，但也聊胜于无。

那么如果特鲁迪们的年收入都为 15 万美元、拥有的房产价值为 60 万美元呢？收益将会变成 10.8 万美元，这可是一笔相当可观的收益了，大约相当于一整年的税后收入，每个人的终身可自由支配收入增加了 3.3%！

两个特鲁迪是怎么知道买房自住的税收优惠的呢？他们之间幸运地发生了一场激烈的官司，双方都指责对方窃取了自己的身份。在随后的混战中，一位特鲁迪停止向另一位特鲁迪支付房租，对方以牙还牙进行反击。最终导致了双方互相将对方驱逐出自己的房子，结果是：他们都住回了自己的房子里，没想到却因祸得福，两个人的纳税金额都因此而减少了。

如果买房自住能享受税收减免而租房住却享受不到，那为什么还有人要租房住呢？换种说法：为什么不是每个人都从房东那里把租住的房子买下，而不再继续租住呢？答案是交易成本、搬迁成本和现金流限制（没有钱来交首付）这几项因素的存在。大学生不会在上学期间买套房子而在 4 年后毕业时再卖掉，因为这样操作在买卖时都需要支付大笔的房产中介费。此外，人们不会在无从知晓一份新工作能持续多久的情况下，就贸然在新的工作地点买房。还有，低收入人群可能还没有攒够申请房屋按揭贷款所需要的首付款。另外，包括联邦政府在内的各级政府经常会为租赁房屋提供补贴，尤其是那些针对低收入家庭的廉租房。因此，开发商会降低租金以吸引租户，以便享受税收减免，这使得租房比购房自住更经济。

概括一下我要表达的意思：当你要做出关于住房的决策时，要优先考虑用现金购买房产自住而不是租房住。把更多的资产以房产的形式持有是一种避免缴纳联邦和州资产所得税的方式。如果你是中高收入者，那么情况更是如此。因此，当你在对各种因素进行考量，以比较买房和租房的经济成本时，千万别忘了把买房能帮你少缴联邦和州所得税这个因素考虑进去。

拥有住房是如何减少长寿带来的风险的？

拥有一套房子是有风险的，风险来自洪水、火灾、风灾和地震等自然灾害，但这些风险通常可以通过购买房主保险来解决。从另一个角度来看，拥有住房实际上还是一个能够降低风险的很好的方式，这项风险是我们所面临的最大的风险之一，那就是在一个房价会上涨的世界里活得时间太久的风险。比方说，你年过七旬，并在孙辈的家附近找到了一处理想的居所，在这种情况下，如果你选择租住，你就不得不在余生中一直承受租金上涨，而你的固定收入却没有增加的风险。相比之下，如果拥有自己的房子，你就根本不用理会房价是暴涨还是大跌崩盘，这些都不会影响到你。因为无论房价是涨还是跌，你都不需要去买房或卖房，那么谁又会去在乎房地产市场的走势呢？一直到生命的最后一刻，你都不需要担心在住房上老无所依。这听起来像一个真正的年金产品，它确实如此。自有住房可以抵御通货膨胀，以居住服务的形式提供给你真金白银，而且这项服务会一直持续到你离开这个世界之时。

应该持有房产的另一个原因是，它可以作为你的保障，以应对生命末期的巨额医疗费用。无论是长期辅助生活护理还是家庭医护，这些护理的费用是不被包括在标准医疗保险之中的。而棘手的问题是，如何将锁定于你房产中的价值变现来支付这些费用。

就需要辅助护理和家庭医护的情况而言，对于中产阶级甚至中上阶层的家庭来说，标准做法是卖掉房子，然后用卖房收益去支付住进一家不错的养老机构的费用。然而，住进一家体面的养老机构是费用不菲的，如果你需要住在里面的时间比预想的更长，那么你的资金可能很快就消耗殆尽了。但长期养老机构通常会有变通的办法来解决这个问题。机构的工作人员会建议你卖掉你的房子，然后把卖房所得支付给他们，以换取你私人入住并享受长期看护的资格，直到你的钱花光。作为回报，他们承诺：当你把钱花光了并有资格获得医疗补助时，他们将继续让你住在这里，然后把你的居住费用账单寄给医疗补助部门，让它来支付。简言之，你拥有的住房（准确地说是你对房子的所有权）将成为你进入宜人养老机构的入场券。

这就给我们带来了另一个关于"房富"的秘诀：

拥有房产可以为你提供一份长寿保险外加一张体面的长期养老机构的入住券。

将你的"受限资产"（房产）作为储备以期将来能住进更好的

养老机构。这一建议似乎与向那些负担不起长期家庭医护费用的人所传达的标准建议相左。这个标准建议是：至少提前 5 年将你的资产赠予你的孩子，这样联邦医疗补助计划（Medicaid）就无法把这些资产抢回来用于支付你的医疗费用了。诚然，这些决定都是很令人头疼的，如何抉择，在很大程度上取决于你与孩子或其他照顾者之间的关系如何。但是作为一个亲身处理了两对父母的养老问题的过来人，我可以负责任地告诉你，住进条件更好的养老机构这件事是有市场的。因此，即使你最终在接受联邦医疗补助的机构中养老，你的受限资产也将很好地发挥作用。

让你不成为"房奴"的其他方法

截至目前，我主要讨论了决定住在哪里，以及如何支付居住费用的方法。除此之外，还有其他方法可以让你变成"房富"，比如，通过和别人合住以分担住房成本、把你的房子租出去、通过缩减居所规模来降低你的住房成本，以及把受限的房屋净值变现。

与母亲合住！

假定有一位 65 岁的母亲海丝特和她 30 岁的儿子彼得，他们二位都是单身、独自生活，而且他们的生活举步维艰、难以维持收支平衡。两人也都不那么喜欢对方，但是他们都明白：和对方共同生活比单独一个人生活在成本上要低很多。还有，海丝特会做饭，而彼得会做家里的其他杂活。经过再三考虑，海丝特和彼得最终搬到了一起生活。他们搬到一起居住之后，由于共享生活的经济性，他们的生活水平有了立竿见影的大幅提升。共享生活的经济性不仅来自共享住房，还来自共享电力、照明、暖气、空调、洗碗机、洗衣机、烘干机、熨斗、吹风机、电子游戏、钢琴、圣诞树、音响系统、生活用具、艺术品、笔记本电脑、电视、打印机、户外烧烤架、家具、剩余饭菜等。此外，他们还可以通过大宗购买来降低购物成本。

如果海丝特和彼得是财务上和生理上的克隆体，并且两个人可以真正像一个人独居一样节省地生活，一起住就能使他们的生活水平翻倍提升！但是，现实生活中由于每个人都需要自己的房间、衣服和其他个人物品，他们从共同居住中获得的收益会比理想状况下更小。尽管如此，共同居住的好处还是相当大的。我估算两个人合住的开销通常与各自居住的 1.6 个人的开销不相上下。① 这意味着与另一个人合住将使每个人的生活水平提高 25%。如果不考虑因此而让渡的隐私和获得的陪伴等因素，这就是纯粹的金钱魔法。

18 岁到 29 岁的美国年轻人越来越清楚地意识到，与别人合住就等于是赚钱。现在大多数这个年龄段的年轻人都和父母住在一起。[1] 与 1960 年的情况相比，这是一个巨大的变化。当时，只有 29% 的美国年轻人和父母一方或双亲一起合住。[2] 与这种居住结构上的变化相对应的是，约占人口 1/5 的较为年长的美国人现在与他们的孩子甚至可能与他们的孙子孙女住在一起。[3] 当然，与你的父母同住不一定意味着按比例分摊生活费用，但如果你的父母或祖父

---

① 这一估计是根据经济合作与发展组织（OECD）关于收入分配与贫困项目的一项研究得出的。参见经济合作与发展组织的《什么是等价规模？》一文。

金钱的魔法

母真的想和你为伴，这种居住安排可以被视为你支付了你应付的房租，而他们为得到你的陪伴而买单。那么，你的净支付就是你实际支付的伙食费。

如果两个人合住的生活费能比一个人单独住便宜，那么三个人合住的生活费能比两个人合住更便宜吗？更多人合住呢？答案是：绝对会更省钱。相同大小或略大的空间里容纳的人越多，每个人所支付的有线电视和其他所有家庭账单的费用就越少。

但随着更多的人加入你的合住群体，由于"搭便车"问题的存在，这个群体内就可能会产生冲突。所谓"搭便车"，就是每个人在集体生活中都没有尽到自己应尽的责任［更不必说是在网飞（Netflix）上观看哪一部电视剧这类问题上达到高度一致了］。最后，每个人的态度都变成了"等着别人去打扫厕所和洗碗"。在这里我要表达的核心意思是：选室友时一定要小心。但同时我们也要清楚，与他人同住会带来巨大的潜在经济利益，无论是否涉及爱情或亲情。

总结一下本节所讲述的这个关于居住的秘诀：

与别人合住，甚至和母亲一起住，是一种安全且非常有效的提高生活水平的方式。

出租你的寓所

另一种降低住房成本的方法是把你的寓所部分出租。爱彼迎（Airbnb）和类似的在线平台让这件事变得易如反掌。我的表妹的寓所毗邻洛杉矶的海滩。随着那个地段的房价、保险成本和房产税的飙升，住在她房子里的估算租金变得高不可及。她面临两种选择，一种选择是卖掉房子，在郊区另找一处更便宜的居所；另一种选择是把车库改造成一间单间公寓，然后把房子在爱彼迎上挂出去。她选择了后者。在随后 5 年多的时间里，她通过出租那间由车库改造的公寓赚到了一大笔钱，足以用来大幅改造升级这间出租公寓和整栋房子了。因为她所在的洛杉矶这座城市的房子在爱彼迎上的租金非常高，所以她可以通过把房子租出去的方式获得经济收益。同时，这种安排给了她更多的隐私空间，她还可以把房子租给那些不想在度假时有不熟悉的室友的家庭。

我们的朋友罗布和艾比没有可以改建成独立居住单元的车库，但他们仍然意识到，他们在波士顿的公寓可以以很好的价格租出去。他们还意识到，其实他们可以远程工作。这乍一听似乎有点儿离谱，他们最终决定把公寓租出去 6 个月，带上他们 5 岁的孩子，登上了飞往斐济的飞机。当他们 6 个月后回到波士顿的家时，他们已经游历了 12 个国家，并且旅行期间的花费几乎都来自波士顿公寓的租金。

在我表妹以及罗布和艾比的故事中，最值得我们借鉴的不是他们可以把房子租出去，然后用租房收益做点儿什么，而是由于估算租金（实际上相当于他们租住在自己的房子里时要向自己支付的租金）如此之高，以至日积月累，他们可以用这些钱完成房屋改造或环球旅行。

从这些故事中我们能学到的是：

如果你的实际租金或估算租金高到负担不起的程度，或在它们比你愿意支付给房东（你自己）的租金要高的情况下，把房子转租（或出租）出去是一个具有现实意义的选择。

顺便提一句，与房子类似，车子也是如此。我的朋友罗杰就通过一个类似爱彼迎的平台，用他那大部分时间都闲置的车子赚钱。如果有租客上门，他还会暂时搬去和他的朋友一起住而把自己的房子租出去。我真的不知道罗杰接下来会出租什么，我想接下来有可能是他的狗。

缩减规模：减半的力量

如果合租或出租房屋对你来说都不现实，那就考虑一下缩减居所规模、搬到更便宜但仍然能满足你需求的房子里。美国人习惯于住在大房子里。事实上，近九成的新建住宅都有三个或更多的卧室。当你处在养育儿女的人生阶段时，拥有很多房间顺理成章，但当他们长大离巢单飞之后呢？这时仍然住在大房子里就相当于在住房上的消费过度。没错，保留房产为你提供了一个内在的安全网，即一种像之前讨论过的那样能在迟暮之年住进体面的长期养老机构的保障。但每年你也要因此而支付高额的估算租金，包括房产税、房主保险、维护费用，你也会损失放弃掉的税后利息等，这相当于全年你都在浪费金钱，为你实际上并不需要的东西买单。你还有其他方法来满足未来获得长期护理的需求，一种是购买长期护理保险，另一种简单的方式是持有金融资产，包括以房地产投资信托基金（REIT）的形式间接持有不动产。

还有第三种方法，就是在缺乏熟练护理人员的情况下，在你需要帮助时，让你的孩子来照顾你。你可以向他们提供交换条件。例如，你可以缩减住房规模，然后用释放的资产来在你的孩子购买他们名下的房产时为他们提供首付。作为交换，你可以明确表示：如果你以后需要帮助，或者你活得比预期更长，你希望他们能照顾你。这实际上是一种隐性的、家庭内部的保险安排，等于你预先提供了一份遗产，或者在遗嘱中写明你的孩子将成为继承人。如果你比预期提前过世而没有产生大量的生活或医疗费用，他们就会赚到；如果你比预期更晚去世，或者产生了需要支出很多费用的状况，他们则要么给你提供金钱上的支持，要么直接为你提供护理上的帮助，那么你就赚到了。①

一旦制订了你未来的长期护理计划，你就可以潜心研究缩减居所规模能为你带来多大程度的生活水平提升。为了阐明其中的影响因素，我们不妨看看佩吉和迈克尔·格林的情形。这对儿65岁的夫妇刚刚退休，他们401（k）计划的账户中有200万美元，佩吉每月能领取2 500美元的社会保障福利，迈克尔每月能领取1 500美元的社会保障福利，这对儿夫妇还有一栋价值100万美元的房产，这是一栋面积为4 000平方英尺、有4间卧室的大房子。他们计划在百年之后把这栋房子留给他们的孩子，并且这栋房子上没有任何抵押按揭贷款。

格林夫妇每年要支付的房产税、保险金和维护费用分别为7 500美元、3 500美元和3 000美元。和之前的例子一样，假设税前利息和通货膨胀率均为1.5%。他们住在加利福尼亚州的萨克拉门托，因此在缴纳联邦所得税的同时，他们还要缴纳加州的州所

---

① 我很早以前与人合著的一篇研究论文表明，即使是两三个成员的家庭也能提供几乎等同于购买正式的长寿保险所获的收益。这篇论文是《家庭是不完全年金市场》，是我与阿维亚·斯皮瓦克共同撰写的。

得税。

问题来了：如果佩吉和迈克尔把居所规模缩减到一处价值 50 万美元、各项费用都仅为当前住房的一半、只有两间卧室的房子，那么他们一生中可自由支配的收入会增加多少呢？为了不使答案掺杂任何偏见，我们假设这对夫妇在去世后仍然会把新的房子留给他们的孩子，同时留下的还有额外的 50 万美元现金，所以他们的遗产规模仍将保持在 100 万美元，这与他们目前计划留下的遗产总额完全相同，只不过与目前的计划相比，新计划中现金更多而房产的净值更少。

在这些假设下，将住房面积缩减 50% 会使得这对儿夫妇的可自由支配财产增加 154 990 美元。如果他们活到 100 岁，那么他们的可自由支配支出将年复一年地以 5.8% 的涨幅增加，也就是每年增加 4 428 美元。这是一笔惊人的巨款，比 3 年的社会保障福利还多。这并不是因为他们转而选择了一个便宜得多的住房市场（就像我和我的妻子所做的那样），也不是因为他们释放了 50 万美元的受限资产，佩吉和迈克尔仍然计划让他们的孩子继承 100 万美元的资产，这笔额外收益的产生是"减半的力量"发挥作用的结果。在这个例子中，他们选择了只有原来一半空间的居所。说实话，对佩吉和迈克尔来说，4 000 平方英尺的房子他们连一半用不到。他们时常去内华达州看望孩子，家里的 4 间卧室，有 3 间他们压根儿不会进，就连晚饭他们也在厨房里吃，餐厅几乎从来没有使用过。

通过将居所的面积减半，这对儿夫妇将他们的估算租金削减了一半之多。请回忆一下，放弃的税后利息也是估算租金的一部分。

但在本书撰写时名义利率如此之低，以至投资安全的长期美国国债的实际收益率（扣除通胀因素后的收益率）为零。换句话说，当下想在标准的安全长期国债上获得税后的实际收益是不可能的。这使得估算租金，也就是佩吉和迈克尔住在他们那间面积巨大的房子里的成本，比正常时要小。在正常时期，比方说，当名义收益率是3%（意味着安全投资经通胀调整后的收益率为1.5%）时，佩吉和迈克尔的估算租金会更高。事实上，在其他条件相同的情况下，如果名义利率为3%，那么通过缩减居所规模而带来的生活水平的提升将约为原来的两倍，达到10.6%。按绝对值计算，格林夫妇将获得相当于5.3年免税社会保障福利的额外收入。

如果这个例子中关于格林夫妇的所有数字都是原来的一半，那么减半的力量是否仍然有效呢？答案是肯定的，5.5%的生活水平增长几乎没有什么变化。如果是拥有3倍收入的格林夫妇的版本呢？在这个版本中佩吉和迈克尔每月都能领取最高3 011美元的全额社会保障福利，而他们的其他收入则是之前的3倍。在这种情况下，他们的生活水平提升的比例是6.1%。将居所规模缩减到一半对不同收入水平家庭所带来的生活水平提升程度似乎是相差无几的。

自此，我们就可以揭开这个关于缩减居所规模的秘诀：

如果你的房子大部分处于闲置状态，那么换到更小的房子里可以为你带来巨大的收益，尤其是在利率高企的时候。

搬到低税率或不征税的州去居住

包括哥伦比亚特区在内，美国共有42个州（特区）向居民征收个人所得税。不征收个人所得税的州有阿拉斯加州、佛罗里达州、内华达州、新罕布什尔州、南达科他州、田纳西州、得克萨斯州、华盛顿州和怀俄明州。如果你恰好住在马萨诸塞州和新罕布什尔州的交界处，理论上你只要直接搬到街对面的新罕布什尔州，就能省下工资5%的税费支出，否则你就得交马萨诸塞州的所得税。当然，实际情况可能要复杂得多。考虑到该州的税收优势，新罕布什尔州的土地价格可能更高，而马萨诸塞州的教育系统等各项便利设施可能会更好一些。但谁知道呢？也许你没有小孩要上学，并且住在一栋5层楼高、没有院子的房子里也会感到很开心。所以，搬到路对面去住很可能会让你赚上一笔。

在决定位于哪个州的、什么样的房子最适合你时，另一个隐性且重大的考虑因素是遗产继承税的问题。除了哥伦比亚特区之外，还有11个州征收遗产税，它们是：康涅狄格州、夏威夷州、伊利诺伊州、缅因州、马萨诸塞州、明尼苏达州、纽约州、俄勒冈州、罗得岛州、佛蒙特州和华盛顿州。另外5个州，包括艾奥瓦州、肯塔基州、内布拉斯加州、新泽西州和宾夕法尼亚州，对遗产继承征税。还有一个州，即马里兰州，对遗产和继承双重征税。

如果你有笔不小的财富可能会由他人继承，那么你对于是否在一个征收遗产税的州度过你的金色晚年就要三思了。联邦遗产税的征收对象是那些超过1 170万美元的遗产，但州一级政府设定的征收门槛则要低得多。例如，在马萨诸塞州，遗产税的征收门槛是

100万美元，遗产税的税率则从0.8%至最高16%不等；在夏威夷州和华盛顿州，遗产税的最高税率则有20%之巨。

至于遗产继承，如果你是潜在的继承人，同时你和遗赠人之间是远亲或没有亲属关系，那么你一定要避开在内布拉斯加州安家，因为该州将对你继承的遗产征收高达18%的税！

释放受限资产

正如我们在前文中讨论过的，普遍来说，婴儿潮一代为退休所做的准备并不周全。对于他们来说，退休后把房产变现以支撑生活所需，很可能是不可避免的无奈之举。以房屋形式存在的受限资产最大的问题是流动性，也就是说在房子卖出之前，你无法动用这些资产，而房子很可能一直到你去世时才会被卖出。问题是，你现在就需要这笔钱，而不是等到你行将就木之时。这就是你平滑消费的目标。

缩减居所规模当然会有所帮助。让我们再次回到佩吉和迈克尔的例子，但这次我们把剧情设计为他们打算在缩减居所规模的同时，将释放的资产净值消费掉，而不是留到未来使之成为遗产的一部分。在这样的安排下，他们的生活水平提高了25.8%，终身消费能力的绝对值提升总计692 261美元，这笔钱超过了他们14年的税前社会保障福利的总和。如果格林一家拥有的资产是原来的一半，他们的生活水平提高比例为25.4%，收益绝对值是348 177美元，这仍然是一笔数额巨大的收益。如果格林一家拥有的资产是原来的3倍，除了能获得最高金额的退休福利，他们的生活水平提高比例高达39.8%，收益绝对值将为1 984 374美元（富人的生活水平提高比例更大，这是因为在社会保障福利水平最高的前提下，被释放出来的受限资产占总资产的比例更高）。

但是你如果拒绝搬家，也不需要把你的房产作为未来能够享受长期护理服务的资产储备，更没有孩子或其他继承人去继承你的房产，那么怎样做你才能实现受限资产的释放，或是能把至少一部分的房产净值变为可用来消费的流动资金呢？你可以尝试使用房屋按揭贷款来释放资产净值，不管是采取常规按揭贷款还是再融资以获得更高数额的按揭贷款，与此同时，你还希望能在还清贷款前安然辞世。这个方案听起来似乎是为了能让你在短期内有更多的钱用于消费，但实际上并不那么简单。如果你借出了钱并花了它，碰巧在按揭贷款还清前就去世了，那么就等于你成功地在有生之年消费了更多的钱从而避免了生活窘迫，并且银行也得以从变卖你的房产的收入中收回了贷款。这是一个标准的机制。当你办理按揭贷款时，银行取得了你的房子的抵押权，这意味着当房子被售出时，银行排在受让售房所得款项的第一顺位。

但是如果你在按揭贷款到期时还健在，那该如何是好？具体来说，假设你是一名 60 岁的单身人士，没有孩子或其他继承人，你申请了一笔为期 20 年的按揭贷款。然后，如果你活到 80 岁，在 20 年中你偿还给银行的钱将比你用当年按揭贷款进行安全投资所能获得的收益还要多。在这种情况下，你这么做的结果就等于是用了 20 年的时间来赔钱。当然，当你收到按揭贷款的放款时，你可以大肆挥霍，但在未来你需要以降低消费的形式为此付出代价。你也可以用借到的钱去投资，比如投资股票。但是，以较高的成本借钱进行风险投资这件事本身就意味着冒险。如果你的股票下跌，你依然需要按期偿还贷款，而且可能会被迫进一步降低未来的消费水平。无论发生哪种情况，结果都将与你平滑消费的初衷背道而驰，并将为获得这种能够暂时手头宽裕的特权而最终付出一大笔钱。此外，按实际价值计算，这种情况下 80 岁的你可能仍拥有与 60 岁时相同数量的受限资产。还有一个小问题是，除非你还在工作，否则你不太可能获得正常的按揭贷款。就这一点而言，你也不太可能获得可观的信贷额度。这就是反向抵押贷款应运而生的原因。

反向抵押贷款

反向抵押贷款的产品是为释放房产等受限资产而设计的，它的机制相当复杂。而复杂金融产品往往是为实现特定的目的而设计的，反向抵押贷款为的是把你从你的资金以及其他包括房产在内的贵重物品的捆绑中解脱出来。另一方面，反向抵押贷款受到联邦住房管理局（FHA）的严格监管。几乎所有的反向抵押贷款都囊括于联邦住房管理局的房屋价值转换抵押贷款（HECM）门类中。你也许会认为，如果一个产品有美国政府参与其中，那么它对于公众来说一定是安全的，不是吗？

不幸的是，即便是在这本被命名为"金钱的魔法"的书中，这样的想法也过于魔幻了。请回忆一下美国政府在我们的社会保障福利方面设下的 3 个骗局：哄骗鳏寡使他们与本应得的数十万美元的巨额终身福利无缘；在我们接近 70 岁时主动打电话给我们，诱使我们放弃本应得的高福利而接受低得多的方案；以及当我们后来意识到本有资格享受更高的福利时，拒绝提供 6 个月的福利之外的其他任何福利追索。第三个骗局是最令人发指的。毕竟，我们年复一年地缴纳着 12.4% 的由雇主和雇员共同承担的工资税，然而最终我们却为那些根本没有被告知的福利买了单，对于这些无人告知的福利，我们就别想享受了！

更不幸的是，美国政府就是政客的大本营，而政客们，尤其是那些负责金融监管的政客，在银行和其他金融公司的帮衬下，已经攫取了他们竞选的红利。只要看看过去和现如今，那些给众议院金融服务委员会提供政治献金的大金主都是谁，我们就心知肚明了。美国金融监管的权利已沦为华尔街的交易品。

我太了解美国政府了，所以对于反向抵押贷款产品我做了充分细致的研究。以下是我做出的关于它的基本判断：

与传统的抵押贷款不同，反向抵押贷款确实可以让你用套牢的资产来偿还借款，但这样做的代价巨大，风险也非常高。

反向抵押贷款和普通抵押贷款的异同

反向抵押贷款和普通抵押贷款的差异主要体现在以下 6 个方面。第一，你的年龄必须超过 62 岁才有资格申请反向抵押贷款。第二，反向抵押贷款的额度低于普通抵押贷款。① 第三，反向抵押

---

① 你可以从房屋价值转换抵押贷款中借出的最高金额是 x 和 y 的乘积。x 是一个百分比，从 62 岁时的 52.4% 到 85 岁时的 63.8%，数值随年龄增长而变化；y 是你的房子的价值，但是有一个封顶值（房屋价值转换抵押贷款本金上限），在 2021 年这个封顶值为 822 375 美元。如果目前你的房子已经有常规抵押贷款，那么新的反向抵押贷款的金额不能超过你房屋价值的一半。如果现有常规抵押款低于你房屋价值的一半，那么你需要先用反向抵押贷款的放款来还清你现有的抵押贷款，结果就是你可以直接拿到手的现金变得更少了。

贷款的利率高于普通抵押贷款。第四，反向抵押贷款的附加费用高于普通抵押贷款。第五，反向抵押贷款允许你推迟还款，直到房子卖掉，当你把房子从里到外清空之时，你就需要还款了。第六，除非你不能继续承担房子的持有成本，即房产税、房主保险和维护费用，任何人都无权把你从你的房子里赶出去，不论你是否已经资不抵债。

与常规抵押贷款相比，前四项差异（包括有年龄限制、贷款额度更小、利率更高和费用更多）都使得反向抵押贷款处于劣势。第五项差异，也就是可以延期还款这项差异，实际上是允许你随着时间的推移而增加贷款的额度，它也让你有更多的现金可以立即拿来消费，因为你不需要每月都去还款。至于第六项差异，也就是即使你资不抵债（即你借的本金加上利息合计已经超过了你房屋的价值）还能继续住在你的房子里这一点，只有在你很长寿并且不搬家的情况下才会发生。而且，反向抵押贷款的费用和利率越高，这种所谓的优势就越早会出现。一旦你资不抵债，就相当于你以低于市场的价格从出借人那里租房，你只需要支付房屋的持有成本，而不是包括业主放弃的真实利息收益在内的市场租金。① 然而，如果真实利息收益为零，就像我写这本书时的情况，你长期居住于其中直到债务超过房屋价值的情况出现后，就不存在所谓的实际租金的减免了。

再次重申，反向抵押贷款能够在你仍居住于自己房子里的情况下，使你从房产的净值中获得额外的消费能力。从这个角度来看，

---

① 我在这里假设你房产价格的增长与通货膨胀保持一致。

它似乎解决了资产净值被房产所困的问题。但是，由于它实际上是让你以绝大部分（如果不是全部的话）的房产换取相对要小很多的消费能力，正如那句古老的谚语"还抵不上一根蜡烛钱"所形容的那样，这实在是得不偿失。

下面请让我用两个小故事来概括一下我对反向抵押贷款的担忧，在这两个故事中，反向抵押贷款的成本被故意夸大以提高你的警惕意识。我会用不同的财务术语而不是在实际贷款交易中所使用的话术来描述反向抵押贷款，以期揭示其本质。两个故事的主人公分别是现年 62 岁的无子女单身退休人士卢和刚刚获得哈佛 MBA（工商管理学硕士）学位的苏。

故事1：卢输掉了赌局

一天，当卢正在修剪草坪的时候，他的邻居苏慢慢走了过来，说道："嗨！卢，看看你的百万豪宅。你知道吗？我刚刚查了公共档案，天哪，你的房产居然是无抵押状态，也就是你全权拥有你的房子，那真是要恭喜你了！我还听说你已经退休了，再次恭喜！但是卢，我还是有点儿担心你。从你的吃穿用度和你开的汽车来看，你似乎手头并不富裕。我理财方面的专业知识可以帮得上你。你只需在这里签个字，我愿意马上付你 50 万美元来买你的房子。是的，我知道你的房子值这价钱的两倍。但是有一件很酷的事：我会让你继续住在你的……呃，确切地讲是我们的……房子里，你想住多久就住多久。在你搬出去或万一出现不良的健康状况而被抬出去之前，我是不会搬进去的。在此期间，你需要做的就是缴纳房产税以及房子的保费，还要做好房子的维护。如果有一天你不能再继续支付这些持有费用了,我就要把你请出去了。"

哇,苏可是读了哈佛的MBA,她的建议一定很可靠。想到这一点,卢立刻在协议上签了字。但是那天晚上,当他躺在床上时,他开始辗转反侧,心中打起鼓来,担心如果自己比预期更早就需要搬出去的话,他该怎么办。果然,清晨5点整的时候,卢中风发作。幸运的是,他还能在昏倒前按下医疗救护的警报按钮。救护车按时赶到,把卢送到了急诊室,后来又把他送去了他新的终身居所——一家养老院。苏被救护车的警笛声吵醒,看着卢被绑在担架床上拉了出去。她告诉急救人员不要担心,她会把房子锁起来的。

卢刚刚损失了50万美元,这笔钱本可以让他住进更好的疗养院,或者雇一个私人护理人员。如果我们修改一下故事情节,让卢死于中风,他的继承人得到的遗产就蒸发掉了50万美元。在这个版本的故事中,苏成功使卢跳进了一个极其昂贵的反向抵押贷款骗局。

故事2:卢"赢"了赌局

假设在另一个平行宇宙中,苏并不了解的是:其实卢并不是一块可以任人宰割的肥肉。他甚至不吃肉,常言道:人如其食。实际上,卢是素食主义者。他看起来寒酸是因为他喜欢摇滚乐手的乞丐装造型。至于他那辆破旧的甲壳虫,那其实是他骄傲和快乐的源泉。和苏签署协议后,在接下来的38年里,卢没有停歇地做着他一直以来坚持做的事情:疯狂锻炼,以及一日三餐只吃豆芽、豆腐、豆子、豆豉、坚果等健康食物。在卢100岁生日那天,他被韭菜和燕麦做成的零食噎住了,他按下急救按钮,然后倒地而亡。

这时只见已经两鬓斑白的苏听到警笛声后冲到救护车旁,尖叫道:"阿门!"

在这个令人更加愉悦的虚构版本中,卢在与苏签署协议后的38年里,比他不签署协议的情况多了50万美元的零花钱,最后在自己中意的地方(他厨房的餐桌边)离世。那么苏呢?她等了38年才最终住进"她的"房子。

九泉之下的卢可能会说他赢了这场赌局。在我看来则不然。在这个交易中,卢只能花他受限资产的一半,[①]而他的继承人,也就是他的侄女和侄子,最后还少拿了50万美元。

使用反向抵押贷款的话术则会把卢与苏的交易描述成另外一番光景:卢从苏那里借了50万美元。当他有一天不论是出于自愿还是非自愿的原因搬出这所房子时,房子都会被出售,以支付未偿还的反向抵押贷款余额(50万美元的本金加上未付的贷款费用和成交费用)。如果最终房子的销售价格超过了贷款余额,卢或者他的遗产账户将收到超出的部分,而用于偿还贷款的那部分售房收益将归到苏名下。如果最终销售价格低于贷款余额,也就是说出现了资不抵债的情况,那么房屋销售的全部收益就会流向这笔贷款的出借人,也就是苏那里。

现在让我们一起总结一下我对反向抵押贷款所持的观点:

如果你过早地搬家或离世,反向抵押贷款机构将能从你的受限房屋净值中分得很大一部分。

---

① 如果实际利率高于当下的零利率,卢本可以释放出受限资产一半以上的资金。

当然，没有人说你必须搬家。但如果你想搬家最后却因偿还反向抵押贷款的成本过高而不得不放弃搬家的念头，那么你就被锁定在了你不再想做的事情上，也就是要继续住在你已经不想再住的房子里。

诸如"我需要搬家，但需要先偿还反向抵押贷款，这件事让我很不爽"，以及"我需要搬家，但我不能，因为偿还反向抵押贷款的成本太高了"等这些令人困扰的关于搬家的情形，是反向抵押贷款让我担忧的主要原因。但当我了解到有一种房屋价值转换抵押贷款可供选择时，我就不再那么担心了。

房屋价值转换抵押贷款

假设你有一份关于你的房子的反向抵押贷款，然而15年之后你需要搬到离你孩子近一点儿的地方去住。另外，假设反向抵押贷款的还款让你手头剩下的现金太少而无力在新的地点购买一套等值的住房，在这种情况下，有一种叫房屋价值转换抵押贷款的产品可以供你选择，它可以帮助你实现搬进新家的愿望。而且，和你此前的反向抵押贷款一样，这种贷款也是不需要先还贷的。

如此一来，如果你的房屋价值转换抵押贷款的借款比例是60%的话，你就可以在购买新房时用贷款来支付60%的房款。你只需筹措剩下的40%的房款加上相应的其他费用。简而言之：

在你必须搬家的情况下，选择房屋价值转换抵押贷款可以帮助你缓解偿还反向抵押贷款带来的压力。

需要厘清的是，做一项反向抵押贷款的成本已经很高了，现在我们却在讨论再增加一项。而且第二项反向抵押贷款是否会给你带来你所期望的回报，这也没有任何保证。况且，在你的余生中你可能需要不止一次地搬家。如果当你不得不搬家的时候你已经资不抵债了，你将没有剩余资产去支付一家还过得去的养老院的费用，或者没办法拿出现金支付通过房屋价值转换抵押贷款买房所需要的首付。

很多人决定使用房屋价值转换抵押贷款的目的是还清之前的抵押贷款，而并不一定是为了购买新房。他们认为能从造成现金紧张的月供中解脱出来是一件值得高兴的事。但这并不会使得房屋价值转换抵押贷款变得更便宜。也就是说，当你想用反向抵押贷款借得的资金偿还现有债务而不是用来增加住房消费时，你应当慎之又慎。

反向抵押贷款的放款方式

房屋价值转换抵押贷款提供了6种放款方式，有些是一次性全部放款，有些是分次部分放款。你需要支付的利息以及未偿还的贷款成本可能是固定的，也可能是浮动的。浮动利率意味着利率可能会上升，这或许会使你承担巨大的损失。

在6种选择中，唯一一种采用固定利率的放款方式是立即一次性把借款全额发放给你。固定利率将高于其他可选借款方式中的可变利率，同时也会更安全。[①] 第二种选择是每月领取固定放款直到你去世，这本质上是一种年金，由于你可能会早逝，月付的金额将

[①] 当然，如果你拿到钱后直接跑进附近的赌场，这实际会让此项选择比其他选择的风险要大得多。此外要注意的是，反向抵押贷款的借款人经常会被骗子们搭讪，他们总是会想方设法得知哪些人手里有富裕的现金并希望用现金进行"投资"。

第5章 通过住房积累财富——与母亲合住以及其他关于居所的明智举措　　159

会更高。当然，年金也是抵御长寿风险的一种保险措施。第三种选择是在固定的月数内领取固定的放款。余下的三个选择都需要你提供一个信用额度，可以使用不还款、年金形式还款、固定数额还款三种形式，信用额度的多少可以由借款人自行决定。

已婚情况下使用反向抵押贷款

如果你已婚并考虑使用反向抵押贷款，那么请确保你和你配偶的名字都被写在房契上。我的建议是等到双方都超过 62 岁再进行这样的操作。房屋价值转换抵押贷款将以年轻一方的配偶年龄为基础。如果你的配偶年龄不满 62 岁，你需要满足合同上一大堆小字条款所描述的条件，以确保如果符合申请贷款条件的那位年长配偶不幸去世了，幸存一方不会因为被扫地出门而流落街头。[4] 让我再次着重强调一下：

> 如果你的配偶年龄在 62 岁以下，同时你正在考虑做反向抵押贷款，那么在签署贷款协议之前，请一定与一位顶级律师讨论一下，如果你去世了，你的配偶将会有怎样的待遇。

房屋价值转换抵押贷款的放款方式及通货膨胀风险

如果你一次性收到反向抵押贷款的全额放款，并用其投资美国通货膨胀保值债券，或其他明确或隐性具备通货膨胀保护功能的金融产品中，由此你将获得以下三个方面的保护。第一，你收到的贷款放款将得到保护。第二，如同贷款放款一样，你将能避免通货膨胀侵蚀投资的实际价值。第三，一旦需要搬家并偿清贷款，固定名义利率以及一次性提取全部款项的放款方式可以帮助你锁定需要支付的利息费用，通货膨胀将会降低你的实际还款价值。

相较于可以降低通货膨胀风险的一次性放款方式，其他5种放款方式的利率都是可变的，而且肯定会随着通胀而上升。事实上，如果利率随通货膨胀而上升，而你的房屋价值并没有增长的话，那么这些放款方式会让你面临更大的通货膨胀风险。当然，如果你住在自己的房子里的时间足够长，长到你不断累积的债务最终超过了你房屋的价值，通胀对实际还款的影响就不重要了。总的来说，我的理念是这样的：

> 采取一次性放款的方式提取全部的房屋价值转换抵押贷款，可以降低不断上涨的利率带来的风险，并提供了一个能够对冲通货膨胀的天然途径。

用房屋价值转换抵押贷款信用额度保护你的房产价值

房屋价值转换抵押贷款信用额度（LOC）提供了一种很巧妙但颇具价值的保险形式。房屋价值转换抵押贷款信用额度的提升与反向抵押贷款的分期放款及融资成本的上涨保持一致。这种机制的妙处在于：假设你申请了一个房屋价值转换抵押贷款信用额度，但在最开始的时候先不从中提款。我们假设你的信用额度为48万美元，再假设接下来的20年，你的房子的名义价值维持在80万美元不变（也就是说，它的实际价值是在逐年下降的），而你的信用额度提高到了100万美元。此刻，你可以行使将信用额度转换为反向抵押贷款的权利。比如说，你可以一次性提款100万美元，即使你的房子那时仅价值80万美元。在这种情况下，你的债务立刻就超出了你的资产，你因此而进入了资不抵债的状态。如果你在提取贷款的第二天就搬走，那么你能够带走 100 万美元，但是贷款方只能拿走你那仅仅价值 80 万美元的房子。因此，我们可以得出以下结论：

房屋价值转换抵押贷款信用额度提供了一种可以抵御房产实际价值下降风险的保险。

获取房屋价值转换抵押贷款信用额度的成本是相当高的。以我们夫妻及我们的房产为例，房产的市场价值约为 75 万美元，但是拥有房屋价值转换抵押贷款信用额度的成本约为 1.5 万美元。为了防止我们房子的实际价值大幅下降，这已经是一个很高的代价了。但如果我们真的担心它的价值增长跟不上通货膨胀的速度，那获取房屋价值转换抵押贷款信用额度依然值得考虑。

房屋价值转换抵押贷款的费用

毋庸置疑，我们使用房屋价值转换抵押贷款或房屋价值转换抵押贷款信用额度的成本是很高的。持有两者中的任何一个都意味着要支付名目繁多、大小不一的费用，包括咨询费、评估费、发起费、服务费、初始抵押保险费、年度抵押保险费、产权保险费、调查费、信用报告费、代管费、文书费、快递费、虫害检查费、洪水认证费等。总体来看，全部与反向抵押贷款相关的费用加起来轻易就能达到贷款金额的约 7% 之巨，高过持有常规抵押贷款的费用，这是个坏消息。也许能稍稍抵消这个坏消息的是：不同的反向抵押贷款机构收取的费用有所不同。因此，你可以也应当充分询价，直到找到一家收费最低的贷款机构。

反向抵押贷款可带来的潜在收益

让我们用一个例子来说明反向抵押贷款对于提升生活水平的潜在价值，假设你们是一对儿 62 岁、处于退休状态、居住在马萨诸塞州的已婚夫妇。你们有一栋价值 45 万美元的房产，而且没有按揭贷款。你们每人每月能够从社会保障机构领取 2 000 美元的退休金。除此之外，你们拥有的唯一资产是总计 50 万美元的常规个人退休账户余额。除了每年需要支付 1 万美元的住房成本（包含房产税、房屋维护费用和房主保险费）和缴纳税款（包括医疗保险 B 部分的保费），你们没有其他的固定支出。

让我们假设你们没有孩子或任何你们计划在去世后遗赠房产的人。那么，毫无疑问，你有 45 万美元的资产被困于房产中。假设你们申请了一笔 235 800 美元的反向抵押贷款，并一次性收到了全部的贷款款项，且你们都能活到 100 岁，那么持有反向抵押贷款会使你们的终身消费能力增加约 23.9 万美元，相比原来有 14% 的提升。这是一个还不错的安排，但这是最好的情形。下面这点才这是关键：当你们活到 100 岁时，你们的房产几乎已经资不抵债。相应的，你只能从每 1 美元受限资产中取出 52.4 美分。在我看来，这个例子中使用反向抵押贷款的成本实在太高了，而且这还是针对最乐观情形的计算。

反向抵押贷款的潜在风险

如果你已经提取了反向抵押贷款的全部款项，到了 85 岁时却出乎意料地遇到不得不搬家的情况，那会是怎样情形呢？假设届时你的房子仍然价值 45 万美元。在全部清偿反向抵押贷款，以及贷款的相关费用和利息后，你手里还剩下大约 10 万美元。从本质上讲，你已经用掉了 45 万美元房屋净值中的 35 万美元。此时，你可以去申请一项房屋价值转换抵押贷款，并可以住进一处大约价值 27.5 万美元的房子。最终你的居住质量将下降近 40%。如果你不得不在 10 年后再次搬家，原来的 45 万美元的房屋净值在你手里将只剩下 7.5 万美元，我们假设你的下一项，也是最后一项房屋价值转换抵押贷款能够帮助你住进一处价值 18 万美元的房子，这意味着此时你的居所质量相对于最开始的时候下降了 60%。以上推断是在你的房产和市场上的房产的名义价格固定不变的假设的基础上做出的。如果你的房价维持不变而市场上的房价却上涨了，那么你的居所质量真的会一落千丈。

划重点：

如果你不得不搬家，并且你的房子的价格增长没有跑赢通货膨胀率，而此时你持有的房屋价值转换抵押贷款的利率是由通货膨胀率决定的，那么你可能会发现自己无法负担继续居住下去的各项房屋开支，因此你将不得不把房子移交给房屋贷款的借款人（比如此前例子中的苏）。

回租：释放房屋资产净值的更好选择

释放房屋净值最简单的方法，就是把你的房子卖掉然后去租房居住。在理想情况下，你可以把你的房子卖给你的孩子或另一个关系比较近的亲属，然后从他们那里再把房子租回来。以一个不错的价钱将房子卖给他们，作为请他们不要把租金涨得比通货膨胀还快的交换条件。或者你们可以确定一个房租计算公式，有了这个公式，你们可以根据房产税或全美租金水平的增长对租金进行调整。如果你将卖房的收益用于投资长期通货膨胀保值类债券，那么你卖房所得的收益将可以抵御通货膨胀带来的贬值，并可以用于支付你的租金。

这种回租安排可以通过法律确定下来。这样的话，一个人就可以与任何一方达成回租交易，包括银行。我一直搞不懂为什么联邦住房管理局不支持这种直截了当的解决方案。也许银行不想在周日晚上11点处理水管漏水的问题，也不想陷入房东和租户之间鸡毛蒜皮的纠纷之中。彼此相爱的父母和孩子达成回租交易有其独特的优势，因为相互关爱，所以不至于出现过于出格的不良行为，比如不交房租就跑路。

这种解决方案与反向抵押贷款有何不同？首先，它基本上释放了房产的所有净值，而且不产生任何费用。其次，在这种安排下你想住多久就住多久。你如果需要搬家，也不会因此而受到惩罚。

入住一个提供长期护理服务的退休社区是另一种释放受限资产的方式。在这种情况下，你会卖掉你的房子并把一大部分收益交给社区运营者，另外你需要每月支付给他们一笔费用以换取他们为你提供的居住、餐饮、娱乐、交通服务，以及你余生的健康和护理服务。由于居民数量众多，这样的社区提供的服务会比个人单独购买的服务更加优质。他们的服务可以与年金挂钩，因此那些长寿的人可以从早逝的人所支付的预付款中获益。

本章要点回顾

家就是你的城堡，但就像欧洲大陆林立的 2.5 万座城堡中的大多数一样，它是昂贵的，仅仅依靠你自己是难以负担的。以下是我通过本章告诉你的关于住房的金钱秘密：

- 不要像我一样持续多年在住房上花冤枉钱。
- 界定并研究你应该关注的住房市场。
- 在充分考虑你个人的补偿差异的前提下，系统性地比较购房和租房的价格。
- 按揭贷款并不是基本住房成本的构成部分，但它会造成财务上和税务上的损失。因此，你应该尽快还清你的住房按揭贷款。
- 将退休资产变现以偿还按揭贷款可能会让你大赚一笔。
- 购置房产是一种重要的避税手段，而这与按揭贷款无关。
- 自有房产提供的居住服务本质上是一种年金，它可以为你提供抵御长寿风险的保险。同时，以房产形式存在的受限资产也是能让你住进一家不错的长期护理或养老机构的入场券。
- 共享住房成本可以显著提升你的生活水平。共同居住、使用爱彼迎一类的出租平台、租赁或转租，这些都是分摊成本和省钱的好方法。
- 缩减居所规模可以释放出很多受限资产，并极大地提高你的生活水平。
- 反向抵押贷款是释放房产形式的受限资产的昂贵手段。它会使你面临搬家和房价变动的风险。如果你必须搬家，房屋价值转换抵押贷款可以帮助你购买新房。但是，每次搬家并借出一笔新的房屋价值转换抵押贷款都会产生高昂的费用，这些费用是由高水平的借款利息造成的。虽然相当昂贵，但房屋价值转换抵押贷款信用额度提供了一种保障你免受房屋转售价值大幅下降风险的独特方式。
- 卖掉房子转租是一种释放几乎所有的受限房屋资产的直接方式。但如果你仍想住在自己的房子里，你就需要向买家租房。你的孩子将是你理想的买家，你可以和他们达成这种回租安排。用你的房屋资产去购买提供持续护理的退休社区的服务也是值得考虑的。

第6章

为爱结婚
——金钱不是万能的,但好的婚姻也需要物质保障

我度过了一段激动人心的时光,我为爱而结婚,同时赚到了一点儿钱。

——罗丝·肯尼迪[1]

为钱而结婚听起来可能令人感到很冷酷无情,但不可否认在婚姻中金钱确实是很重要的一件事。在古巴比伦的《汉谟拉比法典》中,关于彩礼和嫁妆的法条就明确地写道:婚姻大体上是一件关于金钱的事情,从古至今,从未改变。

彩礼无外乎就是为了买回一个妻子而付出的某种代价,可能是一头牛、一块土地,也可能是金币。支付的对象是未来新娘的家人。古巴比伦人会在拍卖会上出售新娘。事实上,在当时,没有经过竞价过程的新娘购买行为是违法的。[2] 不过,拍卖也经常会以反向方式进行,即竞拍者会开出一个负的价格,这意味着新娘的家庭必须支付给新郎(或新郎的家庭)一笔嫁妆才能使交易达成。在门当户对的情况下,如果供需状况是新娘供不应求,那么彩礼的价格就会是正数。

值得庆幸的是，汉谟拉比王朝以后的大多数社会，都不再将把准配偶放到拍卖会上让人评头论足作为一项社会规范。然而，几个世纪以来，许多婚姻都是约定俗成地由双方父母在婚姻经纪人（也就是媒人）的帮助下促成的。不管这种做法以何种形式被粉饰，不管它看起来有多名正言顺，显而易见的事实是：准新娘和准新郎已经被商品化了。他们实际上就和各自父母的私人财产差不多。

时过境迁，大多数现代社会中的年轻人对是否结婚、和谁结婚有了最终的决定权。他们甚至可以在婚礼现场改变主意，抛下对方扬长而去。然而，年轻人拥有了这些选择和拒绝的权利并不意味着婚姻交易市场的消亡。交易依然存在，改变的只是买家和卖家罢了。在当今日益被高科技所加持的亲密关系市场上，已经没有父母把自己的孩子卖给出价最高的人的现象了，取而代之的是未来的伴侣本人在出卖自己并购买他人。Tinder、Match、Bumble、Hinge、OkCupid、eharmony、EliteSingles、Silver-Singles、Zoosk和OurTime等众多约会网站的作用，就是为这样的"一键钟情"提供便利。

虽然没有直接的金钱交换（也许除了网站会员费），但这些网站把会员们陈列在了一个虚拟的拍卖区里。在这个拍卖区中，你可以上传和展示自己的全套特征，包括年龄、教育程度、个性、背景、收入、种族、宗教、外貌、喜欢的东西、厌恶的东西、才能、宠物、孩子等。这些特征综合在一起，就是你在婚姻易货市场中的形象。在这个市场中进行的交易，并不是用两只肥美的鸡去换20根多汁的香肠，而是你主动地发出邀约，期望自己的特征和约会对象的特征能够互相匹配。如果一切顺利，那么两人会一起喝个咖啡来个快速约会，进而发展为共进午餐，然后升级为共进晚餐，再升级为二人的短途旅行，接着是共度良宵，再之后持续升温，升级为持续整个周末的二人旅行，以及共度更多的良宵，再往后就是与对方的父母或孩子见面、两个人搬到一起共同生活。不知不觉中，本来陌生的两个人走进了幸福的婚姻殿堂，或者彼此许下誓言要相伴终生……至少，在一定时期内双方都是这样打算的。

在本章中，我的目的并不是要告诉你何为找到生命中真爱的最佳方法，因为在这个问题上我并不擅长。我的任务是要告诉你，人们在婚姻市场上通过互换交易而成为配偶或伴侣的过程中，如何确保知晓彼此在亲密关系中可能获得的经济资源有哪些。

经济资源可以是正向的也可以是负向的。正向的资源包括常规资产、退休账户、房屋及其他不动产、车子、当前和未来的劳动收入、当前和未来的养老金、当前和未来的社会保障福利等。负向的资源可以是债务（例如抵押贷款、信用卡欠款或未还的学生贷款）、赡养费、子女抚养费、子女大学学费、父母赡养费、房地产的维护费用、未缴税款等。

当把讨论聚焦于金钱、亲密关系及婚姻上时，我并不认为金钱是唯一或决定性的因素。对大多数人来说，爱情的分量超越了金钱。但同时，我们人类也有爱上不止一个人的能力。把你的爱恋倾注在一位能给你提供更高生活水平的人身上，并不是一件让人羞愧的事情。

这么说吧，如果盖尔的收入是凯特的两倍，两人在其他各方面都完全一样，从金钱的角度来考虑，你应该选盖尔。你并不是唯一会如此选择的人，从古到今，面对这个选择，绝大多数人都会选盖尔作为伴侣。既然在这里我已经贸然替你做出了选择，那么就让我们继续深入探讨一下，找一个有钱的伴侣来托付终身有何益处。

如果能和自己结婚，你会有什么好处

结婚意味着与他人共同居住，从而获取共同生活所带来的经济效应。关于这一经济效应的力量，我们在前一章已经讨论过。结婚同时也意味着二人财务上的结合，所以婚姻必须能承担得起由此产生的重大代价。你如果能和自己的克隆体结婚，那么决定是否要结合这件事就容易得多了。没错，亲密关系会让人冲昏头脑，但是，当步入亲密关系时，你必须知晓关于伴侣的所有事情，才不至于陷入要在不确定的利弊之间权衡的尴尬境地。

我们可以用假想的克隆体婚姻来探讨婚姻的经济价值到底是什么，在这种假想中，我们不需要考虑夫妻双方在生活中重大选择上的差异等因素的影响，比如，关于如何装饰家里的窗户这件事上的分歧。为了简单起见，我先假设共享的生活在住房方面产生的经济效应是完美的，即夫妻二人共同居住情况下的住房成本和单人居住是一样的。至于生活消费的其他组成部分，我将继续沿用在上一章中所做的合理假设：两个人一起的生活成本是单独居住的1.6倍。

如果所有的生活必需品和服务消费（包括住房相关的服务）都是基于 1.6 这个系数，那么两个克隆体只要住在一起，他们的生活水平就会提高 25%。在本书后续的讨论中，我们还会继续将 25% 这个数值作为参照。

由于所谓的"婚姻税"的存在，夫妻二人结婚后的净税这个概念也值得提一下。也就是说，已婚克隆夫妇所承担的净税可以达到他们单身时净税的两倍以上。为了论证的方便，我们假设这个国家的每个单身的成年人都和自己结婚，在这种假设下，所产生的净婚姻税的平均水平将超过 4%。换句话说，如果在全美范围内都能实现克隆体婚姻，那么相对于一个所有人都保持单身的世界，平均而言每个人的生活水平将下降超过 4%。[①]

尽管有这个貌似不多但并非微不足道的婚姻税的存在，但大多数美国人的婚姻状况还是曾经在婚、目前已婚，或者未来将会结婚。65 岁及以上且从未结过婚的美国人的比例，只有 4.4%。对于 45 岁至 65 岁的群体来说，这一比例更高一些，为 7.5%。这组数据能折射出一种美国人越来越远离婚姻的趋势。即便如此，美国的情况和冰岛还是有本质上的区别。在冰岛，婚姻非常少见，而非婚同居则是普遍现象。

如果你和我一样，自以为对税务问题了解颇深，那么你可能会挠头不解："这家伙难道不知道，在联邦所得税的前 5 个税率等级中，针对已婚夫妇的税收是单身人士的两倍而已吗？几乎所有美国人

---

① 这一数字是由一组包括我本人在内的经济学家计算出来的，计算使用的所有数据都来自美联储进行的全美家庭调查。

都在这5个纳税等级之内。"说的没错。但是最后两个税级会导致大量婚姻税的产生，这会对一些家庭产生影响。联邦所得税中还有其他一些条款，比如替代性最低税也会对已婚情形区别对待。此外，根据现行法律，在2028年税法条款将恢复到2017年《减税和就业法案》实施之前的状态，也就是说届时婚姻税水平会比现在高得多。①

在州所得税和其所包含的收入相关每月调整金额税中，也有不利于克隆体婚姻的条款。收入相关每月调整金额税是一项高额的、与收入相关的附加费用，它附加于拥有联邦医疗保险的已婚人士的B部分保费中。你的收入相关每月调整金额是根据你两年前的调整后总收入计算出来的。你如果觉得，在今年要以你两年前的收入为依据来向你征税这件事很奇怪的话，那么请少安毋躁，因为它确实就是这么奇怪。收入相关每月调整金额税对高收入已婚人士的待遇也很奇怪：如果一对儿高收入的人结婚的话，他们组成的家庭就要被多征税。②

美国怪异的税收系统如果与各式各样的怪异的联邦和州福利计划相比较，就立刻相形见绌了。这些怪异的项目包括补充营养援助计划（SNAP）、联邦医疗补助计划、联邦医疗保险、奥巴马医改

---

① 婚后你确实可以选择单独报税，但结婚在个人税收成本方面的劣势是巨大的，相比两个克隆人结成的同居伙伴，结婚的克隆伴侣要付的税款要高得多。

② 如果你是单身并且两年前的调整后总收入在50万美元以上，那么你要多交近7 500美元的B部分保费。如果你已婚并且两年前的调整后总收入为75万美元，那么你和你的配偶每人每年所支付的保费与单身且收入超出你们总收入一半的人是相同的。

补贴、福利津贴、住房补助、托儿补贴和社会保障福利。这些项目所提供的大多数福利似乎对已婚人士并不友好。换句话说，如果两个克隆人结婚（尤其是低收入的克隆人），他们会因此丧失在这些项目上的部分甚至是大部分的权益。对于低收入的美国人来说，婚姻税所造成的在这些项目上的权益损失可达10%甚至更高。尽管婚姻税会对个人权益带来诸多的负面影响，但好消息是：社会保障计划这一最大的福利项目，实际上对于在婚和维持婚姻10年后再离婚的两种情形，都会提供额外的益处。我指的是在第3章中曾经讨论过的、社会保障计划中的配偶、离婚配偶、遗属和离婚遗属福利。①

现在我们已经知晓：与自己结婚会产生正向的经济效应，在税收福利等涉及国家财政政策方面则是好处和坏处兼具。因此你可能会问：到底该如何决定结不结婚呢？让我们以彼得为例来讨论一下这个问题。彼得今年30岁，居住在新墨西哥州，无子女。彼得的年收入为5万美元，并计划在67岁退休。他拥有一套价值15万美元的房子，每年的财产税、房屋保险和维护费用分别为1 500美元、750美元和750美元。彼得拥有一项相当于房屋价值8成的30年按揭贷款，按揭贷款的年利率为3%。除了房产，彼得的另一项资产是刚刚开始缴存的401（k）计划的账户，缴存规模是工资收入的3%，同时，他还会每月得到同等规模的雇主匹配缴款。他目前

---

① 如果长期同居伴侣生活在占比为绝大多数的、不承认未经法律程序的婚姻的州中，那么他们就无法享受到这些福利。即使是那些生活在承认未经法律程序的婚姻的州中的人，也可能会与这些福利无缘，因为所在州的法律往往设置有他们不能满足的、关于获取结婚相关福利的限制性很高的条件。

的常规资产为 16 666 美元，相当于他年收入的 1/3。

现在我们假设让两个都叫彼得的克隆体结婚。既然两个彼得可以完美地共享一模一样的房子，结婚后每个彼得所享受到的住房服务保持不变，那么也就是说，现在两人住在一起，彼得一家只需要支付一个按揭贷款就可以了。同理，他们现在也只需要每年交一份财产税，支付一份房主保险和一套房屋维护费用的账单。最后，他们卖掉了两套房子中的一套，搬到了一起去住，这就释放出了一套房子的资产净值。同时我们假设，他们打算在去世时把现在所居住的房子留给他们未来的两个孩子：和他们长得一模一样的两个小彼得。

解决了住房成本的问题后，他们的以可自由支配支出为代表的生活水平会发生什么变化呢？可自由支配支出指的是购买生活中所需的商品和服务的所有花销。单身状态时，每个彼得的可自由支配支出（即生活水平）为 25 703 美元。结婚后，他们的生活水平跃升至 34 792 美元。因为一个彼得花钱时另一个彼得会因为共享的经济效应而在某种程度上从这个事实中受益。换句话说，这是一个彼得的可自由支配支出在与另一个彼得共享的状态下，每个彼得的有效可自由支配支出。由此可见，单身彼得和已婚彼得的生活水平有 35.4% 的差距。如果两个彼得只同居而不结婚，这一差距会变得略高些，达到 35.8%，这一差异产生的根源是相对来说并不多的婚姻净税。

无论两位彼得是结婚还是同居，两人住在一起都会使他们省下不少的钱。仅仅通过共享资源，每个彼得的生活水平相较于单人居住时都提高了 1/3 以上。这种状态很好，前提是彼得二人不会因水槽里未洗的盘子这类琐事而大打出手。35.4% 的数字也代表了这对夫妇通过共同居住所实现的最大经济效应，以及通过把居所缩减为一处而创造的其他成本优势。

接下来，让我们考虑一下两位彼得三倍体相结合的情况，彼得三倍体意味着每个彼得的经济指标都被乘以了 3。在这种情况下，结婚带来的收益是 34.7%，未婚同居带来的收益是 37.4%，这表明三倍体结婚所产生的净婚姻税要比单倍体结婚的更高。①

那么，如果两个彼得二倍体彼此结合呢？这种情况下他们的收益是：结婚情况下为 34.3%，同居情况下为 34.8%。②

那么两个彼得六倍体结合所产生的收益是多少呢？结婚情况下为 36%，同居情况下为 41.7%。这些差异主要是由净婚姻税造成的，这表明对于富人来说，不结婚而只是共同居住可能在经济上是更优的选择。

以下是我们综上所述可以得出的主要结论：在其他条件相同的情况下，结婚或同居将使你和伴侣的生活水平提高 1/3 以上。当然，这也是一直以来几乎所有人都正式或非正式地与他人结合的部分原因。只要在共同生活的过程中彼此不至于杀了对方，分享真的会带来不少益处。

---

① 替代最低税可以在一定程度上解释为什么三倍体的净婚姻税较高，因为这个税种不成比例地影响高收入家庭，克隆体婚姻也受其影响。
② 这一计算不包括低收入家庭在结婚时所遭受的福利损失。因此，他们从婚姻中获得的收益很可能还要再低上几个百分点。

上嫁和下嫁

如果彼得半倍体和彼得六倍体结婚，然后他们住在六倍体的房子里呢？这种情况下，彼得半倍体能获得大幅的生活水平提升。与单身时相比，半倍体的生活水平提高了 5 倍，他的住房质量提高到了之前的 12 倍。与和自己一样的半倍体克隆人结婚的情况相比，与六倍体结婚后他的生活水平提高了 3.7 倍，而住房质量仍然是原来的 12 倍。

那么与半倍体结婚后，彼得六倍体的生活会发生什么改变呢？他会因此而吃亏。与单身时相比，他的生活水平下降了 22.2%，因为他需要补贴比他贫穷得多的配偶。与同另一位六倍体克隆人结婚的情况相比，与彼得半倍体结婚使他的生活水平下降了 42.8%。因此，当六倍体在爱上比自己财力差得多的自己时，他可能需要三思而后行了。

那么彼得半倍体有可能像灰姑娘一样，最终遇到心仪的王子吗？从经济角度来看，彼得六倍体会满足于如此下嫁？当然有可能！诚然，有确凿的证据表明人们的亲密关系会与收入水平相关联，换句话说，就是富人嫁给富人。这种现象不仅适用于收入水平这个因素，也同样适用于教育水平，受过高等教育的人倾向于嫁给受过高等教育的人。但是爱情，就像补偿差异一样，可以征服一切。此外，富彼得越富有，他们对经济角度上的下嫁就会有越少的顾虑。以彼得 50 倍体为例，可以说，他可能不太会在意与彼得半倍体或是彼得十倍体结婚所带来的财务上的风险。没错，与彼得半倍体结合，他的生活水平会因此而降低，但是仍然会维持在很高的水平，这种降低对他来说可能是无感的。

这就是为什么我们会看到"花瓶"丈夫和"花瓶"妻子，也就是收入低于平均水平但最终成为超级富豪配偶的人。"花瓶"配偶会用其他特质来弥补经济水平上的欠缺。如果你还没有看过，我建议你去把1964年的电影《窈窕淑女》找来看看，这部电影当年获得了奥斯卡最佳影片奖。片中奥黛丽·赫本饰演的、操着伦敦东区口音的卖花女伊莉莎·杜利特尔，遇到了赫赫有名的、衣着光鲜的语音学教授希金斯。希金斯打赌他能纠正伊莉莎浓重的口音，提高她的词汇量，最终让她能融入上流社会而不会穿帮。当然，之所以如此是因为伊莉莎俘获了希金斯的心。另外，伊莉莎当时也被一位叫作弗雷迪·恩斯福德-希尔的热衷追逐名媛的人所追求，希金斯和希尔之间的竞争是这个故事的一个重要底色，它让伊莉莎能在关系中占据主动，也让希金斯为得到她而支付了她的市场价格。对于希金斯来说，伊莉莎是集很多"妙不可言"的东西于一身的尤物，如果希金斯想要长久地与伊莉莎生活在一起，他就需要为得到她来谈谈价码。

有些人看不起这种"花瓶式"的关系。他们可能会说：金钱买不来真正的幸福（这话没毛病！）。但平心而论，一个亿万富翁同时可能也是一位理想伴侣，具备为对方提供情感支持、忠诚于对方、理解对方、对对方有耐心、倾听对方以及其他所有必备的能力。我们不应该仅仅因为富人富有就谴责他们。世界上一些最接地气的人同时又极其富有，这要归功于他们自己的努力和坚韧不拔，或者是出生在富贵人家的好运气。这些超级富豪把财富用在做好事上，而不只是过着一日三餐顿顿鱼子酱的奢靡生活。当然，他们也喜欢钱能买到的东西。至于伊莉莎，她可不是傻白甜，她知道她在希金斯那儿不仅能得到言谈举止的提升，还能得到更多的东西。

即使在前文例子中未来的彼得夫妇有着相似的收入，较低收入者专门抚养孩子，而较高收入者专门去工作赚钱也可能是最好的安排。一方抚养孩子而另一方挣钱养家的传统夫妻分工在经济上可能是最优的（在现代社会中，这种家庭分工与性别并无直接联系）。考虑到托儿相关的高昂费用，在孩子还小的时候，这种分工就尤其必要。事实上，对许多美国劳动者来说，托儿费用甚至超过了他们税后的收入。因此，在婚姻市场上，你如果在推销自己时，把自己定位为全职育儿师，那么你能挣多少钱这件事对于打造你的市场吸引力可能不会产生什么影响。在这种情况下，你与富人结婚的机会可能和与穷人结婚的机会一样大。

总之，底线是：如果你打算在婚姻市场中挑选一个同居伴侣或配偶，你也许需要选一个收入比你多得多的人。是的，在这段关系中你确实贡献的收入更少，但在对方眼中这可能根本不那么重要。你的魅力、学识、土味伦敦腔、亮丽光鲜、平易近人、智慧、才华、兴趣以及其他许多东西，都可能让一位你崇拜的人把你视为完美伴侣，当然，你崇拜对方也不仅仅是因为他们的经济实力。

戴上结婚戒指吧

如果与结婚相比较，同居能产生相同或更大的益处，那么结婚还有什么意义呢？与同居相比，婚姻有三个优势：一是可以帮助收入较低的配偶去抵御离婚带来的风险，二是收入较低的配偶有可能会因结婚而获得更高的社会保障福利，三是对于双方来说结婚都能极大程度地降低综合风险。

结婚的抵御离婚风险的作用会以赡养费的形式体现出来，这点我们将在下一章详细讨论，在此就先不赘述。那么婚姻在社会保障方面的好处是如何实现的呢？首先，结婚仅仅9个月之后，你就有了未来领取遗属福利的资格。其次，结婚仅仅一年后，你和你的配偶就都具备了未来领取配偶福利的资格。如果婚姻维持了10年以上，你就有了领取离婚配偶和离婚遗属福利的资格。正如我们在第3章中所讲过的，社会保障福利的计算公式决定了配偶福利只对那些收入很低，并且收入也远低于对方的一方配偶有用。同时，遗属福利对收入较低一方的配偶（或离婚配偶）有巨大的价值，前提是收入较高一方的配偶（或前配偶）先离世。

以一位假想的、居住在佛罗里达州的78岁的居民伯莎为例。她每个月都会从社会保障机构收到一张面额为1 500美元的支票，除此之外，她还会收到来自孩子们的一点儿钱。伯莎一直在和（同样是假想的）90岁的菲尔约会。菲尔很抢手，他健康状况良好、思维敏锐，开着一辆马自达Miata跑车，还是凯尔特人队的球迷。更重要的是：他每月收到的社会保障福利要比伯莎高得多，达到了3 000美元。对于一位90岁的老人来说，这已经相当高了。还有，菲尔一直等到了70岁才开始领取社会保障福利。

伯莎和菲尔已经稳定交往5年了。天气不太热的时候，他们会一起去游泳，不然就是一起打扑克、玩宾果游戏、参加读书会、打麻将，或者和其他几对儿相熟的情侣朋友一起玩猜字谜游戏。伯莎绝不可能想搬去和菲尔住在一起，菲尔也持相同的想法，因为他们两个人都很看重自己的隐私。但在菲尔眼中，伯莎绝对是他的心肝宝贝，因为伯莎经常会扮成歌手吉米·杜兰特的样子逗他开心，还会给他唱他最喜欢的歌手菲尔·奥克斯的歌。

最近，菲尔一直在担心自己会先死去而留下伯莎一个人孤单度日。在过去相处的几年中，他们一起过着惬意的生活，共享着每个月加起来有 4 500 美元的社会保障福利。但如果菲尔先一步敲响天堂之门，又该如何才能让伯莎继续保持她已经习以为常的生活方式呢？其实，实现这个目标的方法非常简单。

菲尔只需要慢慢地（要非常缓慢他才不至于跌倒）单膝跪下，拉住伯莎的手向她求婚。结婚后，菲尔还需要活上至少 9 个月，在那之后，他就可以放心地撒手人寰了。因为到那时他就可以确保自己死后伯莎的经济状况能保持稳定了——伯莎每月可以领到 3 000 美元的遗属福利。[①]

但是对于求婚这件事，菲尔一直心怀顾虑。因为他想把自己的房子和财产留给他的孩子们。伯莎也想用同样的方式来处置自己的资产。但这个目标很容易达成，菲尔和伯莎只需要各自起草一份婚前协议和一份遗嘱就可以了。另外，因为社会保障部门只关心你是否已婚，却并不关心你到底住在哪里，所以婚后菲尔和伯莎完全可以继续住在各自的房子中。

[①] 社会保障部门会将伯莎领取的这笔钱说成是伯莎自己的社会保障退休福利加上剩余的遗属福利，剩余的遗属福利等于菲尔的退休福利减去伯莎的退休福利。

正式结婚带来的第三个经济优势是风险分担。把共享生活产生的经济效应先放到一边暂且不谈，让我们通过彼得克隆体的例子来看看：结婚会如何帮助他们分担风险？如果他们结婚后岁月静好而且不会发生什么变故，结婚对分担风险这件事来说就没有任何意义。但如果他们不幸遭遇变故，他们就会回忆起结婚誓言中的"无论风雨，生死与共"这句话的真正含义，只要有需要，他们就要在经济上和生活上为对方提供帮助。

我们所有人都面临着彼得夫妇所面临的潜在风险：失业、丧失高薪的工作、投资失利、需要自付的意外医疗费用、保险不能赔付的财产损失、年龄歧视以及残疾等。婚姻可以抵御所有这些风险。如果一个彼得遭遇了不幸，另一个彼得就会来拯救他，反之亦然。比方说，一位彼得失业了，还有工作的彼得就会继续撑起他们两人的生活。两个彼得甚至可以通过在遗嘱中指定对方为受益人，以此来分担长寿带来的风险。这样的话，如果一个人比另一个活得长，幸存者就会有更多的钱来支撑继续生存的花销。同时，结婚也可以使受限于房屋的资产得以释放，因为幸存者将能够得到死者名下房屋的变卖所得。

彼得夫妇通过结婚获得的所有这些免费保险能值多少钱呢？根据我在各种研究中进行的计算，我的估算是每个彼得终身收入的1/3。换句话说，如果他们以牺牲未来收入的1/3为代价换取了这些结婚带来的免费保险，那么总体而言他们并没有损失。

难道彼得夫妇选择未婚同居的话就不能同样获得这些保险收益了吗？也许能，但并不能保证一定如此。如果健康的彼得照顾生病的彼得，但生病的彼得在临终前改变了遗嘱，将他所有的财产转让给了第三个彼得，那么如果要向这位新冒出来的第三者彼得提出法律诉求，作为同居伴侣身份的彼得可能比作为配偶身份的彼得面临的困难要大得多。

本章要点回顾

罗丝·肯尼迪的爱尔兰式冷幽默为本章提供了亮点。罗丝出生于富有的家庭。为了爱情，她嫁给了肯尼迪总统的父亲老乔·肯尼迪。这段婚姻来之不易。罗丝的父亲"蜜糖菲兹"菲茨杰拉德曾是波士顿的市长，所以他对肯尼迪家族很不以为然。随着乔的家境逐渐好转，以及罗丝锲而不舍的游说，"蜜糖菲茨"的态度终于软化了。经过7年的恋爱长跑，罗丝和乔终于结婚了，从此乔的财富规模也飞速膨胀。乔去世后，以今天的标准，罗丝成了亿万富翁。罗丝说得没错，在这个过程中她得到了"一点儿钱"。

不幸的是，将乌鸦变凤凰、搭上一位未来的亿万富翁当作目标是相当不靠谱的，这相当于期望天上掉馅饼。别说亿万富翁了，就是千万富翁也是少之又少。然而，百万富翁却是一抓一大把，在美国现在就有两千万个百万富翁，还有更多的百万富翁正在养成中，如果你愿意，你肯定能撞见其中一位。还有一种可能是你自己已经是百万富翁了，这意味着你可以在婚姻或伴侣市场上占据主动。

但是，即使忘掉能搭上百万富翁这件事，如果你与一个收入和你一样多的人结婚，那么共同居住也一定会让你的物质生活得到改善。现在让我来总结一下本章的精彩之处：

- 无论你是19岁还是91岁，只要你还单身，你就身处婚姻市场上。
- 进入婚姻市场意味着用你的长期陪伴来换取别人的长期陪伴。如果你和比你更有钱的人结婚，你的生活水平就会迅速得到提升。如果你和比你穷的人结婚，你就要明白此举将使你在生活水平上付出代价。
- 今天的婚恋网站就等同于古巴比伦的新娘拍卖场，在这个拍卖场中我们可以把自己的所有和别人的合二为一。这可不是一个只持续一小时、一天或一年的短期交易，你们将一直绑定在一起，直到死亡或离婚将你们分开。
- 追求物质上的幸福并不意味着你就是一个拜金的人。反之亦然，与一个更贫穷的人结婚也不会使你成为圣人。当你在寻找爱情的时候，一定不要忽略金钱这个因素。如果有人因为你的财富而崇拜你，请不要生气，有钱这件事有可能就是你最大的优点。
- 当你决定和某人结婚时，也就意味着，你已经决定为你未来配偶的一切买单，包括其资产（包括财务上的资产和实物上的资产）、赚钱能力（包括当下的和未来的）、负债（包括当下的和未来的）等。所以，在选择与谁坠入爱河时，这些都是你需要了解的关键因素。
- 无论你们是正式结婚还是同居，长期生活在一起就是最好的金钱魔法。当你们合二为一组成一个家庭时，没错，你们的生活水平就提高了至少 1/3。
- 婚姻胜过长期的未婚同居关系。虽然结婚可能意味着更高的净税额，但它带来了一系列有价值的、隐性的保险，婚姻的正式性和合法性有助于强化这些保险。对于收入较低的一方来说,婚姻还意味着重要的额外社会保障。因为离婚是非常常见的,所以一旦遭遇离婚,赡养费(尽管这点很不确定,也往往不尽如人意)可以为你提供一定的保护。

第7章 好聚好散——离婚时需要注意的事

> 婚姻是想象战胜了理智。再婚是希望战胜了经验。
>
> ——通常被认为是奥斯卡·王尔德所言

"无法跟他们生活,生活无法没有他们。"这句话是对美国人婚姻关系的完美总结。现在请从 1 数到 13。当你数到 13 时,就会有一段在天堂缔结的婚姻将在地狱终结(或至少遭遇失败)。这样的离婚率,相当于每小时有将近 300 对儿夫妻离婚,每天超过 6 000 对儿夫妻离婚,每周接近 5 万对儿,每年近 250 万对儿。[1] 在美国,大约有一半的婚姻以触礁而告终,并且,前车之鉴显然并不能成为后事之师:人们第二次婚姻的离婚率是 60%,第三次婚姻的离婚率是 73%。

这些数字高得令人震惊,但更令人震惊的是,没有人(至少在一开始的时候)认为离婚将发生在自己身上。如果在婚礼的当天去问任何一对儿准夫妇,他们未来是否会离婚,我保证没有人的回答是"是的"。经济学家把这种现象称为"非理性预期":人们集体性地相信一些他们本知道在集体意义上并不正确的事情。非理性预期充斥在生活的各个领域中。如果我们去问大学新生们对绩点的期望，几乎所有人的期望值都比大学平均绩点的历史统计水平要高。如果我们去问股票投资者他们所期望获得的回报，他们给出的平均答案将超过股票在历史上平均的收益水平。如果我们去问美国人他们是否比平均水平聪明，2/3 的人会给出肯定的回答。美国国家公共电台的节目《草原之家的陪伴》持续播放了几十年，主持人加里森·凯勒在节目中的开场白完美地影射了这种过度乐观的心态："欢迎来到沃比冈湖，这里所有的女人都很强壮，所有的男人都很好看，所有的孩子都超乎常人。"

在离婚这件事上，我的第一个关于金钱的秘诀是：先假设你自己婚姻的结果并不会比大多数人更好。这是一个残酷的事实。

假设你将遭遇婚姻破裂。

这句忠告显得冷酷无情，尤其是当它从我这样一个婚姻关系的狂热拥趸口中说出时。就在上一章，我还在大写特写婚姻可以带来的经济上的益处。但是，关于离婚的统计数据不会说谎，结婚确实是件有风险的事。当一件事情存在风险时，我们通常需要去看看最坏的情况是什么样子，并要据此采取措施着力防止这一情况的发生，这样至少可以减轻其可能带来的伤害。这就是我们要购买汽车保险、健康保险、房屋保险和人寿保险的原因。这也是我们要谨慎驾驶、健康饮食、时常检查家里的线路、过马路前要先左右张望的原因。就婚姻而言，最糟糕的情况就是两人永远分道扬镳并形同陌路。在本章中，我们的核心话题是如何尽可能避免离婚的发生，让我们先从一个更根本的问题开始：离婚真的值得吗？

你有多讨厌对方？

很多离婚都发端于不可调和的分歧。身体上吸引力的消退是一个重要因素。1/4 的离婚是由出轨、缺乏亲密感、对配偶的外貌生厌而引发的。还有 1/4 的离婚是由金钱问题、成瘾问题和家庭暴力造成的。剩下的一半大多是因为夫妻双方缺乏契合度，包括过早结婚或因为错误的缘由结婚。

毋庸置疑的是，如果你身处一个存在家暴问题的婚姻中，那么你应该及早脱身。无论是语言暴力、身体暴力，还是情感暴力，任何形式的暴力都是不可以接受的。只要不是因为家庭暴力而产生离婚的念头，你都不该草率地付诸行动。对于你的人生来说，离婚是最具经济破坏性的事情之一。如果你想离开你的伴侣去追求另一件金光闪闪的东西，那么请先确保那件东西是纯金的。如果你打算结束婚姻的原因，是你感觉自己受够了，那么你要意识到：你之所以有如此想法恰恰可能是因为在某些方面你做得还不够，比如，可能是你们的收入还不足以维持你期望的生活水平。所以在决定放弃之前，最好仔细考虑你对对方反感的程度。问问自己：你愿意在多大程度上牺牲目前的生活水平以摆脱自己的配偶。

假设你的答案是 30%，这就意味着关于以下所有东西的消费，你都愿意在数量上或质量上接受 30% 的降低，包括住房、度假、用餐、娱乐、衣服、汽车、医疗保健、洗牙、雪茄、美甲等你能想到的一切。生活水平下降 30% 会给你带来非常明显的感受。我可以理解，为了离开一位对你来说糟糕透顶的配偶，牺牲 30% 的生活水平也许是值得的。但如果离婚会让你的生活水平下降 35%

呢？那么继续与一个糟糕透顶的人生活下去的选项与离婚相比可能就胜出了。还有一种可能的情况：离婚只会造成 19% 的生活水平下降，而你愿意为离婚付出的代价是生活水平降低 30%。在这种情况下，你就没什么可犹豫的了，趁早离了吧！

简言之，在决定放弃婚姻之前，你应该：

做一个细致的离婚成本和收益的分析。

系统性地权衡离婚的收益和成本，这听起来似乎很难实现。谁说决定是否剪断神圣的婚姻纽带的标准，一定就是 30% 的生活水平下降呢？为什么不是 22% 或 39% 呢？

评估离婚带来的好处，与评估你可能从事的事业、可能接受的工作、可能购买的房子、可能长租的车，或者可能买的外套，在本质上没有什么不同。你会依据个人偏好做出选择。那件华丽的红色羊毛大衣真的配得上它那 300 块钱的标价吗？如果你最终买下了这件大衣，答案就是肯定的；如果你没有买，答案就是否定的。你做出最终决定的依据，是你对这件外套的感觉、它的价格和你的财力。也就是说，你会结合你的感觉和其他因素进行综合考量，最终做出购买决定。在这个过程中，无论你是否意识到，你都要先经过一个将拥有这件外套的确切收益与它的价格进行比较的过程。然后你会通过提出一个简单的问题，来得出这件外套对你的价值：我最多愿意为这件外套付多少钱？当我们把场景换成衡量离婚的价值时，这个问题就变成了：为了摆脱这段婚姻，我最多愿意出多少钱？

显然，自由远比一件外套更难估价。在你们有孩子的情况下，估价就会难上加难。孩子们因为你们离婚而受到的影响会是负面的还是正面的呢？有心理学家的研究表明，对于经历父母离异的孩子来说，如果父母能停止争吵，并且父母双方在离婚后都很快乐，孩子可以继续与父母双方保持接触，在生活中和经济上都感到安全，那么孩子在父母离婚后的人生中的表现就不会太差。但是，问题是：这里有很多的"如果"。尽管事实上存在如此多的不确定性，但大多数离婚的父母普遍相信自己的孩子会好起来：他们会适应的，他们很有韧性，没有了失败婚姻带给他们的紧张感，他们会更快乐。平均的情况可能会是如此，但对你来说重要的是自己孩子的反应，而不是平均情况如何。他们会在学业或社交上遇到麻烦吗？他们会因此经历焦虑、抑郁，从而酗酒或吸毒吗？当离婚牵扯到有孩子的情况时，对孩子们可能产生的影响无论是好是坏，你都需要像关注离婚对你本人的影响一样关注它们，并将其纳入决定是否离婚的考量中。

假设你已经计算出了答案，在综合考虑了包括对孩子的影响在内的所有因素之后，如果离婚对你生活水平的影响不超过30%，你就会选择结束这段婚姻。现在你需要知道的是：如何去计算离婚的具体成本，你需要对共享生活的经济性进行仔细考量。

共享生活的经济性对于离婚的成本影响巨大

让我们从最好的共享情形开始讨论。假设你和你的配偶道格，也就是那位糟糕透顶的人，能够以如同一个人生活一样低的成本共同生活在一起。在这种假设下，结婚后你们共同花的每一分钱，都会给双方带来同等的好处。如果道格买了一件衬衫，你也可以穿。如果你买了一辆车，他也能开。如果你买了一个苹果并吃下了它，道格不知通过什么方式也能吃到那个苹果（道格可能喜欢吃别人吃过的东西，这也许是你忍无可忍想要结束婚姻的原因）。

要比较离婚后的生活水平与结婚时的生活水平，你该如何去进行计算呢？在这种假设下，这个计算很简单。假设在可持续的前提下，你和道格每年共同花费10万美元（经通胀调整后），这意味着你们结婚前的生活水平是每人10万美元。为什么？原因很简单：道格的消费就是你的消费，你的消费就是道格的消费。但你们一旦离婚，分享就停止了。假设你离婚后的财产（包括你从道格那里得到的任何东西减去你给他的任何东西）仅能支持你进行每年4.5万美元的消费，这意味着你的可持续的生活水平在你走出家门的那一刻，就从10万美元降到了4.5万美元。这可是55%的巨大降幅。我们假设为离开道格你愿意承担的最高代价是损失掉35%的生活水平，而这次离婚会让你付出的代价为55%，那么结果就是你会放弃离婚的念头，而继续和他一起生活。

但是在现实世界中，你们两个人共同生活的成本不可能真的像一个人生活那么低。道格身高6英尺[①]5英寸[②]，而你身高5英尺3英寸，你们不可能共用衣服。不管他说什么，你都不可能与他分享同一个苹果。你们也不能合用一辆车，因为你们都需要开车上班。对于很多其他的东西，你们也不可能共享。因此，假设你和道格共

[①] 1英尺=0.3048米。——编者注
[②] 1英寸=2.54厘米。——编者注

同生活的成本相当于单独生活情况下 1.5 人的生活成本，因此需要将这 10 万美元的共同支出除以 1.5，即在婚状态下你的个人生活水平为 66 666 美元，而你们合住在一起的共同支出为 10 万美元，共同生活的婚后生活水平与单身状态下挣 66 666 美元相同。现在你只需要比较一下继续维持婚姻的 66 666 美元和离婚后的 45 000 美元，这意味着离婚后重回单身会使你的生活水平下降 32.5%。因为这个结果低于你 35% 的心理价位，所以你应该和道格说再见了。

什么才是一个正确的共享生活水平系数呢？共享生活状态下（假设住房可以完全共享）关于住房支出的系数，我会用 1 来表示。对于所有的非住房支出，我认为 1.6 的系数是合理的。所以要计算你结婚状态下的生活水平，你需要用你的住房支出加上你的非住房支出除以 1.6 的结果。①

现在让我们回过头来，把这个简单的数学运算应用于你和道格的例子中。假设在你 10 万美元的婚姻支出中，有 1/3（也就是 33 333 美元）为估算租金，把它和你的非住房支出 41 666 美元（66 666 美元除以 1.6）相加，结果是 75 000 美元。这个数字就代表了你现在的婚姻生活水平。如果你离婚了，离婚后的 45 000 美元的生活水平则比在婚状态下降低了 40%。结论是什么呢？根据这个精确的计算，离婚对你的打击实在是太大了，大到你无法接受。所以，从经济角度来看，趁早与跟道格说"再见"的念头说再

---

① 如果你是租房的话，你的住房支出就是你交的房租和水电费。如果你自己有住房的话，你的住房支出是你的估算租金（参见第 5 章中估算租金的计算方法）加上你的水电费。

见吧。你应该继续维持这段婚姻，事实上，你应该全力以赴去维持，甚至不惜再举行一场婚姻的宣誓仪式。

以下是前文的要义所在：

在计算离婚的成本时，你需要把经过仔细计算的共享生活的经济性考虑在内。

下面是一个警告：如果你离婚了，你再婚的概率是 1/4。如果你能够再婚的话，在某种程度上，你可以弥补前次离婚造成的共同生活经济性上的损失。但请记住：你的第二次婚姻能得以持续、不再以离婚告终的概率只有 60%。也就是说，你离婚、再婚并能长期保持婚姻状态的概率只有 15%。再婚从来都不是十分稳妥的，所以为了安全起见，你应做好在离婚后长期保持单身状态的准备。

赡养费怎样才算公平？

这一章的重点是帮助你判断离婚是不是一个明智的财务选择。你的目标是：不留在一段本应该退出的婚姻中，也不退出一段本需维持的婚姻。不去买不该买的东西，你就会变得更富有；同理，无论是离婚还是继续维持婚姻，不去做的原因都是这样做的成本超过了这样做能带来的价值。

但是，事情往往不是这么非黑即白的，它甚至常常会出现自相矛盾的情况。除非你知道自己会得到多少赡养费（除了孩子的抚养费，通过私下协商或离婚判决而确定的前配偶需要支付给你的钱），否则你将无法得知离婚是否值得。但悖论是：直到离了婚，你才会知道你是否能够得到以及到底会得到多少赡养费。假设你是克洛伊，在年轻时把大部分时间都用来抚养孩子和操持家务，从而保证配偶哈里的教育和事业不受影响。现在，在结婚25年后，高收入的哈里移情别恋了，他因此想要结束你们这段婚姻。如果同意与哈里离婚，你能得到多少赡养费呢？

这取决于你们在哪个州甚至哪个县提出离婚。赡养费和子女抚养费的问题不在联邦法律的管辖范围内，只有州和地方层面才有此类的法律条文。你可以在相关网站上看到，州法一般都会规定：确定赡养费时应该考虑婚姻的持续时间、配偶双方的收入差异、婚姻期间的生活水平、孩子抚养权的归属以及孩子的抚养费等多项因素。但是，这些法律只提供准则而并没有提供计算赡养费的精确公式。最后，每个州都把赡养费是否合理以及多少钱算合理的问题留给了家事法庭的法官来决定。也就是说，95%左右的离婚案都是庭外解决的。这个事实从一个侧面反映了法律费用的高昂程度，同时也反映出存在着一种观念，认为法官会根据所在州的规范来裁定关于赡养费的问题。

一般来说，赡养费的确定涉及对婚姻期间获得的资产和债务的平分。因此，如果你的"准前夫"在你不知情的情况下背负了巨额的债务，你最终可能也会有一大堆债务要去偿还。另一个常用的确定赡养费的标准是：你结婚的时间越长，赡养费给付持续的时间就越久。在这一点上，有些州要比其他州慷慨得多。

如果你是接受赡养费的一方，要注意的是：如果你再婚了或与他人同居了，不管他们挣多少，原来支付给你的赡养费就可能会突然终止。事实上，如果你再婚了，你有可能会受到双重打击：对方

第7章 好聚好散——离婚时需要注意的事

不再需要继续向你支付赡养费,你也无法领取社会保障中的离婚配偶福利。[1]更糟糕的是,如果你在60岁之前结婚,而恰恰在上次离婚后你的前任去世了,你就无法领取社会保障离婚遗属福利。离婚配偶和遗属福利中对于再婚者的这些限制,是社会保障体系中并不鲜见的存在高度性别歧视的条款的一部分,这些条款我们在第3章中提到过。你的赡养费也可能在你的前任决定退休时终止,这取决于你在双方和解协议中同意的附加内容或者法院裁定的离婚协议中的修改内容。我们可以把以上论述作为一个秘诀:

> 同居可以终止赡养费,再婚可以终止赡养费和社会保障离婚配偶福利,60岁以前再婚可以使你与领取前配偶的社会保障离婚遗属福利无缘。

你期望得到多少赡养费?

关于一个人可能收到的赡养费,各州关于强制性支付金额的规定有很大的不同。让我们从马萨诸塞州看起。该州在2011年颁布了新的离婚指南,这个指南的制定参考了著名的金斯伯格公式。该公式由现已退休的、米德尔塞克斯县"遗嘱和家事法庭"的法官爱德华·M.金斯伯格颁布。马萨诸塞州的法律涉及关于一般期限(定期)赡养费、恢复性赡养费、偿付性赡养费和过渡性赡养费的

---

[1] 如果你与新配偶离婚或新配偶死亡,你因再婚而失去的领取前配偶社会保障福利的权利将会恢复。

内容。[2]

一般期限赡养费是我们最容易理解的一种，也就是配偶一方在一段时间内（如果不是无限期的话）定期向另一方支付的赡养费。恢复性赡养费是短期的，目的是帮助另一方配偶提高他们的收入水平。补偿性赡养费用于补偿另一方配偶做出的特殊牺牲，比如曾经放弃自己的事业以支持配偶发展自己的事业。过渡性赡养费适用于短期婚姻，以帮助收入较低的配偶返回婚前的居住地和住所。

让我们看一下依照马萨诸塞州的法律，哈里和克洛伊的离婚赡养费会是多少。哈里和克洛伊现年都是60岁，他们已经一起度过了25年美好的丁克婚姻生活。可是就在上周，哈里带回来了一个爆炸性消息：他遇到了一位令他神魂颠倒的女士，所以他想结束与克洛伊的婚姻，去追寻他的真爱。哈里每年挣12.5万美元，而克洛伊每年挣2.5万美元。假设他们要分割资产，根据马萨诸塞州的法律中关于赡养费的指导原则，克洛伊每年将得到3.5万美元，也就是他们二人之间10万美元收入差距的35%。

有几个州，比如得克萨斯，则参照了"三三三"的规则。它们会把哈里和克洛伊的收入加起来，1/3用来交税，1/3判给哈里，1/3判给克洛伊。

因此，依照这些州的法律，克洛伊能拿到的赡养费将是15万美元的1/3减去克洛伊2.5万美元的收入，即2.5万美元。这比克洛伊在马萨诸塞州能得到的少了29%。在这个案例中，如果根据金斯伯格公式计算赡养费，结果将是41 667美元。美国婚姻律师学会有自己的计算公式，按照他们的公式计算，哈里需要支付给克洛伊的赡养费为3.25万美元。如果是在亚利桑那州的马里科帕县，赡养费将被定为 2.85 万美元。加利福尼亚州的圣克拉拉县则会将赡养费定为 3 万美元。堪萨斯州约翰逊县会认为 23 500 美元是合适的。

你应该已经明白这里我想说的要点。让我们也把它当作一个秘诀：

> 如果你想要得到一个公平的赡养费结果，那么你应该小心选择在哪个州或县居住。

此外，这个地理位置的选择需要尽早被做出。如果哈里和克洛伊住在得克萨斯州，但克洛伊想在马萨诸塞州申请离婚，那么她需要先成为马萨诸塞州居民，而成为马萨诸塞州的居民则需要在此州住满一年的时间。如果克洛伊获得了马萨诸塞州居民的身份，而哈里仍然住在得克萨斯州，哈里可能已经在"孤星州"（得克萨斯州又被称为"孤星州"）提出了离婚申请，即使还没有，他也仍然可以在该州提出离婚申请。在这种情况下，两个州的法官将共同决定离婚案的受理地点。一般情况下夫妻二人共同生活时间最长的州可能会被选中，但这里的关键词是"可能"。去雇一个不错的离婚律师可能会使结果迥然不同。

关于赡养费给付时间问题的详细论述

赡养费的给付能持续多长时间呢？让我们回到哈里和克洛伊的例子，假设他们住在马萨诸塞州。根据马萨诸塞州的离婚指南，如果婚姻存续时间少于 6 年，赡养费给付的持续时间应该是他们婚姻存续时长的50%；如果婚姻存续了6~10年，那么赡养费给付持续时间则须按照婚姻存续时长的60%来计算；10~15年，为70%；15~20年，为80%；20年以上（哈里和克洛伊这对伤心的夫妇所处的情况），赡养费的给付则必须是永久的。然而，这里所说的永久不是真正的永久，而是直到哈里达到社会保障部门规定的退休年龄为止。因此，如果你的配偶收入比你高，那么你多等一年再离婚，你能获取赡养费的持续时间就会少上一年。

由于法定退休年龄是67岁，如果两人在马萨诸塞州离婚，哈里就需要支付27年的赡养费。用27乘以每年的3.5万美元，哈里需要支付给克洛伊的赡养费总额为87.5万美元。但如果哈里和克洛伊居住在得克萨斯州，该州法律规定，存续5年以下的婚姻离婚时是无需支付赡养费的；如果婚姻存续了10~20年，赡养费给付的持续时间是5年；20~30年的婚姻是7年；超过30年的婚姻是10年。由于哈里和克洛伊才结婚25年，在得克萨斯州哈里只需要支付7年的赡养费。7乘以2.5万美元就是17.5万美元。因此，如果这对夫妇在得克萨斯州离婚，那么克洛伊可能只会得到她在马萨诸塞州可得到的终身赡养费的1/5！

想象一下，如果哈里和克洛伊在结婚后的第9年364天正式离婚，距离达到按照社会保障部门规定，可以领取离婚福利金和离婚遗属福利金所需的10年婚姻存续要求还差一天，那么这对克洛伊来说是雪上加霜。因为在得克萨斯州她能得到的赡养费已经少得可怜了，这种情况下，她能领取的终身社会保障福利也会少上许多。

这里我要告诉你的是：

离婚不要太早，也不能太晚。

除非你的配偶想再婚，否则在社会保障方面并没有关于离婚的法律强制要求。克洛伊应该尽量把离婚推迟到婚姻存续10年之后，只有这样她才有资格领取社会保障离婚福利。同时，延长离婚的等待时间也可能会使得最终裁决的赡养费数额更大和给付时长更长。但另一方面，克洛伊也需要在适当的时候加快进程，以便在更长的一段时间内都能定期拿到赡养费，因为再过7年哈里就要满67岁了。

对于哈里来说，等婚姻存续10年再离婚的动机也是存在的。任何能够帮助克洛伊的事情都会在一定程度上减轻哈里在离婚后持续支持她的压力。但另一方面，哈里可能想要尽快离婚以便能掌控他需要支付的赡养费数额。

以离婚告终的婚姻平均存续时间为8年。大约12%的离婚发生在结婚后5年内。大约1/4的离婚发生在10年内。因此，几乎1/4的离婚都可能涉及一方配偶放弃长期的社会保障离婚配偶福利以及潜在的离婚遗属福利的情况。之所以如此，有很大的可能性是他们根本没有意识到他们本来是可以享受这些福利的。

雇用离婚律师可能是高成本和高风险的行为

如果你和你的现配偶决定离婚，并且马上各自聘请代理律师来和对方交涉，不管受雇于哪一方，所有参与其中的律师都会因此高兴得摩拳擦掌。你们给了他们发动一场离婚大战的强烈动机：这场战斗持续的时间越长，他们收取的律师费就越高。几个月或几年过去了，你们会发现律师费账单上的天文数字与离婚带来的巨大经济损失叠加在一起，叫你们苦不堪言。最后，你们的离婚争议可能会在家事法庭得以解决，在那里，法官基本上有无限的权力来决定什么是公平的赡养费解决方案。

法官可以也确实会选边站队。和其他普通人一样，他们也可能带有某些根深蒂固的偏见，包括沙文主义、种族主义、宗教偏见和政治倾向。当你们站在法官面前时，法官很有可能会在取证过程中了解你的情况，甚至直接向你和你的家人发问，去探究以下信息：你的收入、资产状况、消费习惯、赌博与否、整容史、买了什么有线电视套餐、饮酒习惯、是否有婚外情、健康状况、育儿技能、工作经历等，他们丝毫不会顾及哪些信息被你视为绝对隐私。

如果一直以来你无视配偶和孩子的存在，周末大多是在昂贵的乡村俱乐部中打高尔夫球，法官就可以判定你是一个混球（毫无疑问，你就是个混球），而让你支付更多或获得更少的赡养费。如果与你的配偶相比，你在服装、私人物品和水疗等项目上花费了在法官看来过多的钱，那么在赡养费的判定上你很可能会处于不利地位。一些法官可能就是不喜欢你的长相、你的风格、你的态度，或者你的职业，这完全是有可能的。

很多年前我曾参加过一场令人沮丧的离婚审判，两位当事人都是我非常要好的朋友，丈夫是位经济学家，妻子是位律师。我去法庭其实不是为了站队，因为这两人中有一个人非常希望我能够到场提供些精神上的支持。审判是在持续了一年的旷日持久的离婚诉讼之后进行的，这个诉讼过程包括多次的单独会面和联合会议，而所有这些都是由顶级（高价）的律师促成的。

法官让这位丈夫出庭做证，并立即开始询问他的工作情况，当法官发现他在哈佛法学院教授法律经济学后，事情就开始变得有些疯狂了。这位法官显然不喜欢经济学家，更不喜欢那些自以为能教法律的经济学家，尤其是不喜欢来自哈佛的经济学家。法官开始对我的经济学家朋友穷追不舍，用各种各样与离婚纠纷无关的问题狠狠地对他狂轰滥炸。当最后做出判决时，法官基本上就是站在了妻子那一边。但是，即便经历如此周折，判决结果也显然是在这对夫妇从一开始就能达成的范围内的。两年的时间，他们花掉了不少律师费，这对双方来说都没带来多大益处，但是当初双方都没能抵挡住律师的游说。这对夫妇最终得到的实际结果，远比当初律师们所宣称的、他们能帮助达成的结果要差得多。

那么该总结的教训是什么呢？

一定要避免打昂贵的离婚法律战争，这场战争可能以法官的武断裁决而终结。

如果你和你的配偶都不请律师，那么怎么样才能完成离婚呢？第一种方案是借助专业的商业软件自己解决。第二种方案是聘请一位离婚调解人，离婚调解人可以和你们双方一起处理所有关于离婚的文书工作。调解人还会告诉你们，如果你们之间发生了法律纠纷，你们可以采取哪些处理方法。这将帮助你们双方快速地认清：如何向对方提出要求才是合理而现实的。但是，在采取上述行动之前，你们需要先确定一个公平的赡养费解决方案。这就引出了我们要讨论的下一个话题……

什么是公平的赡养费协议？

无巧不成书，主持我朋友离婚判决的地方法官，就是在前文中提到的传奇法官金斯伯格。因为当时我正在考虑开发一款能帮助离婚夫妇达成公平的和解方案的软件，所以在得知我的两位朋友要离婚之前，我就已经对金斯伯格的赡养费计算公式有所了解了。他们的案子最终会落在金斯伯格手里这件事很出乎我的意料，但是妻子一方的律师对此却不觉得意外，似乎事情朝这个方向发展是他早就安排好的。尽管如此，我还是感到很惊讶，因为金斯伯格法官给出的判决结果与金斯伯格公式相去甚远。另外，这位大法官根本无法控制自己的个人情绪，这点也让我感到颇为吃惊。

金斯伯格法官的公式以及赡养费判定在全美范围内差异如此巨大这两件事激起了我的好奇心。我也很想知道这位大法官到底是如何得出他的公式的，他是通过数学方法推导出来的吗？还是就是一把从屁股底下掏出来的？法官的公式和州、县关于离婚赡养费的判定是否存在一个原则性的基础？为什么仅仅因为人们生活在州界的这一边或那一边，关于公平对待离婚双方的观念就会有如此巨大的差异？

我十分好奇，于是联系了金斯伯格法官，告诉他我观看了庭审并有一些问题想请教。我们相约一起吃了顿午餐，并进行了一场非常有趣的谈话。到最后，我可以得出明确的结论：法官的公式是根据他多年以来裁决的案例以及他本人关于公平正义的总体认知推导出来的，他并没有遵循某个关于公平的指导原则。而且，至少在我看来，他的经验法则在大多数情况下都过于粗糙，无法帮助人们实现真正的公平。

午餐结束后,我对金斯伯格法官是否会对经济学家的印象有所改善这件事表示怀疑。不管怎么说,在谈话中我还是向他建议:设定赡养费的正确方式是要实现夫妻双方离婚后能维持平等的生活水平,并可以根据谁的工作时间更长或者谁更努力、双方的最大剩余寿命、谁担负抚养孩子的主要责任、对婚姻家庭的态度等多方面因素来进行适当的调整。

金斯伯格法官表示我提出的方法听起来很有趣,但同时他也很自信地断言:使用他的方法和我的方法一定会得出近似的结果。我敢肯定的是,所有州、县制定具体赡养费准则的人都会和金斯伯格法官有同样的想法,都会认为他们的解决方案基本上对每个人都公平。但事实是,由于他们使用的公式和规范之间的差异如此显著,无论"公平"是如何定义的,他们促成的结果不可能都公平。

此外,不管是正式的还是非正式的指导原则都存在着两个大问题。第一,公式和规范都不是针对明确的目标而设计的。因此,没有理由认为它们所得出的赡养费方案是合理的。第二,他们肯定忽略了对一些基本因素的考量。如果你知道被忽略掉的是哪些因素,你就可以把它们重新纳入考量范围,从而得出一个更好的解决方案。

如果你和你的配偶最终能提出一个双方都觉得公平,并且法官也认为公平的方案,事情就圆满解决了。因此,我的建议是:在引入任何第三方之前,你们先试着自己制定一份暂时的离婚协议,因为只有你们自己才会真正把你们双方的最大利益当作重中之重,第三方并不会这样为你们考虑。之所以说这份协议是暂时的,是因为你们在定稿前需要和离婚问题方面的专业人士最后核实一下。这个专业人士可以是离婚调解人，也可以是律师。你们双方都可以向他们咨询，以确认你们都完全理解对方要提供的和可接受的条件，并且确保这并不是一份能设身处地理性思考的人都会避免达成的协议。

什么才是合理的赡养费方案要实现的目标呢？肯定不是完美复制你现在的生活方式。考虑到婚姻带来的所有经济上的优势，离婚意味着你们将不再能负担得起在婚姻存续状态下同样的生活水平。如果你们刚刚结婚两周，那么你们应该带上各自的弹珠游戏，分别去阿拉斯加度一个月的假以便能被视为当地的居民，然后再在那里提出离婚。一个更快的选择，是在美国的海外领土关岛申请离婚。如果选择在关岛离婚，你们甚至不用实际踏上关岛的土地就可以如愿以偿。[3]

现在让我们假设，你们已经结婚 30 年了。此时，你们已经共同做出了多种彼此互利的投资。实际上你们之间已经达成了财务合作伙伴关系，在这一点上，拥有共同财产法的 9 个州也都持有相同的立场。这 9 个州的法律都有明确的规定，在两人离婚时，婚姻期间获得或产生的所有资产和负债，应在夫妻双方之间平均分配。这 9 个州以外的其他各州的规定是：夫妻双方的总资产应在"公平分配"的基础上进行分割，这意味着双方可以对此进行协商。那么未来劳动收入上的差异呢？这恰恰是关于赡养费决策的关键因素。

再次以哈里和克洛伊为例，对于哈里未来的劳动收入，克洛伊是否拥有同等的权利呢？我们先假设答案是肯定的，也许是因为在哈里还在上职业学校的时候，克洛伊舍弃了一个从事高收入职业的学习机会，以避免家庭出现债务；又或者是因为克洛伊不得不从事一份收入较低但很稳定的工作，从而能让哈里在一个回报更高的职业上赌前程。

哈里也可以选择直接把他未来劳动收入的一半分给克洛伊。但这样真的就公平吗？离婚后，哈里将不得不去支付更高的税款。另一方面，虽然离婚后哈里的社会保障福利收益更高，但是这对于低收入的克洛伊也有好处。在结婚这么多年后，克洛伊已经满足了获得离婚配偶和离婚遗属福利的必要条件。但是如果夫妻双方的年龄相差较多，情况就会变得更加复杂。把资产在年轻的配偶和年龄大得多的配偶之间进行平均分配，可能意味着年轻配偶余生的生活将过得很惨淡，而年长的配偶余生的生活将要从容得多。这是为什么呢？因为年轻的配偶必须把钱分摊到更多的年份中去花。

我对离婚的建议

无论你们离婚前婚姻存续了 30 天还是 30 年，我的这个建议都成立。我给出的建议是，做出离婚决定后要做的第一件事，就是关于以下问题达成一致意见：双方离婚后的生活水平维持在什么比例上才算公平。如果你们已经结婚 30 年了，你们可能会同意 1 比 1 的比例是合适的。换句话说，夫妻双方在达到最大年龄之前都能够维持相同的生活水平。如果你们结婚刚满 30 天，你们可能会同意离婚后双方生活水平应该精确地保持在你们结婚前各自的水准上。如果你们已经结婚 12 年，你们可能会同意 1.5 比 1 的比例是合适的，也就是收入更高、工作更努力的配偶一方离婚后的生活水平比收入更低的配偶高出50%。

当你们在这个关于公平的问题上达成最基本的共识之后，再去计算一下，在没有任何赡养费的情况下，各自在达到生命最大年龄之前有多少钱可花。假设你们所有的净资产都可以被转化为现金（例如把房子卖掉），并且你们双方各收到一半。在这个基础上，加上未来的净收入（税后），再加上社会保障福利和其他未来收入的现值。下一个步骤是，用前述各项之和减去未来将分配给双方的高优先级支出，比如未来孩子上大学的学费（将未来的所有金额换算成今天的美元现值后再把各项相加）。

接下来，用你一生的净资产（你们共同的资产中属于你的那一部分，加上你未来的劳动收入及其他所有未来收入，再减去你未来的纳税额和必须支付的所有未来支出）除以你剩余寿命的最长年限。

经过以上的计算，你们每个人都会得到一个数字，这个数字代表着离婚后你们各自生活水平的暂定金额。如果你们双方暂定金额的比例与你们此前达成一致的比例不相符，你们可以尝试从支付人的终身净资产中减去不同的金额作为年度赡养费，并把它添加到受款人的终身净资产中，重复这个过程，直到得出的年度可持续生活水平比例与你们之前达成共识的比例相等为止。

通过以上过程，一旦你们算出了可以使双方可持续生活水平达到一个公平的比例的赡养费金额，你们就要考虑进行进一步的调整了。你们可以根据每个人将要工作的时间长度，来决定什么是公平的。或者你们也许会同意，接下来工作压力更大、工作时间更长的

第7章 好聚好散——离婚时需要注意的事 211

一方，应该享受到相对更高的生活水平。现实情况有可能是一方在短期内需要更多的现金来买一套房子，而另一方要租房住上一些年；也有可能是一方想在退休账户中多存一些钱，但没有足够的流动资金。给缺乏流动性资产的配偶分配更多的资产但把赡养费相应降低，这一方就可以在不影响另一方福祉的情况下生活得更好。此外，任何降低一方未来税收的举措都将使得双方将来有更多的钱花，这可以通过调整赡养费，使双方的相对生活水平回到目标比例来实现。

如此谈判的美妙之处在于，在你们陷入如何实现公平的泥潭之前，不需要支付任何律师费和判决费，你们自己就已经先弄清楚了什么是公平。一旦你们对合理的赡养费数额有了大致的把握，你们就会立即开始一起制定提高各自离婚后生活水平相关的措施。每一点改善都会让你们俩未来过得更好。

现在让我们来总结一下达成公平友好的离婚协议的秘诀：

就双方相应的生活水平达成一致，然后确定赡养费或其他资产的分配方案，以实现同时让你们双方都尽可能获益这一结果。

自己设计离婚协议时还要注意一件事：你们要把可能发生的意外情况都想一遍。如果赡养费的支付人死亡、残疾或失业了怎么办？以上任何一种情形一旦发生，都将危及未来赡养费的支付和收取。一种可能的解决方案是，支付人通过购买人寿保险和伤残保险为受款人提供保护。这些保险的成本则需要作为支付人最优先支付的费用，在计算支付人的生活水平时，你们也要把这些成本考虑在内。在支付人因不可控制的原因而不能支付赡养费的情况下，该协议也应该能够被重新协商。

婚前协议对于离婚的意义

婚前协议基本上就是提前制订的离婚协议，因为婚前协议所约定的就是如果你们离婚了会怎么样。只有大约 10% 的情侣在说"我愿意"之前会签订婚前协议。我的建议是：你们如果决定要结婚，就要成为这 10% 中的一分子。颇具讽刺意味的是：婚前明确说明离婚后会发生什么，恰恰可能会防止你们未来离婚。

假想一下你未来的妻子南希想让你支持她读完殡葬学校，这需要花费 4 万美元。她还想要你和她共同投资购买一辆价值 5 万美元的卡迪拉克 XTS 作为灵车。她对你说，这辆灵车可以兼作露营车，因为灵车后面有足够的空间睡觉。对了，她还想和你共同出资去买一辆价值 6.5 万美元的房屋拖车，这辆拖车可以兼做殡仪馆。她的计划是把拖车挂在灵车上，让葬礼变为一个可移动的仪式。葬礼仪式结束后，参加葬礼的人可以在墓地现场就地下车。

要满足南希以上的所有请求，你需要借很多钱，你自然会心生犹豫。如果南希在你的协助下完成所有这些投资后，你们两个人的婚姻结束了该怎么办呢？你可不想离了婚还继续背负着南希的学生贷款、灵车贷款和房屋拖车按揭贷款等这些负担。这就是婚前协议能帮上忙的地方了。你们可以在婚前协议中约定，一旦你们离婚，如果灵车、拖车和剩余的遗体防腐剂的变卖所得不能覆盖所有与南希从事殡葬事业相关的借款，那么需要偿还剩余部分借款的是南希而不是你。你仍然会是贷款的签署人，但南希会慢慢还清这些借款。

经过多次的讨论，你和南希共同起草并签署了这份不同寻常的婚前协议。之后发生的事情证明，这真是个英明之举，你有所不知的是，南希工于算计，是个不停做优化的人，在和你结婚时，她就有一个备份计划：和麦克墨菲殡仪馆的富家子弟私奔。（这个殡仪馆的标志性特色，是它的霓虹灯招牌上一直闪烁着的一行字：随时恭候！）

你的婚前协议里还可以约定些什么呢？你可能想要约定，离婚时你那1951年产的捷豹XK120、你那价格不菲的火锅、你珍爱的游戏机Xbox、你的12弦吉普森SG电吉他，还有你心爱的吉娃娃吉吉，都要归你所有。

那么你的存款、退休账户或者你拥有的房产呢？你能在婚前协议中约定对它们的权利吗？完全可以。这就是签署婚前协议的主要目的：让特定的财产免于在离婚时被分割，让你能有权随心所欲地处置它们。这种协议在你人生过半后进入第二次或第三次婚姻，同时你还有来自前一段婚姻的孩子时尤其有用。在这种情况下，如果没能活到把总资产花光的那个年龄就要去世了，你可能想把它们留给你的孩子。这里，我想再次强调：在婚前协议以及遗嘱中写明这些东西很有必要，它可以让你和前任的孩子与你的新配偶之间，以及你的新配偶以前的孩子与你之间，不会在经济上感觉别别扭扭。

这就引出了本章最后一个关于离婚的建议：

签署婚前协议是个好主意。 婚前协议可以帮助你抵御离婚可能带来的风险，帮助你避免未来可能发生的冲突，并且让你的孩子们感到安心。

本章要点回顾

结婚时我们的脑海里往往充满了与完美伴侣结婚，从此过上幸福生活的浪漫幻想。但如果婚姻最终以离婚收场，我们就可能因此崩溃。就像美国著名流行歌手尼尔·萨达卡的歌里唱的那样：分手太难。

纵然分手很艰难，但现实中的婚姻还是有一半最终会分手。如果你能提前意识到这一点，那么当婚姻触礁时，你就会在经济上和心理上做好准备。以下几点总结可能会对你有所帮助：

- 婚姻不是坚不可摧的。一段婚姻需要我们的呵护。不要想当然地认为你的婚姻必然会天长地久。你的婚姻可能会像一半的美国人那样，以离婚告终。
- 如果你们的婚姻最终以离婚告终，婚前协议可以为你们提供保护。但它的作用不止于此，离婚协议也可以通过加强和维护婚姻双方的相互投入而防止离婚的发生。
- 离婚会使你付出巨大的经济代价。代价的一部分是律师费用，你可以通过调解或双方自己制定离婚协议而避免这笔费用的产生。但离婚最主要的经济代价是：共同生活产生的巨大的经济效应的消失。
- 离婚似乎只关乎情感，但有一些方法可以将情感量化，帮助我们了解离婚的情感与经济成本。
- 离婚的第一步是决定离婚是否值得。试问你自己：如果以降低生活水平作为衡量标准，你愿意付出多少代价离开你的配偶？

你可能愿意付出很多，但如果离婚带来的实际代价仍然高于或者远远高于你的期望，你就应该面对现实，考虑继续和对方过下去。

- 要算出离婚的经济成本，你需要计算出你离婚后预期的生活水平，并拿它与你在婚姻中的生活水平进行比较。
- 你离婚后的生活水平可能很大程度上取决于你支付或收到的赡养费。赡养费的数额和持续给付的时间，很大程度上取决于你申请离婚时所在的州。由于法律规定不同，你能获得的赡养费，在不同的州可能相差5倍之多。所以要仔细思量你要在哪个州生活，因为它很可能就是你提出离婚申请的州。
- 你婚姻存续的时间越长，支付或收取赡养费的持续时间就越长，但是如果你已接近退休年龄，情况则恰恰相反。
- 即使要离婚，也尽量坚持到婚后10年再离。如果你们结婚不到10年就离婚，你的离婚配偶和离婚遗属福利收益可能会受到影响，而这笔钱可能数额不菲。结婚10年并不意味着你们需要住在一起整整10年。
- 离婚可能会给你和你的孩子留下永久的创伤。首先，你们可以试着商定一个公平的离婚后生活水平比例，而不是先请律师替你们打一场离婚官司来帮你们确定这个比例。一旦确定了这个比例，赡养费的数额和实现这一比例所要做的其他资产分配方案就很容易计算出来了。

第8章 选择助学贷款要谨慎

几年前，我在波士顿大学教授一门关于个人理财的课程。课程开篇我最先讲述的是消费平滑和其他经济学原理，之后，我开始深入细节问题，阐述人们在实践中应该怎么做。我提出的核心论点（也是我自始至终在本书中所传递的）就是：最好的投资是及早偿还掉高利率的个人债务，无论是信用卡、汽车贷款、按揭贷款还是学生贷款。

因为听众是大学生，所以我把讨论的重点放在了学生债务上。

"在美国，超过 2/3 的大学生以及比例更高的少数族裔学生通过学生贷款来支撑他们完成学业。他们总共欠下了高达 1.6 万亿美元的债务，不仅如此，他们的父母替子女们借的钱加起来超过了 1 千亿美元。那些为上大学而贷款的人中，有一半在毕业 20 年后还未能还清借款。此外，还存在很多学生和父母之间的非正式的借款，在道义上（如果不是法律上）学生们可能会觉得这些钱也应该由自己来偿还。"[1]

为了更加具体鲜活地讲解这个问题，我问课堂上的 50 名学生有多少人借过学生贷款,大约有40人举起了手。接下来,我问他们贷款的利率是多少,答案的跨度非常大,可以说是从高到非常高到高得离谱。然后我让每个背负1万美元以上债务的人举手,前面举过手的人全部再次把手举了起来。

"好吧,如果你欠款3万美元以上,请继续举手。"大多数人的手仍然举着。我把数额提到了6万美元,现在只有1/3的手仍停留在空中。当问到10万美元甚至更多时,只剩一只手仍然举着,举手的是玛德琳(化名)。尽管她的手是半举着,但我从手臂弯曲的角度上可以看出,她的心底在呐喊:请不要再继续问下去了!

我本应该就此打住的,因为这可能侵犯学生的隐私。但我忍不住继续问玛德琳是否介意告诉全班她欠了多少钱,她回答说,12万美元。

我被惊得目瞪口呆,不知道该如何接下去,以至连最专业的经济学术语都被逼出来了,我嘟囔道:"嗯,嗯,呃,天啊,哎哟,啊,天啊,哇,那,好像,有点儿多。"

我试着找个理由来替玛德琳打圆场。"我并不感到惊讶。尽管波士顿大学提供了很多的奖学金和助学金,但看看学费,它可是美国最昂贵的大学之一。当然,好处是在这里你可以有机会听到像我这样的人教授的课程,哈哈。"最后这句打趣的幽默听起来实在是有点儿冷。

然后我又把话题拉回到了玛德琳身上。"你能告诉我你的专业吗?"其实我很希望听到她在读一个未来能赚大钱的专业,比如商科。

"艺术史。"

"啊，艺术史。嗯，嗯，天啊，哎哟，啊，天啊，哇哦。不是收入最高的领域。那你是大四学生？正在找工作？"

"是的。"

说到这儿的时候，我索性一路追问到底。"有不错的工作选择了吗？"

随后是令人尴尬的沉默，不时夹杂着深深的叹息，各种羞愧、愤怒和绝望的表情在玛德琳的脸上交替出现，最后她终于再也无法控制情绪，啜泣不已。泪如泉涌间，玛德琳哽噎着说，她已经寄出了几十份在这个领域的工作申请，至今却没有收到一份录用通知，大多数申请都石沉大海，甚至连一点儿答复都没有。

这件事至今仍萦绕在我的心头挥之不去。在课上和下课后我不停地向玛德琳道歉。但是于事无补，伤害已经造成，是无可挽回的。我对这件事耿耿于怀的原因不仅仅是我的追问使得她在全班面前情绪崩溃，我意识到，玛德琳因身陷财务困境而深受伤害。当时艺术史专业毕业生就业后的平均工资大约是每年 3.5 万美元。玛德琳各项贷款的平均利息约为 5%，要想在 20 年内还清这些贷款，她每年需要向联邦和私人债主们支付的还款将高达 1 万美元。是的，这样的还款额听起来还不算高得离谱，而且随着时间的推移，通货膨胀还会在一定程度上使负担有所减轻，但是，如果玛德琳从事艺术史方面的职业，这笔钱仍将占去她税后收入的很大一部分。除了和家人合住以节省开销，嫁给有钱人，或者是有神仙相助，否则玛德琳所面临的现实就是：她为了从事艺术史事业而借了太多钱，以至她根本负担不起去从事艺术史相关的职业。

本章将涵盖几个相互关联的话题，对所有话题的论述，最后都会指向一个结论——不要为了上大学而借钱！这些话题包括：
- 学生债务的规模，或者说不可知的学生债务规模；
- 大学辍学率高得令人难以置信，这极大地放大了借贷上学的风险；
- 不同类型的真正的学生资助（助学金、奖学金和勤工俭学）和虚假的学生资助（助学贷款）；
- 试图拖欠学生债务的可怕代价；
- 大学的天价学费；
- 大学标称学费和实际求学成本之间可能存在巨大的差异；
- 降低上大学净成本的方法，即如何提高单位美元消费能获得的教育回报，以及如何降低为获得单位教育回报而付出的费用；
- 如何选择大学、哪些贷款是最便宜的，以及如何比较定期还款计划和基于收入的还款计划。

我将在本章中对这些话题逐一进行阐述，但我也建议你额外参阅一些关于此类问题的更为详细的研究，包括罗恩·利伯的畅销书《你为上大学所付出的代价》(*The Price You Pay for College*)。利伯是《纽约时报》个人理财专栏的领军人物。

美国大学生们到底背负了多少与学业相关的债务？

玛德琳背负的借款规模，有可能是一个极端的特例，也有可能并不是如此。今天的美国大学生毕业时平均背负着近 3.3 万美元的非正式学生贷款。² 大约 1/7，也就是超过 14% 的毕业生的正式负债超过 5 万美元。³ 这些巨额学生贷款占学生未偿还债务总额的一半以上。老一辈毕业生们平均每人有 4 万美元的正式大学债务，其中包括为接受研究生教育所借的贷款，以及过去未偿还或延期偿还的贷款的利息累积。

许多人到 60 多岁时还在偿还当年的助学贷款。即使没有正在偿还自己上大学时欠下的债务，人们也可能正在申请或正在偿还联邦直通 PLUS 贷款计划项下的贷款，其中包括面向研究生和拿了学位后依然继续进修深造的职业学生的"毕业生 PLUS"贷款，以及面向父母和祖父母的、旨在帮助他们的子女和孙辈上大学的"家长 PLUS"贷款。① 家长 PLUS 贷款规模近年来急剧增长，现在已达联邦政府资助的学生贷款总额的 1/4。截至 2020 年，未偿还的家长 PLUS 贷款总额已超过 1 000 亿美元。⁴

这些贷款存在的一个大问题是，父母（或祖父母）和孩子，谁才是真正的借款人。是的，父母在法律上有义务去偿还，毕竟在贷

---

① 父母和祖父母可以用自己的名义借钱来资助子女或孙辈接受高等教育。你可能会认为他们承担的信用风险会比他们的子女和孙辈承担的信用风险更低一些，同时相应的贷款利率也会更低一些，但实际情况是家长 PLUS 贷款会收取高额的办理手续费，利率也远高于标准的联邦学生贷款。此外，这些贷款对于每个学生可以借多少钱来支付学费也没有限制，所以父母和祖父母可以随意借钱，借款甚至远远超过他们此生的剩余收入。如果他们在还清之前就不幸去世了，山姆大叔或私人学生贷款的出借人们将排在从他们的遗产中收回贷款余额的队伍的最前列。这实际上意味着他们的子女或孙辈将最终为其买单（出自信贷峰会《学生贷款债务统计数据（更新至 2020 年）》）。

款文件上有他们的名字和签名。但是这些父母也可能会把每月的还款账单转交给他们的孩子，让他们来支付。在这种情况下，父母只是中间人，家长 PLUS 贷款相当于孩子的额外借款。到底谁应承担还款的责任？这个问题之所以重要，有两个原因。首先，家长可以借到孩子上学全部花费所需的净值。如果这个净值非常高，事实可能就是父母制造了巨额的、以期他们的孩子将来能够偿还的债务，但是，他们的孩子可能没有完全意识到将要承担这些责任。

更为糟糕的是：家长 PLUS 贷款的利率几乎是直接的无补贴联邦学生贷款利率的两倍。如果还款需要几十年的时间，那么从家长 PLUS 贷款中获得的每 1 美元借款的代价将大致相当于借 2 美元的学生贷款的代价。

孩子欠父母的钱可能远远超出家长 PLUS 贷款这个范畴。父母可能会通过其他方式"帮助"他们的孩子就读其梦想的学校，这些方式包括用他们的房子进行再融资以获得第二笔按揭贷款，或动用他们的退休储蓄。即使父母这样做时并没有期望得到孩子的回报，他们也可能正在不知不觉地强迫孩子未来去偿还这些钱。除非父母情愿降低自己的生活水平，否则他们死后留给孩子的钱就会变少，而这些钱还需要被用来偿还家长 PLUS 贷款。

由于没有人搜集过关于孩子欠父母的相关贷款的数据，我们根本不知道当今美国青年和中年人的真实债务情况到底如何。我们所知道的是：新毕业的大学生背负的平均每人每年 3.3 万美元的正式债务中，不包括一丁点儿他们欠父母或祖父母的钱，因此，毕业生经济负担的真实规模可能被大大低估了。

来自华盛顿特区美利坚大学的数据进一步佐证了这一事实。为数不少的美国大学新生父母通过"家长 PLUS"计划借款。数据表明，到学生毕业时，有 15% 的家长已经通过此计划替孩子借了 6 万美元以上的钱。[1] 而且，这些家长的孩子本人在毕业时，很可能已经有 3.1 万美元的斯塔福德贷款（一种直接发放给学生的联邦贷款），3.1 万美元是学生在大学 4 年中可以从该项目借到的最大金额。与家长 PLUS 贷款的利率相比，由于斯塔福德贷款的利率要低得多，所以父母很可能会在以更高的利率从家长 PLUS 计划借款之前，已经让他们的孩子先借到了低利率的斯塔福德贷款的上限。因此，如果父母或明确或不明确地把他们的孩子绑定到了家长 PLUS 贷款上，那就意味着 15% 的美国学生在毕业时负债超过了 9 万美元！

因此，即使玛德琳是我们班唯一一位背负 6 位数正式债务的人，如果听到她的同学中有人欠政府和家庭的债务规模与玛德琳的欠款规模相差无几的消息，我也丝毫不会感到惊讶。

进入大学的学生中有相当大比例的人没有毕业

花在大学上的钱完全被浪费掉的可能性非常高，这大大加剧了人们对通过过度借贷来支撑本来负担不起的大学开支的担忧。

下面的大学统计数据是最令人震惊的：有 40% 的大学生在入

---

[1] 这还不包括递延利息。

学6年之后还没有毕业,而且他们很可能永远也毕不了业了。[5] 更糟糕的是,大多数人肯定是在借了钱之后才放弃学业的。

每年大约有1 500万高中毕业生进入大学,他们满心欢喜地开始大学生活,却没有意识到他们中有600万人将毕不了业,但是,他们每个人都曾确信自己不是不能毕业的学生。为了消除这些关于大学的无知的或不现实的思维,美国教育部应该强制大学在其录取通知书中醒目地写上以下文字。

警告:2/5的美国大学生永远毕不了业!花钱上大学本身就具有极高的风险,更别说借钱上大学了!

这一警告可能会使人们的行为有所改变。如果知道自己空手而归的概率是2/5,那么我们当中估计没有多少人还会为了一场高赌注的扑克牌游戏而大量举债。好吧,从大学辍学的人虽然不会完全空手而归,在离开大学前,他们当然可以从了不起的老师那里学到些了不起的东西,但是,在当今时代,这些了不起的东西完全可以通过互联网从同样了不起的老师那里学到,而且还是免费的。

虽然美国教育部没有专门披露这一数据,但事先对你考虑的学校的辍学率有所了解,确实是有好处的。美国教育部的网站涵盖了5 700多所教育机构的信息,其中包括许多职业学校,从托尼兄弟美发学院到斯坦福大学都榜上有名。大多数被纳入网站的学校都会公布其毕业率和转学率,从中你可以推断出这些学校的辍学率。

虽然你可能没有预料到这一点,但辍学率高的大学不一定在学术上有更为严谨的要求。以马萨诸塞大学为例,我的妻子布里吉特在这所大学读完一年级后选择了永久离开。马萨诸塞大学的辍学率远远高于邻近的阿默斯特学院,但这并不意味着马萨诸塞大学有更

金钱的魔法

高的学术标准，因而更高比例的学生不能毕业。辍学率其实反映了两所学校的学生群体在经济实力和教育兴趣方面都不尽相同。以布里吉特为例，用她自己的话说，她辍学是因为当时年龄还太小，不适合上大学。在马萨诸塞大学参加完一整年的派对后，她去了科罗拉多，用她自己的话说，成了一名"滑雪爱好者"。做了3年"滑雪爱好者"之后，她再次回到了马萨诸塞州。此后她先后换了几份不同类型的工作，最后认定物业管理才是她应该从事的职业。于是她花了两年时间，白天工作，晚上为考取物业管理证书而废寝忘食地自学。

在布里吉特的职业生涯中，她管理过波士顿几座最大的高层办公楼，并曾为两家美国顶尖的科技公司工作。工作期间，她的收入远高于典型的马萨诸塞大学毕业生（和阿默斯特大学毕业生）的平均水平。布里吉特的故事（就像第1章中我们讲述的CJ的故事一样）提醒我们：通往成功职业生涯的道路可以有许多条。这个故事还为我们提供了一个关于上大学的、在金钱层面的重要的教训：

如果进入大学后，你发现上大学这件事显然并不适合你，那干脆趁早离开吧！

如果你对上大学这件事还不是很笃定，那就不要对其进行巨额的投资。先从小处开始进行一些尝试，比如你可以先进入一所社区大学或州立大学。好消息是：需要的话日后你可以随时转学，关于这一点我马上就会讲到。关于大学的重大秘密是：

在决定是否上大学和进入哪所大学之前，先评估一下你以后退学的可能性。

能从大学毕业是偶然，而不是必然

我们的社会把上大学这件事看得过重了。再啰唆一遍：尽管最终能从大学毕业的可能性只有 3/5，但每年仍然有超过一半的高中毕业生会选择去上大学。那些没有拿到大学学位的人，可能会在整个余生都对此耿耿于怀，即使他们最终在经济上比大多数家里墙上挂着大学文凭的人成功得多，他们也不会因此释怀。

这个事实真是令人遗憾。美国是一个劳动生产率很高的经济体，拥有着具有很高生产力的劳动群体。但是我们之所以拥有高劳动生产率并不是因为每个劳动者都有大学学位。事实上，有 64% 的美国人从未拿到过大学学位。[6] 在瑞士，这一比例甚至更高，达到了 75%。然而，瑞士工人的平均劳动生产率却远高于美国工人。

在不久前，大学学位还基本上是进入尖端企业就业的先决条件。现在情况已经大不相同了。就拿苹果公司来说，该公司有一半的新员工都不是大学毕业生。[7] 毋庸置疑，要获得令人瞩目的成功并不一定需要有大学文凭。回想一下，苹果公司的传奇创始人史蒂夫·乔布斯就是一个大学辍学生。微软公司的创始人比尔·盖茨和脸书公司的马克·扎克伯格也都是大学肄业，他们却都跻身地球上最富有的人的行列。创始人没有上过大学或没读完大学的顶级公司还包括：社交网络公司推特（Twitter）、健身数据跟踪平台 Fitbit、社交媒体 WhatsApp 公司、个人博客系统 WordPress、轻博客网站汤博乐（Tumblr）、移动支付公司 Square、在线支付服务商 Stripe、在线流媒体音乐播放平台声田（Spotify）、信息管理软件及服务供应商甲骨文（Oracle）公司、免费音乐分享网站纳普斯特（Napster）、科技公司优步（Uber）、云存储服务公司多宝箱（Dropbox）、维珍轨道公司（Virgin Orbit）、电脑公司戴尔（Dell）、云数据安全初始公司 DIG 和国际汽车零部件集团 IAC。当然，这些公司大多偏向于科技行业，但这里要表达的关键信息是：取得大学学历并不是通往成功的必经之路。

我说以上这一大段话的目的，不是要劝阻你们自己或孩子上大学或完成大学学业，我的目的是去伪存真，从而改变人们在讨论上大学这一话题时所关注的重点，我们应该看到上大学是一项昂贵而有风险的投资。因此，只要你或你的孩子意识到上大学对自己来说没有意义或者不再有意义，那么你们就可以毫无顾忌地去拒绝或终止这项投资。

是否申请大学，申请哪些大学，以及去哪里上学？

暂且抛开风险不谈，你是如何决定是否要上大学的？如果要上大学，去申请哪些大学？如果你被不止一所学校录取，你怎么知道应该选择哪一所？和所有关乎经济的选择一样，你需要计算相关的数据，同时把补偿性差异纳入计算中。和选择一项职业或一所房子没有什么不同，这只是一个考量净收益的问题。你只需要用收入减去成本，再加上做出的选择所能带来的额外的收益，比如，借钱上昂贵的奥柏林学院和不借钱上更便宜的社区圣莫尼卡学院，对于你来说分别意味着什么。

换句话说，上一所不需要借钱的、成本较低、声望较低、各项设施较差的学校，是否比上一所需要大量借款（包含显性和隐性债务）的高成本、高声望、高福利的学校强呢？答案取决于上大学的实际成本以及上特定的大学对你未来一生的收入有多大的影响。

上大学的成本

如果不考虑收到任何学生资助的情况，美国有50多所学院和大学目前每年的求学费用超过7.4万美元。这笔费用包括了住宿费、餐饮费和其他杂费。大学4年的总费用是29.6万美元。如果你每年以5%的利率借款7.4万美元，毕业时你就会背负33.5万美元的学生债务。再向前拓展一个层次来思考这个问题：美国人平均年收入约为5.3万美元（税后约为4万美元），因此，一名在毕业后收入可以达到全美平均水平的大学毕业生，用8年以上的工作所得才能覆盖掉在一所名校学习4年的费用。这个计算是建立在他们把税后所得全部都用于偿还贷款的假设上，但是这明显是一个不切合实际的假设。他们如果只用税后年收入的1/5来偿还贷款，则需要40多年才能最终摆脱债务。

是的，平均而言，大学毕业生比非大学毕业生挣得多些。纽约联邦储备银行最近的一项研究显示，大学毕业生的平均工资为7.8万美元，比非大学毕业生高出近3万美元。[8]但大学毕业生的起薪则刚刚接近5万美元，[9]而且工资分布极不平衡，收入非常高的人拉高了整个群体的平均工资。大学毕业生（包括从事中级和高级职业的毕业生）更典型的收入中值约为6.5万美元。大约16%的大学毕业生收入低于 5.2 万美元，大约 10% 的人收入低于 3.3 万美元。

当然，随着时间的推移，偿清 2 万或 3 万美元的债务，对于大多数大学毕业生来说是可以实现的。但其中存在着两大风险：第一个风险是成为占毕业生总人数 1/5 的、借贷远远高于全美平均水平的人中的一员；第二个风险是毕业后的收入没有达到预期的高水平。作为一个群体，学生们对毕业后工资水平的期望往往会比最后实际拿到的高得多，就好比他们入学时对在校期间学习成绩的期望往往高于实际情况一样。[10] 此外，入学后笃信自己将在 4 年内毕业的学生占比，远远超过最终实际顺利毕业的学生占比（3/5）。

说到这里你可能已经明白了，如果没有以助学金、奖学金和勤工俭学等形式提供的具一定规模的经济援助，许多排名靠前、靠中甚至靠后的学校的求学成本，实际上都非常昂贵。借钱上一所超级昂贵的大学，大大加剧了这种高昂的求学成本带来的问题。为了上名校一个人可能去借利率较高的私人贷款，因此，本章要喊出的主要口号之一是：

如果可能的话，尽量避免借钱上大学。因为风险实在是太大了。

我可不是随便说着玩儿的。我是个大学教授，我认为高等教育具有巨大的个人和社会价值。但是，为了能接受到良好的大学教育，你本来完全可以不押上你的未来，也不需要打乱你的职业规划，你只需要去申请那些不那么昂贵，但通常也不那么有声望的大学就可以了。

上大学的净成本和大学的标价

唯一的好消息，尤其是对于来自中低收入家庭的学生来说，是上大学的实际价格（即净成本）远比表面上看起来便宜。这是因为政府和学校会提供各类奖学金和助学金。联邦助学金（也被称为佩尔助学金）以及类似的州助学金（州与州之间有所不同，而且通常只有州立大学才能提供）授予的基础是对你的经济需求的考量，[①] 而大学提供的助学金既有基于需求的，也有基于学术成绩表现的。

根据你父母经济状况的区别，大学的标价和实际净成本之间可能会存在很大的差距。韦尔斯利大学的经济学家菲利普·B. 莱文是大学财政援助方面的知名专家。和利伯的书一样，他写的《错配：财政援助和大学入学的新经济学》(*Mismatch: The New Economics of Financial Aid and College Access*) 是准备要上大学的人的必读书目。我建议你将这本书和免费网站 Myintuition.org 一起搭配使用，通过该网站，你可以计算出就读 70 多所美国大学的净成本。

以我所执教的波士顿大学为例。其 2020—2021 学年的收费令人瞠目结舌，竟高达 77 662 美元，其中包括学费 56 854 美元，住宿和餐饮费预估 16 640 美元，以及杂费 4 168 美元。但是如果你的父母的总收入低于每年 5 万美元，并且没有其他资产，那么你就读波士顿大学每年最多只需要 7 500 美元！这个最高实际净成本只占

[①] 此外还有联邦补充教育机会资助、伊拉克和阿富汗服务资助、联邦教师大学和高等教育资助。

原收费标准的大约10%。虽然从一般意义上来说，来自低收入家庭并不是一件幸运的事，但低收入家庭能获得的大学资助数额比例确实更高。也许有人会说，即便如此，每年仍需要支付7 500美元（最多），但这笔钱可以很容易地通过在暑假和上学期间打工来负担。因此，你甚至不需要借一分钱就能完成在波士顿大学的学业。

如果你的父母拥有更高的收入和资产规模呢？具体一点儿，假设他们每年收入为10万美元，同时在银行里还有10万美元的存款，这些钱是他们存下来准备供你上大学的。在这种情况下，Myintuition.org会告诉你：你就读波士顿大学的最高净花费为25 900美元。这个结果高于7 500美元，但是仍然远远低于77 662美元。你如果在4年里不依靠父母，而是通过每年借钱来支撑学业，那么当你4年后离开大学时，就会背负超过10万美元的债务。因此，即便对那些来自中等收入家庭的学生来说，学生债务也可能成为一个主要问题。

如果你的父母每年挣10万美元，但是他们所有的存款都存在401（k）或其他退休账户中，那么你就读波士顿大学的最高净成本将是14 800美元。在大学确定学生的经济需要时，父母退休账户中的资产是不被计算在内的。[1] 这种情况下，14 800美元远高于

---

[1] 但是，总有一个但是，"纳税人在基准年，即上一个纳税年度，自愿存入这些退休计划的钱则会出现在联邦助学金免费申请报告上，并被当作未纳税收入来对待。退休账户中雇主匹配的供款不被纳入联邦助学金免费申请报告中。未纳税收入和福利对大学经济援助资格的影响与应税收入类似。参见fastweb网站上马克·坎特罗威茨《退休基金如何影响学生援助资格》一文。

7 500 美元，但同时也远低于 25 900 美元。

假设你的家庭年收入为 25 万美元，同时拥有一套价值 100 万美元的、没有任何按揭贷款的房子，此外还有 20 万美元的银行存款。那么，你所面临的情况将是需要全额支付波士顿大学 7.8 万美元的费用，降低净成本的唯一希望是波士顿大学可能提供的基于你学业表现的奖学金。

通过 Myintuition.org 网站，如果你计算不同学校的求学净成本，即便仅是寥寥数所，你也会有一些令人惊讶的发现。举个例子，你的家庭如果有 5 万美元的收入，但没有资产，那么你上波士顿大学要比上马萨诸塞大学阿默斯特分校每年便宜约 5 000 美元（即使对那些上马萨诸塞大学所需学费较低的本土学生来说也是如此）。根据《美国新闻与世界报道》的大学排名，波士顿大学排在第 42 位，而马萨诸塞大学阿默斯特分校排在第 66 位。然而，比马萨诸塞大学阿默斯特分校声望高了 70% 的波士顿大学却比马萨诸塞大学阿默斯特分校便宜近 40%（假设《美国新闻与世界报道》的排名只反映了声望，我们很快就会深入探讨这个问题）。[1] 这可是一个关乎金钱的大发现：

在选择学校时通过对它们进行充分比较，我们可以用更低的价格买到声望更高以及可能更优质的教育。

还是那句话，哪所学校对于你来说更便宜取决于你的家境。如果你的父母收入和资产总值很高，同时你们不居住在马萨诸塞州，

---

[1] 我对大学声望的衡量标准是 1 减去《美国新闻与世界报道》排名的结果与 100 的比值。换句话说，波士顿大学的声望是 0.58。

那么你就必须全额支付马萨诸塞大学阿默斯特分校50 365美元的标价，它比你在波士顿大学要支付的费用便宜约35%。在这种情况下，你需要为更高的声望以及可能更好的教育付出更大的代价。

那么，我们从中能得出什么重大发现呢？

根据你的具体情况，一所本来超级昂贵的学校也可能变得非常便宜。我的建议是在申请前了解清楚上不同学校的净成本，即使在申请前忽略了这件事，你也一定要记得在入学前补上！

避免潜在的巨额"大学资助税"

刚刚进行的论述，揭示了另一个关于金钱的巨大秘密：在孩子上大学时，家庭拥有更多的财富，会使学校认为其经济需求不高，并因此提高他们上大学的净成本。你可以通过Myintuition.org来计算这些隐性的、施加在你的收入和存款上的"大学资助税"，针对一所学校输入不同的收入和资产组合，看看会有什么不同的结果。以波士顿大学为例，它在计算收费净值时，对家庭退休账户以外的资产施加了约22%的"税"，对家庭收入施加了15%的"税"。

我再把这个问题进一步厘清一下。如果你有相对较少的非退休账户类资产，你每多存1美元，就将损失其中的大约22美分，这是因为你的孩子在将来上大学时，4年里获得的经济援助会减少相应的数额。如果你的收入相对较低，这时你每多赚1美元，当你孩子上大学时，你就会以孩子的求学净成本提高的形式损失大约15美分。同样需要记住的是，虽然Myintuition.org关注的是当前的收入，但学校在计算你孩子的经济需求时，实际上参考的是在他们提交入学申请两年前的、经过调整后的你的家庭的总收入。计算基于联邦助学金免费申请表格，这个表格可以在 Studentaid.gov 网站上找到。

在这里我要传递给你的信息很简单：

你对你的财务事宜的处理方式，会极大程度地影响到未来你的孩子上大学的净成本。

下面我将要讲几个如何在大学进行的资产和收入测试中降低你最终交费额的好方法。不过请注意，这些方法只适用于那些收入和资产水平低到足以对学生经济需求计算有影响的家庭。在将要讲这些方法时，其实我是有所犹豫的，因为我认为利用学生资助制度占便宜是不公平的。但同时我也认为，这些施加于储蓄和工作所得上的边际税也是不公平的，尤其是对于中低收入家庭来说。另外，我还很在乎下面这一点：家境一般的父母如果最终需要让孩子自己承担上大学的费用，就应该尽其所能把留给孩子的负担减轻一些。就连联邦政府也意识到，它针对人们的储蓄和工作这两项本分行为施加了疯狂的额外税收压力。[11] 为了帮助人们避开这些隐性税收，联邦政府开发了 FAFSA4caster 工具。虽然一个政府会积极鼓励避税这件事有点儿让人难以相信，但事实就是如此。

如果你打算遵循这些步骤实现合理避税，那么你需要在孩子达到上大学的年龄之前的几年就开始采取行动，并且在孩子上大学期间继续遵循这些步骤，因为学生资助每年都要被重新计算。

最小化"大学资助税"的9种方法：

1. 尽可能多地将钱分配到退休账户中，从而限制你的常规资产的规模。有可能的话，和你的雇主商量一下，争取让他更多地以退休金供款的方式将劳动报酬发放给你。

2. 用你的常规资产来偿还你的按揭贷款。联邦助学金免费申请报告中不包括房屋资产净值。①

3. 用常规资产购买耐用消费品（也许到了该买一辆电动悍马的时候了？）和个人收藏品，包括容易转售的珠宝。这些资产不会影响大学对你孩子的经济需求的计算。

4. 让你孩子的祖父母成为529计划、教育储蓄账户和其他大学储蓄计划的账户持有人，因为你的这些资产会影响大学对你孩子经济需求的判断，使其数额变小。

5. 推迟提取常规资产的资本利得，因为这将被视为收入而纳入政府的联邦助学金免费申请报告的收入计算中。

6. 把钱存在终身人寿或万能人寿保险计划中。这些保险中的现金价值通常不会被纳入学生资助的计算中。

7. 推迟从退休账户中提款。如果你从你的退休账户中提款，那么在你申请联邦助学金时，你被认定的收入将会增多。

8. 不要让财产出现在孩子的名下。你孩子的资产和收入会限制他们所能领取的资助金的数额。

9. 如果结婚会增加你的资产规模从而降低你孩子将收到的预期求学经济援助，那么你可以先不结婚。

---

① 然而，个别学校在计算学生的经济需求时可能会考虑房屋资产净值。

小心普遍存在的大学"奖励"骗局

与大学录取通知书一起寄来的，还有一份关于经济"奖励"的信，这封信上面会罗列出所有给你的所谓的经济援助，包括联邦政府和州政府提供的学生贷款。但是，贷款可不是什么奖励。贷款不是援助，贷款也不是礼物，贷款是你未来必须偿还的成本。

那么，这些贷款的条款是如何设置的？你将支付的利率是多少？"奖励"信上统统没说。这封"奖励"信还将家长 PLUS 贷款列为奖励的形式之一，但对其收取的利率、贷款期限、父母和子女是否需要提前讨论由谁来还款等问题只字未提。"奖励"信中也没有解释，能否获得勤工俭学"奖励"，其实取决于学生是否在校园里找到了工作。在这封信中，也不一定会说明学校提供的任何奖学金是否只是针对学生在校的第一年，或者获得资格是否会根据学生的表现每年更新。下面这些信息信中也没有说明：在学生一年级之后，是否能继续获得联邦政府和州政府的助学金，这一点无法得到保障；如果家长的资产或收入状况得到改善，这些助学金将会被降低甚至被取消。

谁知道到底有多少学生和家长落入了这种大学"奖励"骗局的陷阱。大多数高中生对借钱、债务、贷款、利率、费用或还款期这类事情一无所知。他们的父母对于这些可能也没有什么概念，或者他们可能会在到底要不要劝阻孩子上一所昂贵的名校这件事上犹豫不定。这些大学"奖励"信充分利用了以上这一切。当我写到这里的时候，我的血液仿佛在沸腾。想象一下这个情形：一个房地产经纪人正在试图说服你买下一套其实你根本负担不起的房子，他会劝诱道，没关系，当地的银行会帮助你的，他们会"授予"你一笔按揭贷款。但是，关于这笔贷款的具体条款，经纪人却只字未提。如果这种事情发生在我身上，我保证会立刻让这个经纪人走人。

如果学生在无法偿还贷款时可以随时终止这些"奖励"，那么贷款和奖励就是一回事了。可事实是：除了极少数例外，大多数情况都并非如此。相反，领取了"贷款奖励"的学生们往往会发现，自己已经身陷经济困境。

如果你无法偿还学生贷款，会发生什么？

让我后悔至今的是，我没有和玛德琳保持联系。我不知道玛德琳最终得到了一份什么样的工作，也不知道她是如何处理她的学生贷款的。希望她没有贷款违约，因为如果她违约的话，她很可能会被送进债务人监狱。学生贷款不同于其他的可以通过破产来解除的债务，学生贷款是众所周知的紧紧缠在你脖子上的麻烦事。[12] 如果你不能偿还学生贷款，你可能会面临以下困境。

你的贷款可能会被移交给催收公司，而后者可以将贷款余额提高18%。

你将有责任承担催收费用，包括法庭费和律师费。

你可能会被起诉，你的债务可能会从你的工资中扣除。

你的联邦和州所得税退税可能会被拦截。

政府可能会扣掉你的部分社会保障福利。

在你已经清偿完毕后，违约记录还会在你的信用报告上停留7年之久。

你可能会无法获得汽车贷款、按揭贷款，甚至信用卡。

你不再有可能获得额外的联邦财政援助或大部分福利。

你将没有资格获得延期付款的许可和利息补贴。

你可能无法续签从业资格证或参军。

我曾经参观过一座中世纪时期的债务人监狱，它位于英国约克附近。这座监狱由一个有 8 个牢房的地下空间构成，里面没有光线，没有通风，没有卫生设施，而且据导游说，给被关押人吃的食物甚至都不适合喂给老鼠吃。毫无疑问，住进这所监狱的人很快就会在肉体上或精神上被杀死。这也给外面的人上了一课：某些形式的借贷实在是太危险了。

在密西西比州，到现在仍然有一座债务人监狱。法官可以把你关起来，强迫你还清欠款。[13] 在其他的 49 个州，你虽然不会身陷囹圄，但学生债务意味着经济上的折磨。正如上面列出的清单所示，你的债权人，从美国政府开始，将通过任何可能的方式收回你欠他们的钱。简而言之，除了极少数的情形，拖欠学生贷款根本不应该成为你面前一种可能的选项，它只会增加你的未偿还余额，因为未偿还债务的利息和费用会持续累积。

以 59 岁的克里斯为例，[14] 克里斯为了上大学向法学院借了 79 000 美元，后来他霉运不断，接二连三地遭遇困境，因此他经常无法偿还任何贷款。2004 年，联邦政府开始从他的工资里扣钱作为还款。虽然在过去将近 20 年的时间里，政府一直在从克里斯的工资里扣钱，但克里斯还是没有还完他欠下的债务，甚至连利息都没有还清。这一点儿也不奇怪，要知道克里斯被收取的平均利息非常高，甚至包括被无耻地施加在贷款发放费上的利息。每个月少付

金钱的魔法

的利息，包括未付的费用产生的利息是不会被免除的，恰恰相反，少付的那笔钱被加在了克里斯的欠款余额上。今天，在经历了 17 年的工资被扣减的折磨之后，克里斯的学生贷款欠款总额竟达到了 23.6 万美元，这几乎是他最初贷款数额的 3 倍！

　　身陷如此境况的人，与美国南北战争后那些以羊皮覆体的佃农并无二致。在佃农制度下，贫穷的农民（通常是曾经做过奴隶的黑人农民）被迫以高得令人发指的利率，从地主的商店以虚高的价格购买种子和其他物品。一旦他们开始背负债务，依照法律规定他们就不能出售自己的农场，他们也不能为他人所雇用去获得收入。这种制度实际上就是换了个名字的奴隶制，它一直到 20 世纪 30 年代才被废除。[15] 就学生贷款而言，为上大学而贷款的学生是佃农，而地主则是美国政府和参与这场受政府指导的金融犯罪的那些受过高等教育的利益相关者。

　　这话说得很重。一个受过要尊崇自由市场训练的经济学家，怎么可以把双方自愿进行的贷款行为称为犯罪呢？我之所以将它称为犯罪，是因为高中生和他们的父母往往不掌握参与交易所必需的信息。特别是根据我的估计，有超过一半的学生在申请大学贷款时并没有意识到这些贷款不能通过破产来解除。他们也没有真正理解可以通过哪些方式来偿还贷款，这也是我接下来要进一步讲解的问题。

　　考虑到学生债务的财务风险，是时候问问自己这个问题了：那些求学净成本比较高的学校是否值得去上，是否值得借钱去上。

声望不能当饭吃

在美国和美国之外，我曾经上过学、教过书或者参观过的学院和大学有数百所之多。在这些经历中，我曾遇到过成千上万的学生和老师。我还曾在联邦政府、私营部门、外国政府部门、国际机构工作过，并担任过私营公司的顾问。在当前就职的波士顿大学，我也与一些人颇为相熟，他们当中大多数人都拥有大学学位。

我从这些相熟的人身上得出的结论是：成就通常与教育背景无关。一个人在哪里上的大学或者他是否上过大学，并不是决定成功与否的一个重要的因素。成功人士工作都非常努力，他们会在工作中不断总结如何才能更好地完成工作任务。就像在第1章中提到过的、我的朋友CJ，在从事洗车工作的过程中，他设身处地地帮老板思考、替老板解决问题，最后自己成了老板。成功人士正是因为具备了这些特点才会获得经济上的成功，而不是因为他们获得了多少个文凭以及文凭是从哪所学校拿到的。应该这样说：是成功人士在名校汇聚，而不是成功人士因名校而成功。

诚然，人脉关系也很重要。能够在一所云集了来自上等家庭的、人脉广泛的人的贵族学校就读，确实能让你更容易获得高薪的第一份工作。但如果随后你在工作中的表现并没有达到雇主预期，那么即使整个夏天你都穿着哈佛的T恤去上班，你也无法保住你的工作。哈佛蓝领工会的工人们多年来一直在为争取更高的工资和更好的工作条件而斗争，他们提出的斗争口号，恰好可以作为我对本节观点的总结：

声望是不能当饭吃的。

朽木不可雕

我的亲身经历告诉我，上名校并不能保证一个人一定成功。让我来讲讲乔治和萨姆（化名）的故事，他们俩是我在哈佛大学读经济学研究生时的同班同学。我们班一共有25位同学，入学不久后乔治和萨姆就脱颖而出，我们都认为他们是将来最有可能成功的人。天啊，他们真的很聪明。他们太聪明了，以至懒得熬到高中毕业就辍学了。虽然在高中的最后一年辍学，但是他们有着非常高的学业能业倾向测试（SAT）分数，最后分别被两所全美顶尖大学录取。很显然，本科课程对于这两位绝顶聪明的人来说太没吸引力了，他们既不去上课也不参加考试，而是自学。但是，他们只学那些自己感兴趣的东西。这最终导致了他们被大学劝退。

那么他们又是如何被哈佛大学的经济学博士项目录取的呢？因为他们是不折不扣的天才。事情的原委是这样的：因为机缘巧合这二人互相结识了，于是他们开始一起策划上哈佛的计划。这个计划的第一步，就是先确定谁是负责哈佛大学经济学研究生招生的老师（在这里我们称他为X教授）。接下来，乔治和萨姆合作写出了一篇精彩的论文，这篇论文的内容是针对X教授最近写的一篇论文的评论。乔治和萨姆把他们的评论文章作为研究生入学申请材料的一部分提交给了X教授。X教授最终被这篇论文打动了，谁能想到两个高中和大学都没读完的孩子能够在一位哈佛教授的著作中找出漏洞呢？你猜对了：因为这一点，乔治和萨姆被哈佛大学录取了。

当刚刚进入哈佛的时候，我们其他人心里都在打鼓，怀疑我们能被录取，是不是因为招生办公室在发录取通知书时犯了文书错误。当我们见到乔治和萨姆后，我们的这种怀疑似乎得到了证实。乔治和萨姆不仅看起来像天才，就连说话都是天才的样子。高深的数学问题对他们来说根本不在话下，他们对大学里的计算机硬件系统也简直是了如指掌，似乎在各个方面乔治和萨姆都超过了其他人。另外，X教授的态度更加剧了我们的不安全感，他在我们面前从来不怎么掩饰他认为自己发现了两个爱因斯坦一样的天才。毕竟，阿尔伯特·爱因斯坦在高中和大学期间也有类似的表现。

到了要参加第一次理论考试的时候，我们认为一切都该结束了。乔治和萨姆会把我们远远甩在后面，哈佛也会发现工作人员在录取我们时搞错了，然后学校会纠正这个错误、将我们扫地出门。因此，除了乔治和萨姆，我们所有人走进考场时都垂头丧气，可他们俩却表现得非常冷静。

然而几天后，一件非常奇怪的事情发生了。教授把考试分数张贴了出来。我们都跑过去想看看乔治和萨姆的分数到底有多高。但是，在榜单的开头没有出现乔治和萨姆的名字，继续往下看，榜单中间也没有，中间以下也没找到……啊！他们的考试分数竟然几乎垫底。

这到底是怎么回事呢？原因很简单：江山易改，本性难移。乔治和萨姆还是原来的乔治和萨姆，被哈佛录取后也丝毫没有改变。这两个人根本就懒得学习，他们也压根儿没有德国人所说的sitzfleisch（字面意思是"坐着的肉"）。"sitzfleisch"指的是长时间坐在椅子上学习、研究和写作的能力。一个人的底子如果不扎实，是不可能在学术的路上走太远的。乔治和萨姆正是如此。

乔治和萨姆最后还是莫名其妙地通过了基础课程考试和博士生初试。但一到写论文的时候，sitzfleisch 精神在他们身上就彻头彻尾地消失了，我们班的这两位天才都懒得去写论文。结果，他们连续 3 次毕业失败了：没能从高中毕业、没能从大学毕业，也没能从研究生院毕业。因此对乔治和萨姆来说，进入哈佛甚至都不是一张能从哈佛毕业的门票，更不用说是一张通往成功的学术生涯的门票了。①

当然，乔治和萨姆的故事并不具有普遍意义。大多数考进哈佛的人并没有毕业失败，而且，大多数哈佛毕业生最终都位居工资分布榜的顶端。但是，他们能被录取、留在学校并顺利毕业的主要原因，并不是他们如此天资过人以至连努力都不用。他们能过上富裕的生活，并不是因为上过哈佛，而是他们知道如何工作。他们是远比大多数人更加努力的人。他们文凭上学校的名号对他们长期取得事业上的成功的贡献极其有限。同样的情况适用于哈佛以外的全美所有名校的毕业生，当然也适用于名校之外的所有毕业生。如果你研究一下排名在前 50 名以下的学校，结论也并不会有什么不同。

这可不仅仅是我个人的观点。在 1999 年的一项具有重大意义的研究中，经济学家斯泰西·戴尔和艾伦·克鲁格发现，一旦你把高中阶段的绩点和其他衡量一个人能力和职业道德的指标考虑进去，你就会发现一个人的收入不取决于他们是否上过名校。[16] 这项

---

① 乔治和萨姆不适合做学者，但这并不意味着他们最终将穷困潦倒。我没有持续关注后来他们的事业发展情况，很可能他们在不需要纪律和勤奋的领域，取得了远远超过我们大多数人的成功。

研究揭示了一个巨大的关于金钱的秘密：如果你没有获得高额的（真正意义上的）经济援助，上哈佛、耶鲁、斯坦福、麻省理工、哥伦比亚、宾夕法尼亚、康奈尔等这些费用高昂的大学就非常得不偿失。

这个关于金钱的秘密可以总结为：

花大钱上名校很可能是一种巨大的浪费，更别说借钱去上了。

当然，我不想在此夸大其词。经济学家拉吉·切蒂和约翰·弗里德曼最近与其他人一起进行的一项研究表明，就读特定的名校可能会有一定的附加价值，那也是因为这些学校在特定领域为学生提供了很好的训练，或者是因为这些学校受到某些领域招聘人员的青睐。[17] 例如，如果你想去华尔街工作，宾夕法尼亚大学就是一个比阿默斯特学院更好的选择，因为华尔街每年在宾夕法尼亚大学招聘的学生人数要比在阿默斯特学院更多。因此，在某些情况下，为得到在特定领域的训练或面试机会而支付更多的费用也可能是值得的。但我们要关注的更高层面的问题是：是否绝大多数就读名校的学生都认为，花高价买到的华丽的文凭就是通往完美人生的门票呢？如果他们是支付了全额学费后才买到了这张文凭，那它更有可能是一张通往困顿人生的门票。

另外，如果因为你没有能满足你的祖母去向人吹嘘的虚荣心，她就会大发雷霆，那么有很多方法可以让你以较低的成本就读名校。第一个方法我们已经讨论过了：查看一下就读这所学校需要你付出的净成本，实际上它可能会远低于你的预期。第二个办法是同时获取便宜的学位和值钱的教育。

以低成本就读名校

以新泽西州的罗格斯大学为例。在《美国新闻与世界报道》的大学排名中，这所学校排在第 63 位，但它的学费还不及许多排名前 50 位的学校的一半。罗格斯大学的这个排名真的意味着它是全美国最适合上的大学中的第 63 位吗？波士顿大学真的就应该排在第 42 位吗？当然不是。关于《美国新闻与世界报道》排名系统的缺陷，我可以写上整整一本书。《美国新闻与世界报道》排名最大的问题是，它恰恰低估了一个在选择大学时本来最应该关注的因素，那就是从事教学工作的教师的质量。另外，同一所大学不同院系之间的水平可能存在很大的差异，这一事实的存在使得问题被进一步放大。如果一所学校在你感兴趣的领域有很棒的学院或者系，这对你来说应该比学校的综合排名重要得多。

我在这个问题上的观点是什么？我认为：最好的教学和指导应该是由最好的学者提供的。最好的学者是那些在其研究领域顶级期刊上发表文章的大学老师。为什么这么说呢？因为要成为一名顶尖的教育工作者，需要时时与所在领域的最新研究保持同步，而这恰恰也是顶尖学者们孜孜以求的目标。没有对文献的研究和引用，就不可能发表出自己的研究文章。当然学者们也不能去发表一些与已经发表过的研究成果相似的东西。因此，学术界那句老话"不发表就灭亡"背后应该有这样一个推论：读过了才能写得出。

当我在 1984 年加入波士顿大学经济系时，基于在顶级期刊上发表的论文数量，我们系在全美经济系中排名第 86 位。这个排名非常客观。你可以直接翻开过去 5 年的头部学术期刊，统计一下波士顿大学教员所写的文章数量，这个数字使得我们系排在第 86 的位置，当然，这是一个毫无存在感的名次。

在我加入波士顿大学的那个时期，扭转这种不利局面是大学的首要任务。这就需要学校去聘请顶尖的研究人员，并提高终身教职的授予标准。1985 年，我有幸成为这个特别行动委员会的主席，于是我和我的同事们撸起袖子开始加油干。14 年后，同样依照顶级期刊论文发表数量这个标准，我们系的排名跃升到了第 7 位！[18]这个排名甚至超过了斯坦福大学、耶鲁大学、西北大学、伯克利大学、布朗大学以及其他一些被认为"更好"的大学。

然而，年复一年，《美国新闻与世界报道》却无视我们经济系取得的学术上的进步，更不用说整个波士顿大学取得的学术进步了。但是，有意思的是，当波士顿大学建造了一个雄伟的新体育馆、一幢五星级的宿舍楼、一个华丽的学生中心、一个顶尖的曲棍球场以及发生了其他各种各样的、对实际教学水平没有任何影响的装饰性改变时，学校的排名却上升了。因此，关于挑选大学这件事，我们可以得出以下至理名言：

你不能轻信大学排名。

这一结论对于以下几个重要问题都有着深远的影响：将哪些大学纳入考虑范围；最终为上大学支付多少钱；最后所负担的债务的规模；等等。虽然我讨厌重复以前说过的话，但这里我还是要重申一遍：最简单、最安全的赚钱方式就是不花冤枉钱，尤其是不应该为实际上是二流的东西支付一流的价钱。上大学是件价格不菲的事情，而高中生们爱上一所大学的理由可谓是五花八门，比如因为他们喜欢在他们参观校园时的导游、是学校某个著名运动队的粉丝、学校坐落于一个蛮有趣的城市、宿舍条件很棒，等等。当我做波士顿大学经济系主任的时候，我从来没有接到过一位高中生申请者或家长的电话或邮件，询问我们教师队伍的研究质量，因为他们自己或他们的孩子可能会选择我校的经济学专业。

这个事实让我颇为担心。我的感觉是，数百万高中生在购买大学教育时表现得很盲目。究其原因，可能是他们认为：花的钱越多学校的排名就越高，宿舍越好他们最终获得不错的经济回报的可能性就越大。然而，正如戴尔－克鲁格的研究所表明的，事实并非如此。如果你知道在你感兴趣的领域，罗格斯大学可能远远优于大多数排名前20位的大学，那么，对你来说，加入罗格斯大学可能意味着以一半的价格获得了更优质的教育。在其他条件相同的情况下，这还意味着你毕业时背负的学生债务将减半。

在选择大学时，你该如何判断要花钱购买的教育的质量到底处于一个什么样的水平呢？我会建议你遵循以下步骤来解决这个问题：首先列出你正在考虑主修的10个专业领域（这时没有理由把自己限制得太窄，因为大学学习的一个重要部分就是能够根据兴趣转换你的学习领域），然后在网上去查找每一所你纳入考虑范围的大学的相关领域院系的研究情况或排名。①

接下来，打电话给那些不在你名单上的学校相关院系的系主

---

① 这个工作要做得尽量细致全面。因为你可能会发现依照不同的标准有不止一个排名。在经济院系的研究水平的排名上，Repec.org 似乎做得最好。在这个网站上，波士顿大学在全美经济院系中排名第11位，在全球排名第15位。罗格斯大学在全美经济院系中排名第38位，在全球排名第68位。

任，问问他们的意见：在你考虑的大学院系中，哪个在他们的领域中最好。例如，你如果在比较维克森林大学和圣母大学的政治科学专业，那么就打电话给密歇根大学的政治科学系系主任，问他有什么建议。①我知道我这个建议可能看起来不太正统，但是我想实现的目的是鼓励你跳出固有的思维模式，至少跳出光鲜亮丽的招生手册来思考求学问题。虽然有此建议，但查看教员的研究成果，是帮助你确定所感兴趣的学校和院系学术质量的最重要也是最简单的方法。他们的简历很容易在互联网上找到。

如果大学排名与所提供的教育质量之间没有必然的联系，但人人都在关注排名本身，那么你肯定可以找到一所以非常合理的价格提供一流教育的学校。因此，我们可以得出以下关于金钱的准则：

通过排出你自己的大学排名，你可以找到一所便宜但提供一流教育的学校。

无论上了哪所大学，你都要把你的学业经历打造成精英教育

即便你已经做出了关于大学和专业的选择，再进一步对学校的教育质量做细致的调查也是很重要的。以我们波士顿大学经济系为

---

① 从事教育的人就是喜欢教育，除非他们在自己的职业中伪装自己，否则他们应该非常乐意花几分钟时间来帮助正在崭露头角的年轻学生，为他们提供选择求学之路的建议。

例，和大多数学术领先的院系一样，在我们系中教授本科课程的师资队伍中有顶尖的研究型学者，也有很多访问学者和非研究型的教员。假设你选择来我们系读经济学专业，再假设你要支付超过8万美元的学费、住宿费和伙食费，那么读完4年本科课程你要付出的成本就是32万美元。要花这么大一笔钱，你当然想确保能用这些钱买到学校所能提供的最好的教育。要知道，在全美大部分地区，32万美元能买到一套不错的房子，32万美元也足以买到3辆电动悍马汽车或一辆劳斯莱斯（便宜的车型）。如果毕业后的税后工资能达到平均水平，那么你需要工作8年才能赚到32万美元。

所以，你最好在选课前花上半天的时间，去查阅一下我们系中有哪些研究成果出众的优秀教员，然后去选他们所教授的课程。不要依赖那些提供教学评估的网站或者其他同学的推荐，这两种方式都可能具有误导性。那些最受欢迎的老师可能会非常风趣幽默，但不一定是在他们的研究领域中成就斐然的人。

为了进一步阐明这个观点，让我来重现一下我与一位学生的对话。当我们碰巧相遇时，她刚刚从波士顿大学经济学专业毕业。当得知我在波士顿大学教经济学时，她笑了。

她说："我非常喜欢波士顿大学，也非常喜欢经济学。"我也笑着回答："你上过Z教授的课吗？他超级棒。"

"没有，我没选Z教授的课。"

"X教授呢？你肯定上过X教授的课，对吧？"

"也没有，对不起。"

"Y教授呢？你上过Y的课吗？"

"也没有，但我上过 W 教授的课。"

"哦。W 教授其实不是教授。他是个研究生。"

在经过你来我往几轮交谈之后，我意识到这位对在波士顿大学接受的教育非常满意的毕业生，虽然在一流的经济系上了 4 年的课，但没有上过一门哪怕是由我们系正规教师（在课程中教授自己负责的模块）开设的课程，更不用说我们的顶级研究学者了。我不知道是谁为她的教育买单的，是美国政府、波士顿大学、马萨诸塞州、她的父母、祖父母、有钱的阿姨，还是她自己（通过借贷）？不管她的教育账单是怎么被支付的（或者还在支付中），她都没能够充分有效地利用自己所能获得的教育资源。虽然我们有优秀的研究生、访问学者和专门从事教学的非研究型教员，但对于课程教学来说，他们肯定远远不如顶尖的研究型学者。对于波士顿大学来说，这是真理，对其他所有大学来说也是一样的。

写到这里，另外一个秘密就水落石出了：

去上顶尖的研究型教员的课程，花好你投入在教育上的每一分钱。

免费在名校接受教育

当你在搜寻想要研究的领域中哪所学校拥有最好师资时，你肯定会发现：尽管有宝藏般的学者隐藏于排名平平的学校中，但许多好教师确实都在昂贵的名校。①

拜神奇的互联网所赐，你实际上不必成为那些名校的全日制学生，就能够跟随名校里的顶级教师学习。你完全可以申请进入一所便宜些的学校，同时去哈佛、麻省理工、耶鲁、牛津、伯克利、斯坦福和其他许多排名靠前的学校参加免费的在线课程。Coursera 是一个提供近 4 000 门大学课程的在线平台，其中大约 1/4 的课程是免费的。对于其余收费的课程，每年的花费大约为 600 美元。如果你仅仅是想通过修几门课程获得自己感兴趣的领域的专业证书，那么所需的花费比这要低得多。

1962 年，肯尼迪总统受邀在耶鲁大学的毕业典礼上发表演讲，并获得了耶鲁大学授予的荣誉博士学位。在接受荣誉学位证书时，总统说了一句著名的话："现在……我拥有了两个世界上最好的东西，一个是哈佛的教育，一个是耶鲁的学位。"[19] 这句话展示了机智幽默的肯尼迪那非凡的智慧。当时的普遍看法是（至少在学术界是这样的）：耶鲁的教育水平胜过哈佛，哈佛学位的名气胜过耶鲁。肯尼迪用这句简单的话把这两所学校都调侃了，其实在场的人也都

---

① 排名较高的学院和大学通常有更好的教师，但这些学校中也有通过加倍努力的学习积累了比其他人更多知识的学生。在那里，学术宅绝不少见。假设你是艺术史专业的学生，但为了满足课程分配的要求，你需要加修初级微积分。在这种情况下，请你的室友阿尔弗雷德·E.纽曼来给你解释一下洛必达法则是件不错的事。但是，由于互联网的存在，向身边的同龄人学习的优势已经急剧减退了。现在如果你在谷歌浏览器中输入"洛必达法则"，你就会发现有来自 12 个时区以外的人可以教你。你会在可汗学院、优兔（YouTube）视频、维基百科以及其他几十个不同的地方找到在线学习这个定律的方法。对于大多数研究领域的大多数一般性话题，情况都是如此。

知道这一点。

今天,肯尼迪的俏皮话有了现实意义。如果你是艾奥瓦州的居民,你每年花不到 2.5 万美元就可以获得艾奥瓦大学授予的学位,同时你还可以接受耶鲁大学的在线教育。参加耶鲁大学的在线课程、获得结业证书和成绩单需要多少额外费用呢?答案是:几乎为零。然后,在申请工作的时候,你可以在你的简历上注明,你毕业于艾奥瓦大学,但曾经参加过耶鲁大学的课程,同时附上耶鲁大学的结业证书和成绩单作为证明。这的确是一条妙计。

鱼和熊掌得兼:既得到了便宜的、不需要负债就能获得的学位,又获得了超高价值的教育。

话虽如此,但认真来说,艾奥瓦大学在很多项目上都胜过耶鲁,包括艾奥瓦作家工作坊,它无疑是全美国最负盛名的写作课程项目。

大学到底是教育还是信号?

迈克尔·斯宾塞因为他杰出的信号理论而获得了诺贝尔经济学奖。对在第 1 章中我们提到的 CJ 来说,他可是独自一个人就发现了这个道理。斯宾塞的信号理论适用于多种场景。当它被应用在大学教育这个话题上时,极端形式的表述可以是这样的:大学教育对未来的雇主没有任何直接的价值,对雇主来说,最重要的是你能否考上大学(尤其是一所顶尖的大学)并能够坚持到毕业这一事实。从这个事实中雇主可以看到:你比其他人更努力、更有创造力、学得更快。因此，能进入一所精英大学并从那里成功毕业，就等于你出色地完成了一次长时间的工作面试。如果每个人都上了大学，并顺利毕业，那么雇主能从中接收到的信号是很弱的。但是，如果那些在工作中展现出更高潜力的人在上学时能轻松应对各种难题并顺利毕业，那么名校就会脱颖而出，他们的毕业生就会得到更好的工作机会的垂青。

这是否意味着你需要向一个昂贵的学校支付一大笔钱，以获得盖在毕业证书上的金色印章呢？在当今时代这并不是必要的。正如前面所说的，去一所顶级学校上在线课程并获得结业证书和成绩单就可以了。假设你在北达科他州耶茨堡的坐牛学院上学，这里的求学费用每年需要1万美元，你完全可以通过上学期间在当地的麦当劳做兼职来赚出这笔费用。不过，你的梦想更大些，是将来在IBM（国际商业机器公司）从事量子计算工作。没问题，如果去网上查一下这方面的在线课程，你就会发现网上有几十门这个领域的课程，它们都是由排名靠前的大学里的顶尖教授讲授的。假设你在这个领域修了10门课，花费了7 500美元换来了一份结业证书和一份成绩单。你完全可以通过暑期在麦当劳全职打工赚到这么多钱。没错，当有一天你申请工作的时候，你就能写出一份非常不错的求职申请发给IBM了。

在此，我对我的观点稍作总结：

在当今时代，你可以通过互联网以很低的价格获得名校教育提供的信号价值。

转学游戏

以低成本获得高价值教育的最好方法之一，是在大学的前两年读一所学费便宜、声望一般的学校，然后在大三和大四转入一所昂贵且拥有顶尖声望的学校。

"大学跳槽"现象是普遍存在的。每年大约有70万学生（接近学生总人数的2/5）转学。还有17%的学生不止转一次学。包括大量的社区大学学生在内的大多数转学的人，都是从便宜的学校转到昂贵的学校。事实上，1/4的社区大学学生最终会转到普通大学，同时大多数转学的人会从最后转入的新学校获得学位。换句话说，如果你在一所学费较低的学校上了两年学，然后转到一所学费较高的学校继续完成学业，相对于一开始就进入昂贵的学校，你可以用比其低得多的学费获得一个有声望的学位。

那么，想来我任教的波士顿大学吗？波士顿大学每年会收到超过4 300份转学申请，而且高达43%的转学申请会被批准，这几乎是这所大学针对高中毕业生录取率的两倍。这意味着通过转学进入波士顿大学，比作为大一新生进入波士顿大学容易几乎一倍。康奈尔大学每年收到约5 300份转学申请，录取率为17%，而它的新生录取率只有10%。所以，再次强调：转学可能是跨进你梦想大学之门的好方法，与此同时，在转学前的几年中，你因为求学而可能产生的花费和债务又能得到大幅削减。但是，你不能指望有百分之百的把握转入你梦想中的学校。举个例子，普林斯顿大学是众多精英学府之一，这所学校每年只接收少量的转学申请者，原因很简单：几乎所有被普林斯顿大学录取的大一新生都会坚持到4年后毕业，如此一来，剩下的入学名额就少之又少。然而，如果把美国所有大学作为一个整体来看，转学录取率似乎与标准录取率相差无几。[20]

关于转学的一个大问题是，根据你在上一所学校完成的课程，你转入的新学校会给你计算多少学分。[21] 如果你心里已经有一个具体的转学计划，你可以提前花点儿时间和目标学校的招生办公室谈一谈，以便对目标学校的学分转换政策有所了解，从而决定什么时候提出转学申请最合适。另外值得注意的是，老学校和新学校成绩单上绩点的统计标准可能会不一致。

做个总结：

认真考虑一下通过转学的方式，以便宜的价格从一所昂贵的学校拿到学位。

溺毙于学生债务

到目前为止，我们讨论的主要聚焦点，是你背负的学生债务超出你的偿债能力所带来的潜在风险。如果你认为这个警告并不适用于你，那么我奉劝你再仔细考虑一下你的判断是否准确。2019 年，12% 的学生贷款处于违约状态，另有 14% 的学生贷款处于延期状态。[22] 换句话说，4 500 万有学生债务的美国人中，至少有 1/5 无法偿还所欠的债务。这组数据着实令人不安，在经济正常的时期都有 20% 的学生无法偿还债务，更不用说在经济不景气的时期了。这个事实足以让任何考虑借钱上大学的人三思而后行。

除了对借钱上学这件事发出警告，我还想谈一谈现存的真实的和伪装的学生资助这个话题，再谈谈考虑获得债务减免的可能性，并讨论一下偿还多重贷款的最佳方式。这里我所说的"最佳方式"包括先还清哪些贷款、试着延长哪些贷款以及是否应该选择基于收入的贷款。

关于学生经济资助的一些细节

从前文中我们已经了解到，有好的资助也有坏的"资助"。好的资助不需要被偿还。它是以直接资金赠与（也叫奖学金）的形式提供给学生的。资助来源可以有很多，包括联邦政府、州政府、你申请的大学，或者私人慈善机构或组织。助学金和奖学金的数额可能基于经济需求，也可能基于学业成绩。联邦政府的佩尔助学金每年可向每位来自低收入到中等收入家庭的大学申请人提供最高 6 345 美元的资助（2021 年的水平）。你如果有相当迫切的需要，还有一项额外的联邦补充教育机会助学金（FSEOG），每人每年最高可获得 4 000 美元。

一些州政府也会提供学生资助项目。加利福尼亚州的"加州助学金"就是一个例子。这项助学金是根据申请人的经济需求和在加州高中就读时的绩点来计算的，但授予资格只给到那些申请加州大学体系、加州州立大学体系或加州社区学院体系中的学校的申请人。除加州之外，几乎所有的州都设有专项的、有针对性的大学奖学金。

查找州立奖学金信息的一个好地方是美国学生财政资助管理员协会（NASFAA）的网站。我曾在上面查阅阿肯色州最好的大学奖学金。虽然我没有能够找到与加州助学金类似的项目，但我确实发现了那些针对喜欢马术、合唱、科技、汽车、虫害控制、废水处理、护理和自然保护的孩子们的奖学金，还有针对警察以及残疾或已故阿肯色州退伍军人的孩子的奖学金。

各所大学在颁发基于需求和基于学业成绩的奖学金方面有自己的标准。如果你是优等生、运动员或在其他方面表现突出，那么大学很可能会为争取到你而竞相出价。让它们出就是了。一旦它们给你发了录取通知书和奖学金授予信函，你就可以在这个基础之上申请更多的资助。你要告诉它们你的特殊情况并让它们知道其他学校开出的条件，然后看看它们是否愿意更进一步来挖你。你可以上网搜索一下，上面有关于如何以一种有吸引力的方式进行自我陈述的指南。

基于需求的经济资助是通过从标称学费中减去你的预期家庭贡献（EFC）来计算的。如我们之前讨论的那样，Myintuition.org 上面用来计算预期家庭贡献的公式是基于你的家庭收入、非退休账户资产、正在上学或将要上学的兄弟姐妹人数等条目来计算的。

假设标称学费是每年 7.5 万美元，你的预期家庭贡献是每年 4.5 万美元，那么你的需求将被设定为 3 万美元。学校将会试图通过联邦和州拨款、一份勤工俭学的工作以及学校能负担得起的基于需求和成绩的奖学金来帮助你解决经济困难。如果找不到钱满足你的资金需求，那么，你就只能支付 4.5 万美元预期家庭贡献之外的差额。这将是你的求学净成本。

虽然一般情况下你不需要对这些资助进行偿付，但某些事情的发生会使情况发生改变。假如你夜夜笙歌、上课睡觉、酗酒、吸食大量毒品的话，那么你很有可能最终会辍学或被赶出学校。在这种情况下，不管是美国政府还是其他资助方，都可能会要求你把已收到的款项退还。如果你没有钱偿还，那么你的佩尔助学金就会变成贷款，你日后要连本带利地偿还它。

糟糕透顶的"资助"：学生贷款

占总数量 90% 的学生贷款是美国政府在一些联邦计划项目下发放的，其余的都是私人贷款。如果你不得不申请贷款，你应该优先考虑使用自己有资格申请的联邦贷款。联邦贷款的固定利率很低，你也可以选择把收入的一部分用于还款。你如果从事特定的工作，甚至可以申请贷款免除和贷款延期。在某些情况下，你如果能更快地还款，还可以获得更低的利率。

目前还在发放的联邦贷款包括直接贷款（也叫斯塔福德贷款）、直接 PLUS 贷款和直接合并贷款。直接贷款的发放对象涵盖本科生、研究生以及职业学生。有经济需求的本科生可以获得直接贷款补贴，这可能会允许他们在毕业后 6 个月内以及可能被批准的任何延长期限中，免于支付利息费用。直接 PLUS 贷款适用于研究生和职业学生（Grad PLUS），也适用于前文讲过的本科生的父母或祖父母（Parent PLUS）。直接合并贷款让学生把他们所有的联邦贷款合并成一张欠条，在还款时每月只支付一次就可以了。

对于大多数申请人来说，2021年可以通过直接联邦贷款累计获得的大学贷款的最高金额是3.1万美元。如果你在经济上不依赖父母，最高金额则为5.75万美元。如果你是研究生或职业学生，最高额则为13.85万美元。很显然，如果你就读的大学每年的净费用是7.5万美元，那么3.1万美元只是4年总学费的大约1/10罢了。

本科生联邦贷款的利率是2.75%，研究生和职业学生贷款的利率是4.3%，家长PLUS贷款的利率为5.3%。这些都是固定利率。然而，有固定利率的私人学生贷款的利率则在大约3.5%到离谱的14.5%之间不等。可变利率学生贷款的利率则是从1%到12%不等。如果你的FICO分数（信用评级）较低，那么你所能拿到的私人贷款利率将更高。如果作为你共同签署人的父母FICO分数很低，也会发生同样的情况。

真正糟糕的"资助"能有多糟糕？

即使是2.75%的借款利率，与投资20年期国债（在我写这本书的时候利率是1.5%）相比，也是很高的，更何况是要支付4.3%或5.3%甚至更高的利率的情况呢？所以现在我们说的这类"资助"是非常有害的。

我举个例子来进行具体的阐述。假设你叫杰西，刚从高中毕业，你的目标是获得一个教育学的大学学位，希望将来在考虑通货膨胀和税收因素后，每年能挣到5万美元。如果你在62岁退休，那么你在整个职业生涯中将能赚到200万美元。用这个数除以你可能继续存活的 82 年（假设你的最高寿命是 100 岁，而你现在是 18 岁），平均下来你每年可以用来花的钱大约为 2.4 万美元，在这里我们暂且先不考虑上大学的费用、税款、B 部分医疗保险保费和未来的社会保障福利等因素。

你的父母很有钱，这造成的直接影响是：以今天的美元价值计算，你将面临每年 2.5 万美元的大学净成本，因为你不符合领取基于经济需求而提供的助学金的条件。幸运的是，你的父母承诺他们会给你全额支付大学费用，至少到今天之前，他们是这么计划的。

不幸的是，今天你彻底撞毁了他们全新的梅赛德斯奔驰 S 级轿车，更不幸的是，他们在事故之前没有给这辆车购买车辆事故险。他们对撞车这件事会作何反应呢？"那辆车比供你上大学还贵，现在，上学的学费你得自己付了。对不起，4 年后见吧。"对于你的处境，你选择进入的大学的工作人员表示同情，但他们不能给你提供除同情之外的任何支持。所以你要去借 10 万美元来支撑你完成学业。如果你能以现行的经通货膨胀调整的长期零利率借款——这基本上相当于没有利息，你需要先花费 10 万美元才能在将来挣到那 200 万美元。

这听起来是个不错的投资，对吧？先别那么着急下结论，因为你需要考虑是否有其他选择。如果你找到了一份对你来说喜爱程度和教书一样的工作，而且终身收入相同，同时又不需要你上大学就能从事，那你该怎么办呢？具体一点儿：假设你的叔叔提出请你去他的吉他店工作，并要把你训练成一位乐器修理师，收入水平也符合你的计划，而且这份工作永远不会被自动化所取代。如果你像喜欢教书一样喜欢这个职业，那么你选择上个大学然后去当老师的话就等于白白浪费掉了10万美元。

尽管如此，你仍然对从事教学工作很感兴趣，而且就是很爱这所也很爱你的大学，虽然它对你的爱还达不到要替你解决掉财务难题的程度。那么，在零利率借贷的情况下，现在你一生的花费预算是190万美元，也就是用200万美元减去上学需要花费的10万美元。现在，你的可持续年度支出下降到了2.3万美元。虽然降幅不大，但没有小到足以让你对其无感。

不过，以上说的是最理想的情况。借钱不可能没有成本。非常可能出现的情况是：考虑到你需要借私人贷款，你将拿到的平均借款利率在经通货膨胀调整前为7%，在经通货膨胀调整后为5.5%。如果你打算在20年内还清贷款，你的终身支出将增加6.2万美元，你上大学的费用因此增加了62%。这6.2万美元的成本相当于你2.7年的花费。它将你每年的可持续支出降低到大约2.24万美元。换句话说，在剩下的82年里，你将面临每年7%的开支削减。这几乎相当于此前计划中6年的开支！说到这儿，从事吉他修理这一工作开始变得有点儿吸引力了。

但关于糟糕的资助的故事开始变得更糟了。我的假设是你教书的时候平均每年能净赚5万美元。但是干教师这一行的特点是起薪很低，但薪资会随着终身教龄的增加而增加。因此，平均起来5万美元的净收入对于教师来说是合理的，但你最初的净收入将会是3.5万美元左右。你每年的学生贷款还款平均在8 000美元左右。这样，你在早年就没有什么钱可以存了。这种境况将使你很难为买一套房子积累足够的首付，或去建立一个储备基金来支付可能需要自掏腰包的医疗费用。当然，不是没有方法可以帮你解决这个问题，其中一些我们已经在之前的章节中介绍过了。你可以和朋友住在一起、使用公共交通工具和汽车共享平台 Zipcar、放弃旅行、忘掉看电影时你最喜欢吃的奶球（实际上你需要彻底忘掉看电影、忘掉去餐馆，等等）。但最可能的情况是，你会无钱储蓄，你一旦失去了工作，就将无法偿还学生贷款，在前文中你已经了解了这样做潜在的可怕后果。虽然这种惨淡的情况是非典型的，大多数学生最终都有能力偿还他们的学生贷款，但是，这种非典型情况的存在也说明了为什么大约 1/5 的学生贷款借款人，不能偿还或不能全额偿还贷款。

如果你选择用 10 年而不是 20 年还清贷款呢？这会使你的终身还款减少到 13 万美元，但同时会使你的短期现金流进一步恶化。现在你必须在前 10 年每年支付 1.3 万美元的还款，相比之下，20 年还清的年还款额为 8 000 美元。那么如果选择 30 年还清呢？在这种情况下，这笔贷款的还款额平均每年约为 6 500 美元，终身还款为 19.5 万美元。这意味着：与去做吉他修理师相比，从事教师这一行业会使你每年和余生的生活标准都要低上 10%。

固定还款方案与收入驱动的还款方案

Studentaid.gov 网站列出了偿还联邦贷款的不同方式。标准还款计划适用于所有类型的贷款，需要每月支付固定的金额，还款期限不超过 10 年（对于合并贷款来说，期限为从 10 年到 30 年不等）。毕业还款计划与标准还款计划相同，月供只是起初较低，然后会随着时间的推移而上升。

收入驱动型还款计划有3种。第一种是"修订后的随赚随付计划"（REPAYE Plan），它每月收取你的可支配收入的10%作为还款，可支配收入就是你调整后的总收入减去你的家庭规模适用的州贫困线的150%。如果你在20年后还没有还清贷款（针对研究生或职业学生的贷款的期限为25年），那么剩余未还的本金加利息将被免除。研究生PLUS、家长PLUS、直接合并贷款以及已经中止了的教育项目下的贷款都不符合使用该偿还计划的条件。

能够让你在20年或25年之后从学生贷款还款中抽身相当于提供了一种保险，在你的收入相对于你的借款金额较低时为你提供保护。你的收入下降时你的还款额也会下降，这也类似于一种保险。例如，如果你失业了，你的还款会减少。但反过来，如果你事业做得风生水起，最终你的全部还款很容易远远超过你最初的借款，因为高收入水平的10%可能已经是一个很大的数字了。为什么会这样呢？这和你信用卡上的余额没什么区别。如果你不支付到期的利息，你的欠款余额就会增长，最终累计的总还款金额比你刷卡时的原始金额要大得多。

此外，如果你结婚了，不仅你自己的收入要被扣减，你配偶的收入也要被扣掉10%为你还款！所以，如果你选择这种还款方式的学生贷款，你可能需要在求婚环节中设计一段这样的话："亲爱的，你愿意嫁给我和我的学生贷款吗？"

收入驱动型还款计划还有另一个缺点。假设你已经还了20年或25年，一切终于结束了，对吗？不完全对。美国国税局会把你所有未付的本金和利息（也就是它给你的"减免"）加起来，把它们加到你的应税收入中。这会给你增加不小的税收负担。你如果不能一次交完所有的税，那么不用担心。美国国税局会宽限你一段时间，你可以在这段时间内支付额外的税款以及利息。换句话说，你又重回了那些需要偿还贷款的日子（尽管是较小规模的贷款）。

第二种收入驱动型还款计划是"基于收入的还款计划"，它要求将你的收入与你较高额的学生贷款债务关联起来。用你当前收入的 10% 或 15% 还款，具体是哪个取决于你赚多少钱。然而，你的年还款金额永远不会超过 10 年标准还款计划下你每年应该支付的金额。

最后这句话需要进一步解析一下。假设你在标准还款计划下每年的还款金额是 1.2 万美元，为期 10 年。在基于收入的还款计划下，如果你的收入超过 12 万美元，你的年还款最高金额仍是每年 1.2 万美元，但你可能需要持续还款超过 10 年。这是因为在你毕业后收入较低的那几年中，你的收入低于标准还款金额，这产生了一定的利息。

贷款免除的时间点是从你收到第一笔贷款起的 20 年或 25 年。但这笔贷款会成为你应税收入的一部分。如果你结婚了，你配偶的收入也需要被扣除 10% 或 15%，但这只有在你们进行联合报税的情况下才会发生。如果不想这样，你们可以以已婚的身份单独报税，但这样的话你们就不得不享受支付更高税款的"乐趣"了。这种情况下，你在求婚时的说辞应该调整为："请嫁给我，我们将全面合而为一，除了税收。"

最后，"依收入而调整的还款计划"收取的还款金额为以下两者中更少的一个：标准的 12 年固定还款计划的还款（根据你的收入进行调整）或你可自由支配收入的 20%。如果你的父母合并了他们的家长 PLUS 贷款，那么他们也可以使用这种还款方法。和

"基于收入的还款计划"一样，你的年度还款也有上限。但在这种情况下，它是一个可变上限，当你的收入降低时上限就会降低。但是这种附加保险的成本也非常高，它会额外扣减掉你 5%~10% 的收入。

还款的博弈

在你收入较低的情况下，你似乎不会因为选择了收入驱动型还款计划而吃亏。只要你的收入足够低，采用这种方式你的还款就会比采用其他任何方式的还款都低。之后，如果你的收入增加了，你是不是就可以转向标准还款计划、去支付如果你从刚开始就选择该计划的情况下应该支付的金额呢？

你错了！美国政府中最不缺的就是工于算计的小人。如果你从收入驱动型还款计划开始，然后在未来某个时点切换回标准还款计划，你就会发现你的贷款余额更高了。

啊？这是怎么回事？

如果你进行这种转换操作，在转换前已支付的金额如果低于 10 年标准还款计划所要求的还款金额，美国政府就会把你少付的那部分钱连同利息一起累积到你的贷款余额中。

在收入驱动型还款计划下，有一个明确的方法可以减少你的还款支付金额。那就是尽量在退休账户上缴纳更多的钱。这会降低你调整后的总收入，因此也会降低你必须支付的还款。

贷款免除计划和贷款解除

联邦政府针对直接贷款制订了两种贷款免除计划。"公共服务贷款免除计划"可以让你在支付了 10 年的贷款还款后脱身,但它适用的前提是:你必须为符合资格的雇主工作。这些雇主包括联邦、州、地方或部落政府以及非营利组织。在这 10 年里,你的还款必须基于收入驱动型还款计划中的一种。一旦还满了 10 年,贷款免除,你也不用再为被免除掉的那部分钱纳税了。"教师贷款免除计划"可以免掉最高 17 500 美元的直接贷款和一些祖父母贷款,前提是你在低收入小学或中学或其他教育服务机构中教书。

如果你残疾了或死亡了,你的学生贷款债务就会被全部解除,但可能并没有人会主动选择走这条路。另一条可以使用但不太可能实现的学生贷款的解除方式是:根据《美国破产法》第 7 章或第 13 章宣布破产。但在这种情况下,你的贷款出借人可以在法庭上申辩你有能力偿还全部或部分欠款。所以这是一条不确定的途径。无论因为哪种情况获得贷款解除,都要以能证明你将永远无法维持最低生活标准为前提,换句话说,你需要证明,如果继续偿还你的学生贷款,你会无法继续生活下去。

你应该合并你的联邦学生贷款吗?

在以下几种情况下,你可以合并你的联邦贷款:毕业、离开学校或者在校注册的上学时间少于学校要求的一半。将 20 种不同的联邦贷款中的一种或多种（包括看似私人贷款实则由美国教育部拥有的那些）贷款进行合并操作的好处包括：不会产生成本、可以简化还款过程、可以通过延长还款期限降低你的月供。此外，它还会让你有机会选择使用收入驱动型还款计划。但同时它也可能会让你的还款持续更长的时间，正如我们在早前的例子中说明的那样，代价也是很大的。你可能还会失去过去在公共服务贷款减免计划下几个月的还款信用。你合并后的贷款的利率将是合并前各项贷款利率的加权平均值。

有两个网上计算器可以帮助你对联邦贷款还款方案进行比较。一个在 Studentaid.gov/loan-simulator 网站上能找到，另一个是 VIN 基金会的学生贷款还款模拟器。后者主要针对兽医专业的学生，但同时它对其他学生也都适用。

最佳还款策略

学生贷款的利率分布从适中、较高到极高不等。如果你有能力以较低的贷款利率贷到款，并对这笔钱进行重新融资，那么你可以考虑这样做，但要十分谨慎。私人借贷者既可能试图诱骗你支付更多的钱，也可能真正帮助你支付更少的钱。了解真实情况的最好方法是尽可能地进行同类比较。如果你有一笔 12 年的贷款，每月需还款 1 000 美元，那么请新的放款人告诉你，在按月支付费用的情况下，你每个月的总还款金额是多少。如果他们计算出来的向你收取的月还款额更低，你就可以继续申请这笔贷款。

你的行动重心应该是首先还清高利率贷款，同时如果可能的话，延长低利率贷款的还款期限。一种方法是将你的低利率联邦直接贷款合并到一个期限较长的固定期限标准还款计划中，并利用这些贷款每月还款减少的那部分来加速你的高利率贷款的偿还，无论这笔贷款是来自私人的还是来自联邦的。

至于与收入相关的还款计划，在我看来是存在比较多的问题的。如果你确定你的收入在未来20~25年里会很低，那么你用任何收入驱动型还款计划都能实现还更少的钱的目的。但如果你赚的钱更多，那么你很可能最终支付的更多。保险是指用一笔确定的支出降低未来收入下降的风险。那么在这里政府要求你用不确定的支出来保护你免受收入下跌的不利影响。如果仔细观察，你会发现这3种与收入相关的还款计划关于必须支付的最高额度似乎都没有一个真正的上限。而且，在每个计划下产生的平均还款额度取决于债务人未来的收入。因此，对任何人来说，对这些还款计划的经济收益与成本都要进行非常仔细的预先评估和分析。我的一般原则是：远离那些难以评估的复杂财务安排。本节的理财秘诀总结如下：

延长低利率贷款的还款期限，以加快高利率贷款的偿还速度。

坚持有标准的固定利率的还款计划，除非你绝对确定你的收入会非常低。

本章要点回顾

本章要总结的内容很多，我尽量精练。

- 除了按揭贷款，学生贷款总额也超过了1.6万亿美元，是美国现存规模最大的债务形式之一。2/3 的大学生借过学生贷款。通过借大笔的钱来资助孩子教育的父母也越来越多。

- 大多数学生贷款是联邦贷款，联邦贷款针对本科生的利率较低，针对研究生、职业学生以及家长的利率相对较高。本科生可以从联邦政府借到的学生贷款金额很小。这就迫使一部分人以过高的利率从私人贷款机构借款，或者让他们的父母以较高的利率去借款。

- 越来越多的父母通过"家长 PLUS"联邦贷款项目替子女贷款。关键问题是，谁才是真正的还款人。如果父母期望子女最终偿还父母的债务，那么实际上累积的学生（包括研究生和职业学生）债务金额将远远高于被报道的金额。那些打算让孩子未来偿还或部分偿还他们为孩子所做的"贡献"的父母，需要提前和孩子就此事进行讨论，因为孩子通常对财务上的问题知之甚少。这也适用于那些因为申请了家长 PLUS 贷款，最终留给孩子的遗产变少的父母。

- 上大学在财务上是有风险的，借钱上大学会极大地加剧这个风险。约 40% 的进入大学的人最终不能毕业，因为他们没有下苦功夫学习或者因为没钱。很多辍学的人都借了数万美元去学那些他们通常可以在网上免费获取的课程。从大学毕业的学生们平均每人背负着 3.3 万美元的正式债务。1/7 的毕业生背负着超过 5 万美元的正式债务。

- 有些贷款风险太大且成本太高。借钱上学后有 40% 的人可能毕不了业，他们会面临血本无归这个事实，这使得借学生贷款成了一个赌注非常高的游戏。你即使拿到了学位，也有可能因为你已经借了很多钱而无法从事当初上大学时梦寐以求的理想职业。
- 上大学而不用背负过多债务的方法就是以低廉的价格接受教育。如果你来自一个低收入或中等收入家庭，那些标价高得离谱的大学实际上可能会很便宜，因为它们最终向你收取的净学费可能会非常低。你需要比较一下上各个学校的净学费是多少。针对政府给出的学生经济需求计算公式中所要求输入的那些家庭资产项目，家长们需要尽早采取措施限制资产的规模（如果不能限制家庭收入的话），以避免子女上大学时的净成本被抬高。此外，申请者还需要根据自己的研究对申请的学校中感兴趣的院系进行排名。《美国新闻与世界报道》和类似机构的全美大学排名其实主要是声望调查的结果。它们并不是建立在对优秀研究成果的严肃比较的基础之上的，而优秀研究成果才是优秀教学质量的基础。
- 可以说，对于雇主来说，大学学历主要标志着你努力、专注和坚持不懈的能力。但是在当今时代，你可以进入一所便宜的学校而同时去修名校廉价的在线课程，并通过考试获得结业证书和正式成绩单来彰显你的这些品质。你也可以从一所不那么昂贵、不那么知名的大学转到昂贵的、更有声望的大学中。大学生中转学的比例惊人的高，有些人甚至不止转学一次。
- 有好的经济资助（基本就是助学金和奖学金），也有不好的经济"资助"（即必须被偿还的贷款）。大学往往把这两种资助统称为"经济资助"。你可不要落入这个圈套。贷款是一种负担，而不是一种帮助。不偿还贷款可能会导致严重的后果，包括欠款规模随着时间的推移而增长、你的工资甚至社会保障福利被削减。

- 学生贷款的利率都超过了你投资所能获得的收益，有些甚至超过了不止一点儿半点儿。需要偿还的时间越长，贷款成本就越高。但快速偿还大笔贷款可能会让你遭遇现金紧张的情况。这一事实也印证了我的"以低成本接受良好教育"和"不借钱"的观点。

- 学生贷款的还款分为标准型、毕业型和收入驱动型。如果你未来的收入肯定会很低，并且你已经借了很多钱，那么收入驱动型贷款可能是你最好的选择，这种贷款将以你收入的一部分作为还款，并有在20年或25年后被免除的机会。但请记住，提前还款是最安全的选择，因为学生贷款的利息高得实在是离谱。就我个人而言，考虑到收入驱动型贷款还款的不确定性，我会远离它。

- 优化你的学生贷款还款的途径，你可以通过延长低利率贷款的还款期限，使用释放出来的资金去提高高利率贷款的偿还速度。

第9章 像经济学家一样投资
——掌控你的生活水平曲线

美国有成千上万、顶着各种令人眼花缭乱头衔的理财顾问。[①]他们的共同点是：在我们愿意付费的前提下，为我们提供如何投资的具体建议。有趣的是，针对同一个人，他们给出的建议五花八门。有些人会告诉你，你应该持有指数基金，有些人会推荐生命周期基金。有些人会强调投资国际股票，有些人一门心思力挺投资黄金，有些人坚持认为投资比特币是你的未来。有些人专注于大宗商品、外国债券以及听起来稀奇古怪的货币或私人股权投资。此外还有自诩为清洁能源、健康、电动汽车、科技或其他行业的专家，反正是哪个行业热门，他们就力荐投资哪个行业。哦，别忘了还有那些图形分析师，他们的建议是基于历史投资回报和交易量的走势去进行投资决策。当然我们也不能忽略那些技术型分析师、价值投资

[①] 这个名单包括注册理财规划师、特许金融分析师、股票经纪人、特许理财顾问、注册投资顾问、特许投资顾问、金融风险经理、注册共同基金顾问、退休经理顾问、理财规划大师、注册基金专家。

者、公用事业爱好者、股票爱好者……

虽然这么多专业人士推荐了这么多不同的投资策略，但有一件事是肯定的：这些建议不可能都是正确的。事实上，大多数"专家"在大多数时候都是错的。但对错对于他们来说其实无伤大雅，因为不管怎样他们都会向你收取咨询费。针对共同基金经理的一些研究结果尤其能揭露真相：不管出于何种原因，今年表现超群的基金经理往往下一年就会表现得不尽如人意。

没错，有一些伟大的投资者能够长期跑赢市场，但这样的人少之又少。他们会为自己提供的资产管理服务收取不菲的费用，但他们成功的光环也有可能会黯然失色。以传奇人物沃伦·巴菲特为例，他是世界上最伟大的投资者之一，又被称为"奥马哈的先知"。2019年，他的投资组合的回报远远低于投资标准普尔500指数（涵盖美国最大的500家公司的股票价格指数）的回报，相差高达37%！当然，没有人会因此就说巴菲特是输家。巴菲特一定会对以下这条投资行业的魔咒深表赞同：

过去的完美表现并不能预示未来的表现同样优异。

本章所讲述的内容是基于经济学的投资建议。在我所讲的内容中你找不到任何劲爆的内部消息，比如建议"投资塑料"或下一个投资热点是什么。相反，我想在本章中为你搭建一个框架，依照这个框架去进行投资决策，可以帮助你提高生活水平，并抵御未来生活水平下降的风险。当然，其中涉及很多技巧。第一个技巧特别容易做到，那就是避免依传统的投资建议行事。正如我即将详细解释的那样，这些建议其实是建立在4个主要经济错误基础之上的。事实上，听从传统的投资建议就像看着洛杉矶市的地图在纽约开车一样，这样做的结果就是：你最后肯定会把车开进贯穿纽约市的伊斯特河里。我给你的建议是，首先要保证你能留在陆地上，然后我才会转而向你提供以经济学为基础的投资指导。

当被应用于投资领域时，经济学所关注的重心不是你能积累多少财富，或者你的投资将取得多高的收益。经济学的关注点一直是你的基线，也就是随着时间推移你的生活水平的变动情况。当然，你未来的生活水平将遵循的发展曲线不是完全确定的。然而，在很大程度上，你可以控制这条曲线在哪个区间运行以及它的离散度（即未来每一年生活水平的平均值和变异性）如何。如果你选择从事一个风险更高的职业、过度消费、保险不足、过早退休、进行高风险投资、投资集中度过高、热衷于赌博，等等，你的这些行为将大大加剧你生活水平下降的风险。当然，这样的行为也有使你的生活水平上升的可能，然而，即使这些冒险行为真的提高了你的预期生活水平或平均生活水平，你最终也很可能以需要服用抗焦虑的精神类药物阿普唑仑收场。我要警告你：那些关于投资的平均指标，包括能保持偿付能力的平均概率，都不应该成为你在进行投资活动时唯一的甚至主要的关注点。

为了便于理解什么是基于经济学的投资建议，我需要你先画一张非常重要的图：一张标识了你所有可能的不同生活水平的路径曲线图。在这张图中，纵轴是你的生活水平，横轴是从当前年度开始的各个年份中你所有潜在的生活水平轨迹，以你当前的生活水平（今年每位家庭成员的平均支出）为基点呈扇形散开。

图9-1展示了5个样本轨迹，分别是非常高、很高、中等、较低和非常低的平均分布。这些轨迹是对一个高收入中产阶级家庭进

行 500 次蒙特卡罗模拟后所产生的。

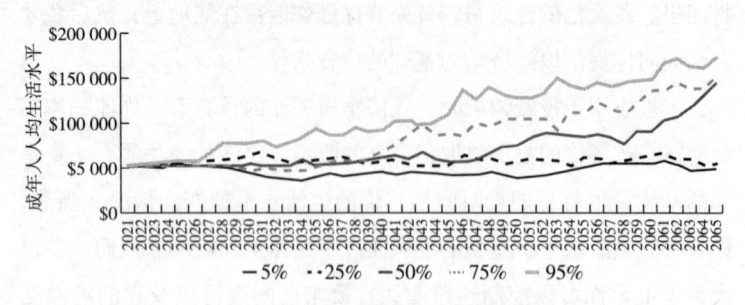

图9-1 不同百分位的生活水平轨迹图

尽管你所有可能的生活水平路径都是从同一个地方开始的，但它们会在未来的岁月中由于你可能经历的随机事件而向不同的方向起伏延伸。这些事件包括你将经历的不同的资产回报。你的生活水平每年都会根据你所经历的不同事件发生变化，这在经济学上是完全合理的。消费平滑就意味着进行这样的调整。具体来说，当你的投资获得高回报时，你应该在现在和未来分配这些收益，也就是说你可以在当下花掉一部分收益，把剩下的收益保留到未来年份再消费。同样的道理，当你的投资回报很低时，你就应该不仅现在少花点儿钱，未来也得节俭一些。[1]

---

[1] 不进行调整的情况，也就是说让你的消费，至少在退休期间的消费，处于放任自流的状态，则意味着如果你今年的投资收益率出乎意料的低，你将把今年的损失转嫁到未来几年生活水平上。避免这种情况发生的唯一方法是你今年受到的负收益冲击会被明年或未来几年的正收益系统性地抵消掉。但不幸的是，没有什么方法能保证你今天在一项投资（包括对整个股市的投资）上遭受的损失会被未来的收益所弥补。

考虑到未来将面临的持续不断的调整，你的生活水平发展路径看起来就像蜿蜒前行的蛇，蛇在向前爬行中会调整转向，而且蛇与蛇爬行的路径经常会彼此交叉。你的大部分生活水平之蛇将会出现在这张图的中间，沿着你典型的生活水平曲线起伏前行。有些蛇会向一个方向行进数年，然后会改变路线朝另一个方向前进，如此一遍又一遍地上上下下往复前行，而另一些蛇则会沿着某个方向稳步前进。① 如图9-1所示，你的轨迹组成了一个大致的圆锥形状，即生活水平锥，每条轨迹都是从你目前的生活水平开始增加或减少的。我们可以看到，所有的蛇的尾巴在当前年份都是被绑在一起的（其他很多没画出来的蛇的尾巴也是如此），也就是说所有的生活水平路径都从相同的值开始的。

就个人而言，我很讨厌蛇。所以在这里我想通过这个心理练习恶心自己一下。和我一样，有可能你也被恶心到了，对此我深表歉意。但我需要采用这种方式去刺激你的大脑，把生活水平发展路径具象化，使你能够更好地理解我想传递的信息：

---

① 即使你的生活水平之蛇最终走出了一条真正相当不错的轨迹，也就是一个平均生活水平非常高的轨迹，也一定会有那么一些年份的收益比较糟糕甚至非常糟糕。每一条轨迹都会与其他轨迹交叉的事实意味着，在任何一条给定的轨迹上，即使你平均支出更多些，也总会有支出少的那几年。举个例子，在某条轨迹上可能一开始会产生很多不佳的投资回报，但经过一段时间，比如15年之后，可能会有惊人的投资收益。在这种情况下，这条轨迹很可能会与一条在早期有很多高收益但此后连续受挫的轨迹相交叉。在早期较长时间内不论表现良好还是糟糕，都会产生"收益风险序列"，它对你的生活水平最终将落到哪里会产生影响。这与你在一场计时赛跑中能跑多远没有什么不同。你如果起步慢，想要在之后挽救颓势就会很困难，但你如果一开始速度就很快，你就更有可能赢得比赛。

你的理财行为会影响生活水平路径和生活水平锥。因此，你是有能力改善你的生活水平锥的。

你的生活水平锥具有 3 个关键特征：高度、上扬角度和扩展程度。改善你的生活水平锥意味着使它更高、更向上倾斜、开口更小。这样做会让你的平均生活水平更高，同时生活水平下降的风险更低。要创造一个更好的生活水平锥，需要我们综合使用已经讨论过的所有理财炼金术与恰当的消费、投资、分散化、债务免疫策略等手段。

请允许我最后一次用蛇来进行比喻：提升高度、增加向上倾斜度、缩小 5% 分位和 95% 分位轨迹的差异，这是创造更好的生活水平锥的方法，类似于把所有的蛇尾巴都绑在纵轴的一个更高的点上，然后用一些老鼠引诱它们向上走，同时让它们在前进中彼此保持更近的距离。（好吧，这些描述可能有些过分了。）

在讨论如何描绘和改善你的生活水平锥时，我在很大程度上将借鉴两位诺贝尔奖得主罗伯特·C. 默顿和保罗·萨缪尔森，以及波士顿大学杰出的金融学教授兹维·博迪的经典研究成果。他们的研究和少数几位专攻传统金融学以及新兴的分支领域——行为金融学（我在序言中曾提到过这门学科）的其他经济学家的研究，经过多年的融合，最终形成了一套与传统理财建议截然不同的个人理财方法。这些方法中的每一种都代表了一个你期待掌握的、如魔法一般的理财窍门。通过掌握这些理财窍门，你能够为自己打造一个更好的生活水平锥。

这些窍门中最好的那一个，我要留到本章最后再来讲。我先卖个关子，这是一个不太复杂的方法，你可以在设定一个生活水平底线的同时，仍然投资有风险的、能把你的生活水平提高到设定的底线之上的有价证券。这样一来，你的生活水平就有了一个下限保障，避免了高风险投资可能会降低你未来的生活水平的可能性，你将面对的只有未来更高的生活水平。这就是为什么我称这种策略为"上行投资"。这意味着你的生活水平不可能低于你的生活水平底线。这种策略相当不错，它设定了一个生活水平的下限，你的投资行为只会给你带来生活水平永久高于底线可能性。我猜你可能会喜欢这种投资策略。

关于生活水平锥和底线我们已经啰唆得足够多了。在本章其余的内容中，我要从力劝你停止去做的事情开始。你应当停止对传统投资建议的依赖。

传统投资建议的基本困境

向人兜售传统投资建议的理财顾问一般从 4 个标准问题开始：你的流动资产有多少？你为退休存了多少钱？你想在退休后花多少钱？你目前的投资情况如何？

有了这些问题的答案作为输入项，你就很容易通过蒙特卡罗模拟来确定你的理财方案成功的概率，换句话说，就是你不会输得精光的概率。你可能知道，蒙特卡罗是摩纳哥一个因赌场闻名的小镇（看过"007 系列"经典电影《大战皇家赌场》的人都知道）。和赌博一样，投资成败在很大程度上也与概率因素有关。蒙特卡罗模拟检验的是重复给定随机过程的结果。最简单的例子就是一次又一次地掷骰子。平均来说，每个数字出现的概率是 1/6，而投掷骰子的次数越多，每个数字出现的频次就越接近 1/6。

传统的蒙特卡罗模拟计算的是：在你的整个人生中，你的理财方案产生的结果为正收益的情况所占的比例。如果这个方案成功的概率很小，也就是说如果太多的模拟结果显示你在咽气之前就会把钱花光，你的顾问就会摇摇头说："对不起，这可行不通啊！不过，你也别担心。如果你把钱投到我们的高收益的投资产品上，你的计划的成功率就会上升到 95% 以上。是的，这些投资产品的费用和风险是高了一点点，但它们更有可能帮你实现理财目标。"

太多的理财顾问就是用这番说辞蒙蔽了众多的客户，而且几乎所有使用这套话术的理财顾问都不认为这有什么不妥。毕竟，在无数的金融行业顾问认证课程中都在教授这种投资组合风险分析的方法。不幸的是，它与经济学所建议的分析方法毫无关联。更糟糕的是，它其实是模拟了你会犯的 4 个主要的经济错误：

1. 持续以错误的金额储蓄；
2. 将这种错误的退休前储蓄设定为自动模式；
3. 未能以你实际负担得起的金额为基础设定退休后的开支目标；
4. 将这个错误的退休后开支目标设定为自动模式。

大量研究表明，大多数人都没能在退休前储蓄足够的钱，以保证能在一生中都维持稳定的生活水平。然而，传统的理财分析却通常认为你目前的储蓄水平是得当的，即使它很可能已经过低了。同样令人不安的是，理财顾问会鼓励你把这种必定不正确的退休前储蓄设定为自动模式，也就是每年都自动存入既定数量的资金。由于你的理财顾问告知你，用不着对储蓄进行调整，在退休前的日子里，当你的收入或固定支出（比如孩子的学费）上升或下降时，你的日常支出也将增加或减少，进而你的生活水平将被迫相应提升或下降。① 这其实是消费扰动，而不是消费平滑。

至于如何设定退休后的消费支出水平，这个问题的答案似乎是上不封顶。就我个人而言，如果有理财规划师问我"你想在退休后花多少钱"（他们可能会用以下几种方式提出这个问题，比如，你心目中的数字？你的计划？你的目标？），我会回答"一天10亿美元"。这位顾问很可能会回答："对不起，这你可负担不起。让我们换个思路，不妨将你每年的消费支出水平设定为你退休前年收入的80%，这是业内常用的标准替代率。"

关于为什么这个替代率的计算方式存在很大问题，我可以展开用好几页篇幅来讨论，但在这里我就不赘述了。我只想强调，这个比例对于大多数家庭来说实在是太高了。它通常会导致很高的蒙特卡罗模拟的失败率，对那些在投资上非常谨慎的家庭来说尤其是如

---

① 为什么这么说？因为收入减去固定支出后剩下的钱（记作 y）要么用来维持你的生活水平（记作 c），要么用来储蓄（记作 s），因此，y=c+s。如果从一年（或月、周、日）到下一年（或月、周、日）y 上升或下降，s 保持不变，c 就必须上升或下降完全相同的金额。举个例子，假设你房子的管道坏了，你需要从每年5万美元的税后收入中支出1万美元来解决这个问题。你的日常消费将会减少1万美元。与此同时，也许你有8万美元的资产存在活期存款、定期存款或经纪账户中。不管是从经济学还是从常识的角度来看，你都应该动用这些资产来支付这1万美元的管道维修费。但这样做意味着你的储蓄要减少1万美元，因为储蓄指的是每年净资产的增加。如此动用你持有的资产会降低你的净资产，从而降低你今年的储蓄，根据传统的理财计划的建议，这是绝对不应该的。

此。这样的结果就理所当然地为进行风险更高、成本更高，但可能收益率也更高的投资提供了支持。没错，如果这样做的话，你的计划成功的概率就大幅提高了，但同时你赔得精光的概率也会大大增加。固然，投资高收益证券可能会带来巨大损失从而导致生活水平下行风险的提升，但这个话题讨论起来无趣而沉重，因此，当理财顾问把他们为你量身定做的理财计划书摆在你面前时，生活水平下行风险很可能就会深藏在厚厚一沓的财务报告中。

让我再次强调传统投资建议存在的主要问题：它推荐你去进行风险过高、成本过高的投资。

这种方法的另一个严重问题是，即使你的计划成功了，你也无法享受财富带给你的快乐。假设你的投资在市场上赚取了一大笔收益，但如果你按照计划进行消费，你的日常消费将保持固定。因此，当你离世时你会有很多钱还没来得及花。这真的能算是经济上的成功吗？没错，你留给孩子的遗产会更多，但你可能根本没有孩子，或者已经为他们留好了钱，也可能他们自己压根儿不缺钱花。

老话说得好：钱乃身外之物，生不带来，死不带去。

顾问费可不是个小数目！
（但先别着急炒掉你的理财顾问！）

毋庸置疑的是，不断积累的财富确实会使某些人从中获益，这些人就是那些根据所管理的资产规模收取一定比例费用的理财顾问。所以，你应当关注自己付给了提供理财服务的专业人士多少报酬。举个例子，假设你今年60岁、已经退休，住在南达科他州。你唯一拥有的资产是价值300万美元的经纪账户。你期望这项投资能给你带来超出通货膨胀率2%的收益，如果能实现，那么一直到你100岁的时候，你每年税后可以支出近10万美元。但如果你要为投资的每一美元都支付100个基点（1个百分点）的费用给理财顾问，情况会如何呢？答案并不尽如人意，你的可持续生活水平将因此下降13%，减少至每年8.7万美元的水平！真实情况下，下降的幅度可能会更大，因为大多数理财顾问的表现都达不到市场平均水平。这个例子能给我们带来怎样的启示呢？为那些糟糕的投资理财建议支付哪怕是资产的"一小部分"作为顾问费，代价都是极其高昂的。

尽管我对常见的投资理财建议颇有微词，但我对传统投资理财规划的顾虑并不等于对这个行业从业者的控诉。传统的理财规划师并不是在刻意欺骗你，他们的本意是想帮助你。事实上，是这个行业的问题，这个行业没有给他们提供经济学方面的培训，却给他们提供了专门用来销售昂贵理财产品的工具，这本不是他们的错。在很多情况下，他们的公司禁止理财顾问使用除了"被认可"的工具以外的任何工具。此外，许多提供传统理财建议的规划师都明白他们所使用的工具的缺点，并会根据自己的经验和专业判断做出最终的推荐，而不是简单地凭某款软件推荐什么他们就向你推荐什么。

换句话说，我并不是在此鼓励你转头就去炒掉你的理财顾问。如果你的理财顾问真的有专业的投资头脑，或者能让你避免犯重大的投资错误，那么即使向他们支付高额的顾问年费也是很值得的。

此外，你的顾问可能会鼓励你存更多的钱、想办法降低你的纳税金额、指导你获取更高额的社会保障福利，以及施展更多的金钱魔法。我要表达的观点是：听起来可能是很小的费用，比如资产总额的1%，可这笔钱一旦成为你持续支出的一部分，它的金额可能就会变得非常巨大。你如果觉得自己支付的理财顾问费过高了，那就要求他们把费用降低一点儿，或者试着按小时去购买顾问的建议。但更好的做法是，坚持要求你的顾问为你做基于经济学的规划。

在我对传统理财规划师的动机品头论足时，我自己也要接受同样的审视，这样才公平。我并不是一个公正的批评家。不知你是否还记得我在前文中说过，我自己的公司就开发了基于经济学的理财规划软件，它实际上也是市场上唯一存在的此类软件。所以，如果你让理财顾问根据标准经济学来为你做理财规划，他们可能会买这本书，或者是买我们开发的软件，或者两者都买。为了让你相信我不是跟他们一样地在自卖自夸，我接下来会用两个独立客观的证据，来说明经济学专业人士是如何看待传统理财规划的。第一，我迄今还没有找到一个赞同传统理财规划的观点的经济学博士；第二，我从来没有听说过哪个顶尖的经济学或金融学博士项目会在课程中包含传统的个人理财规划方法。

如果你把这个说法转述给你的理财顾问，他们可能会这样回答："我也从来没有听说过传统的理财规划认证项目包含任何以经济学为基础的规划课程。"这么说也没有错，但真相只有一个：要么是我们经济学家搞错了，我们对储蓄、保险和投资组合选择进行了长达一个世纪的毫无意义的研究，诺贝尔经济学奖评奖委员会也错误地授予了一系列奖项；要么就是理财规划行业需要从根本上反思自己到底在教授什么以及在做些什么。

经济学关于风险投资的重要观点——
它会使你的生活水平锥内曲线分布更加离散

让我回到基于经济学的投资理财建议上来。首先，我要讲清楚风险投资是如何影响你的生活水平风险，从而使你的生活水平锥内的曲线分布更加离散的。为了使我所要表达的意思更容易理解，我希望你暂时忘记你所面临的除了投资的年收益率之外的所有不确定性。简单起见，我们假设你总是用100%的存款投资股票。股票市场的风险是实实在在的，股价会不断地上涨和下跌。因此，当你根据股票市场表现的好坏来调整你的支出水平时，年复一年，这些曲线会上下波动。由于股市在很大程度上是遵循所谓的"随机漫步"的，所以你的生活水平路径会随着时间的推移向上或向下伸展。

这里所援引的"随机漫步"一词来自普林斯顿大学经济学家伯顿·马尔基尔所著的《漫步华尔街》。迄今为止这本书已经出版了12版，销量超过150万册。这是一本关于金融体系的历史和运作机制的佳作，它的受欢迎程度也凸显出了一个所有股市投资者都需要学习的重要教训：

在股票市场中，涨上去的不一定会跌回来，跌下去的也不一定会涨回来。

随机漫步描述的是：随着时间的推移，一个变量上涨的可能性和下跌的可能性是一样的。这意味着，如果这个变量今年下降，那么它明年再次下降的可能性和它改变路线转为增加的可能性一样大。如果一个变量遵循这样的变化过程，那么在图形上你可以观察到，它可能的位置是随着时间的推移而呈扇形散开的。

现在让我们假设有一种证券，比如说特斯拉的股票。从理论上讲，特斯拉股票的价格应该像其他资产一样以随机的方式演变。① 这意味着，实际（经通胀调整后）资产价格下跌的可能性与上涨的可能性是一样大的，这在明年、后年乃至未来所有年份都是如此。因此，从长远来看，股票价格平均而言不会比现在更高或更低。换句话说，如果某只股票今年下跌，那么它没有理由在未来必然反弹。事实上，进一步下跌的可能性与触底反弹的可能性大小是一样的。

你对以上言论的第一反应可能是："哎呀，股票的市价通常会随着时间的推移而上涨。你的观点怎么能说得通呢？"股市通常会上涨的原因，是公司一般会将大部分收益进行再投资。再投资收益（利润）被称为"留存收益"。打个比方，如果你拥有一栋被用于出租的房子，假设你用你收到的租金收入来对房子进行升级：重砌砖瓦、粉刷装饰、固定地基、更换屋顶等，你的房子会因为你投入的钱而升值，而不是因为每平方英尺的实际房价上涨了而升值。单位房价可能会上升，但它们也可能会下跌。在去除对资产进行再投资的因素之后，房价的表现就像股价一样在理论上是随机变化的。

下面这句话，是对这节精简的金融课堂从理论和实践双重意义

---

① 如果资产市场是有效的，资产的当前价格应该能反映出所有可用的信息。换句话说，只有新信息（可以是好的，也可以是坏的）的出现才能影响资产的价格。新信息，根据定义，是意外的和随机的。随机到达的新消息是股价随机变化的来源。

上的重要精练总结：

> 从长远来看，股票投资并不会更加安全。你在股票和其他风险资产上投资得越多，你的生活水平锥内的曲线分布就会变得越离散。

请把这段内容反复多读几遍，因为它是与传统的理财建议相左的。大多数投资人、财务顾问和金融公司似乎都确信股票当前的损失在未来会得到补偿。[1]

波士顿大学的博迪教授对于"持有股票的时间越长，它们就越安全"这一说法给出了非常具有说服力的驳斥。正如博迪教授所指出的那样，为防范股市损失而购买的保险持续时间越长，你付出的成本就越高。换句话说，假设你为市值跌破当前价值的 1/3 的股票投保，如果你是为 20 年后的结果投保，那么保险的成本要比为 5 年后的结果投保更高，而且实际上要高出很多。原因是：市场的本质是接近随机漫步的，市场达到任何给定的低价的可能性在 20 年间将会比 5 年间更大。[2] 抛售行为会提高通货膨胀保值债券的平均收益率（它的息票保持不变，但价格会下跌，导致收益率上升），同时降低股票的平均收益率（它的平均收益不会改变，但价格会上

---

[1] 事实上，许多理财规划师建议购买和持有不同的投资产品，以便在未来的不同日期套现，因为他们相信特定的证券在特定时期是安全的。在这种所谓的一揽子投资方式下，人们应该把短期内安全的资产放在第一组中，把中期安全的资产放在第二组中，把长期安全的资产（股票）放在第三组中。这个方法所提倡的是给每一组资产足够的时间，在实现了期望的保证收益后再把它们卖出。

[2] 此外，如果认为股票持仓时间越长越安全的观点是正确的，人们就会抛售其他证券，例如被认为是最安全的长期投资的 30 年美国通货膨胀保值债券。

涨，导致收益率下降）。但人们抛售长期通货膨胀保值债券转而加仓股票的事情并没有发生。事实上，这些证券的平均收益率的差别（即"股权溢价"）在今天比以往任何时候都要大！这一切所揭示的结果是什么呢？很简单，不要继续自欺欺人地认为股票是一种为退休而储备的安全投资方式。它们那令人血脉偾张的高平均收益率自然会让我们把股票纳入投资组合。但是，在我们的投资组合中到底要包含多少股票或与股票类似的、高收益但同时也伴随着高风险的资产，需要我们对包含我们生活水平曲线的生活水平锥有深刻的理解。需要明确的是，股票的较高的长期正向历史平均收益实际上意味着：持有股票的时间越长、股票表现良好的概率就越高，但同时股票表现不佳可能造成的损失规模也会扩大。别忘了，我们更关心的是下行风险而不是上行风险！这就是为什么你持有股票的时间越长，风险就会越大。

为什么你的生活水平锥会改变

大量的金融研究表明，资产价格的走势会符合或接近随机漫步的情形，这意味着，如果你做得好（或差），你会希望把这种快乐（或痛苦）分散到未来当中。[1] 原因在于，平均而言，明天的收益

---

[1] 我使用"接近"这个词，是因为它反映出股价确实有表现出一些"均值回归"的倾向。也就是说，股价如果下跌，就有回升的趋势；股价如果上涨，就有下跌的趋势。但均值回归的程度太小，小到不足以使股票成为更安全的资产，更不用说是比短期资产安全得多的长期资产了。

不会因为你今天的收益而回头惩罚你，也不会因为你今天的损失而回头奖励你。这种规律是亘古不变的，因此你的生活水平应该与你在市场上获得的收益同步而动。综上所述，如果你在进行风险性的投资，那么你要认真领会以下基于经济学的消费建议：

如果你的投资表现不错，你就可以相应地多花点儿钱。如果你的投资表现欠佳，你就可以相应地少花点儿钱。

那么具体来说，应该多花多少或少花多少呢？这取决于你对不利因素的担心程度与对有利因素的渴望程度。你对不利因素的担忧越大，也就是说你越"厌恶风险"，总体上你就应该更谨慎地消费。这意味着你要在经济形势好时适当控制支出，而在经济不振时更大幅度地减少支出。

无论你如何谨慎或积极地调整你的支出，对投资和收益的消息做出反应，你的调整幅度显然应当由赚取的随机收益的迹象和规模所决定。因此，意想不到的投资收益所带来的生活水平的变化，本身就会像随机漫步一样演变。这就是为什么你的生活水平锥内的曲线分布会随着时间的推移而变得离散。事实上：

只要你投资风险资产，你的生活水平锥就会在一定程度上呈现出不断随机变化的态势。

了解你的生活水平锥

由于所拥有的资产情况不尽相同，有些人的生活水平锥很窄，而有些人的生活水平锥很宽。假设有两位老人都是 70 岁，一位名叫杰克，另一位名叫比尔。杰克有1万美元的资产，除此之外，他每个月的生活费都要依靠一笔不菲的社会保障金。而比尔有100万美元的资产，但没有社会保障。如果杰克和比尔都只是将资产投资不同期限的通货膨胀保值债券并一直持有到期满，那么他们都不会面临任何的投资不确定性。我们假定两人的终身支出相同。现在，假设两人都将全部资产投资股票，那么他们的生活水平锥都将从一条直线向外扩散，但比尔的生活水平曲线会剧烈地上下波动而呈现出较宽的分布；而杰克的生活水平曲线则几乎不会产生太大的波动，从而使得其生活水平锥较窄。

原因是杰克生活水平的维持几乎完全依赖于他那安全的社会保障福利支票。他的1万美元的股票投资是跌到1千美元还是飙升到5万美元，对于他必需的支出以及未来的消费都不会产生太大的影响。对于比尔来说，情况就完全不同了。如果股票下跌了86%（就像大萧条前三年多的情况），或者下跌了50%（就像2000年到2002年的情况），又或者下跌了53%（就像大衰退时的情况），再或者下跌了34%（就像在新冠肺炎疫情刚开始时那样），比尔的眼下和未来可负担的生活水平也将大幅下降。相反，如果市场飙升（就像2009年之后的几年间那样），比尔的生活水平也将会大幅提高。

抬高你的生活水平锥

正如杰克和比尔的例子所显示的那样，你的生活水平锥只有一部分在你的控制之下。但在你所能控制的范围内，你的期望是使它更高、更向上倾斜，波动幅度更加收窄。本书的绝大部分篇幅都是在告诉你要如何安全地提高你的生活水平。这里我所说的"安全"是真实意义上的安全，也就是说无论发生什么事情（包括你的投资成功与否）你的生活水平的提升都不会受到负面影响。

让我进一步举例说明这个问题。假设你就是比尔，你终于说服你的超级富有的海伦阿姨（她已经躺在病床上行将就木，并且已经打了很多吗啡），你并不是她认为的那样烂泥扶不上墙，所以她应该为你设立一个通货膨胀保值债券信托基金，直到你生命终结之前，这笔基金每年将支付给你10万美元。这个基金设立后，你的生活水平锥就会得到立竿见影的抬升，然而它的倾斜度和伸展度并不会改变。你的生活水平只会在未来的每一年都变得更高。[1] 计划延迟退休也会改变你的生活水平锥中的大部分轨迹（除了代表你意外被解雇或残疾的那些轨迹）。投资低成本费用的证券或降低支付给理财规划师的费用也会改变你的生活水平轨迹。提前偿还按揭贷款、适时进行罗斯账户转换以及优化社会保障账户也会起到同样的作用。现在我来总结一下：

通过安全的生活水平提升操作去抬高你的生活水平锥。

---

[1] 更准确地说，你的缴税情况会因此有所改变，所以形成锥形的生活水平轨迹可能不会简单地在横纵方向以相同的百分比均匀移动。此外，资产的增加可能会减轻你的现金束缚，这将对特定轨迹产生不同的影响。

使你的生活水平锥更加向上倾斜

该如何让你的生活水平锥向上倾斜，使得最糟糕的生活水平轨迹也变得不再那么可怕？答案是：无论你的投资表现如何，随着时间的推移，你都要更加谨慎地去消费。谨慎消费意味着你在未来的每一时间段内手中都会有更多的资产，而这能使你随着年龄增长，生活水平下降的可能性更低。

这可事关重大。根据你的情况，谨慎消费和谨慎投资在降低长期生活水平下降的风险方面同等重要。事实上，更谨慎的消费也会为进行更积极的投资创造余地。所以，在此我要重申：

随着时间的推移，更谨慎地消费能够使你为未来可能出现的糟糕投资收益做好准备，同时会让你的生活水平锥更加向上倾斜。

收窄你的生活水平锥

在这个问题上我们需要考虑两个关键的财务举措：一是将你持有的资产分散化；二是在整体投资中为风险较高的证券投资设定一个比例。

资产分散化，即把你的钱分散在多种不同的投资上，这会使你的生活水平锥变得更窄。最早的诺贝尔经济学奖就授予了那些证明投资分散化可以使得一定风险水平下平均收益更高，以及使得一定平均收益下投资风险降低的研究者。

为了使分散化的力量更加凸显，我们来看一个假想的例子。假设你可以投资 A 资产和 B 资产，这两种资产翻 4 倍的概率与化为乌有的概率是一样的，并且，我们假设这两种资产投资不可能同时取得成功，也就是说当投资 A 资产实现了 A 资产翻 4 倍的目标时，投资 B 资产就会输得精光，反之亦然。如果你把所有的钱都投资在 A 资产上，每 1 美元要么变成 4 美元，要么变为 0 美元；如果你把所有的钱都投在 B 资产上，结果也是一样的。无论你选择哪一个，就平均收益而言，你每投资 1 美元，最终都会获得 2 美元。但在这种情况下，平均收益不会给我们带来太多好处，因为你面临着巨大的投资风险：你有 50% 的概率会赔得精光。如果换种做法，用你一半的资产投资 A 资产、另一半投资 B 资产呢？现在，每投资 1 美元，你肯定会得到 2 美元的回报。换句话说，仅仅因为你分散了你的投资，你就可以将风险降低到零，同时你的平均收益不会有任何下降！

在这个例子中，A 资产和 B 资产是完全负相关的。当一个表现良好时，另一个表现必然会是反向同等程度的糟糕。正如我们刚才看到的，当以相同的比例将二者组合时，这个组合就会成为一个完全安全的资产。在这点上，我们应当多花一点儿时间充分理解其要义：虽然投资 A 资产或 B 资产都是极具风险的，但同时投资 A 资产和 B 资产是绝对安全的！

现在让我们假设 A 资产和 B 资产彼此是不相关的，但有着相同的收益属性。这种情况下，如果你对 A 和 B 各投资一半，平均而言，你获得的回报与原来没有区别，但回报风险，也就是它的"标准差"（围绕收益均值的平均变化），会降低 30%。组合操作所带来的风险降低程度仍然是巨大的。简而言之：

少量的分散化可以起很大的作用。

你如果能投资 100 种像 A 和 B 一样特征的相同资产，就能降低 90% 的收益风险。不幸的是，市场中并不存在完全负相关的资产，也没有很多完全不相关的资产。即便如此，在现今市场还是有办法通过分散化的魔法让风险程度大幅下降，而且这基本上不需要花任何成本。

分散化是节省成本和简单易行的操作

所以现在你明白了，把所有的钱都投到特斯拉的股票上并不是一个明智的选择。由于特斯拉的股价是随机变化的，所以特斯拉在明年大跌的可能性和大涨的可能性是一样的。因为投资单只股票有问题，所以你决定扩大投资组合：不仅关注特斯拉，还关注整个清洁能源板块的公司，那么，这种操作算是分散化吗？虽然分散去购买多家公司的股票风险比购买一家公司股票的风险要小得多。但是，将所有资产都集中在一个行业仍然是一种风险。比如说，如果有人发明了一种极其廉价的方式来封存大量的碳排放，那么你所持有的清洁能源股票，包括电动汽车股票，都会同时下跌，到时你将捶胸顿足，后悔自己没有持有一些煤炭类的股票。另外，如果你认为某一特定行业在市场上会有不错的表现，而且你的判断确实是正确的，那么肯定也会有其他投资者持同样的观点。因此，这个热门行业的股票价格将处于被推高的状态，充分反映出这种市场预期，所以留给未来潜在收益的空间就会更小。只有那些横空出世的消息（也就是没有人预料到的消息）才会推动股票价格的上涨。而这样的新消息，无论是正面的还是负面的，都是随机出现的。因此，我们又一次回到了随机变化的状态。无论在此我们谈论的是个股，还是特定板块的股票组合，抑或是整个股票市场，情况都是如此。要想在公开交易的证券类投资上大赚一笔，哪怕仅仅是获得高于一般预期的收益，唯一可行的方法是：你必须能够获知一些别人不知道的消息。然而，有效的金融市场的标志是：所有可获得的信息都会立即被市场捕捉并反映在资产价格中。

如果你可以很容易地对股市上每一只股票投资很少份额，并期盼市场会整体上涨，这种操作可以吗？问得好，告诉你个好消息：你完全可以这样做！事实上，经济学家建议，要想增加持有的不同股票的数量，你只要去购买囊括整个股市的指数基金就可以了。你现在可以用低到难以置信的成本（3个基点，也就是投资金额的万分之三）购买交易所交易基金，交易所交易基金在加权平均指数的基础上囊括了整个股票市场。因此，如果你在代表整个市场的交易所交易基金中投资了5万美元，你所支付的交易成本也就是区区15美元。整个股票市场本身就是一个证券类别。一只整体股市指数基金包含了大约3 500只公开上市的股票，它们分别以其市值占比体现在指数基金中。因此，除非你能合法拥有某项专业知识并能够根据其合法交易，否则经济学家的建议是不要试图在投资股票时挑选赢家和输家。这条投资秘诀虽是老生常谈，但仍然很有用，值得再说一遍：

经济学告诉我们，如果你正在进行股票投资，请持有以市值加权为基础的整个市场的资产，而不是单个板块的，当然，更不应该是单只股票。

实际上，经济学关注的领域更广。经济学所说的是在市场加权的基础上持有整个金融市场的资产，而不仅仅是股票资产。整个金融市场包括私人和政府债券、房地产投资信托基金、大宗商品、黄金及其他贵金属、比特币及其他电子货币、外汇、外国股票债券。

很显然，在你的投资组合中把全球每一种证券的债权都买到是不现实的，这样做的交易成本会高昂到让你无法承受。[1]但也有一些方法可以实现廉价的海外投资，尽管这种投资是间接的。例如，你可以投资那些在海外有大量业务和持有大量海外资产的美国公司。平均而言，美国《财富》500强中的企业40%以上的销售收入是外国人贡献的。当然，这并不意味着巴黎人在美国购买福特F-150，然后把它们运到法国。这里我指的是主要在美国以外（比如法国或其他外国市场）生产和销售的福特牌汽车。在这里我想表达的重点是：

通过更多地去投资那些有大量海外投资的美国公司，你可以实现你个人投资的国际分散化。

通过去杠杆来降低生活水平下降的风险

还记得在第5章我曾督促大家及早还清按揭贷款吗？我当时指

---

[1] 购买美国公司的个股是个例外，这是现实可行的。

出，在拥有风险资产的同时还拥有按揭贷款，本质上就是在借钱赌博。套用本章中新的表述来重新描述这个问题，就是这种行为使得你的生活水平锥变得更宽，从而产生了更大的生活水平上行和下行风险。正如兹维·博迪在他的著作《降低风险与实现繁荣》(*Risk Less and Prosper*)中指出的那样，任何固定的财务负担，比如孩子未来的大学学费支出，都是一种类似于按揭贷款的债务。如果你不清偿或以其他方式免除这些债务，实际上你就是在冒着所有这些债务所附带的负面风险进行赌博。

为了更清楚地说明这一点，让我们假设你有两项金额为30万美元的固定财务负担。其中一项是未来10年每月支付3 000美元的按揭贷款。另一项是未来10年每月为你女儿的私立学校支付3 000美元。为了简化问题，我们假设不存在通货膨胀和学费价格变化的因素。如果你送女儿上学的意愿和住在自己房子里的意愿一样强烈，那么这两项负担之间是没有区别的。如果你此时手头有现金，那么你可以通过购买10年期的美国国债来解决这两项负担的支付来源。事实上，就按揭贷款而言，你可以通过立即清偿来免除它。这样一来，被迫降低生活水平以支付其中一项或两项负担的风险就会消失。你的生活水平锥就会变窄。

否则，如果你把原本用于偿还债务的钱投入股市，实际上你就是在冒险借钱投资。所以，在此我要表达的意思就很清晰了：

清偿或免除债务会使你的生活水平锥收窄。这里说的债务包括你对自己或对第三方的固定支出负担。

安全资产与风险资产的双重投资——
贯穿一生的固定投资组合基准

除了谨慎消费、分散化和去杠杆化，调整投资组合中安全资产与风险资产的比例是影响生活水平锥离散度的另一个主要方式。

正如我们在杰克和比尔的例子中看到的，你拥有的全部资源的构成比例（包括正资源和负资源）会决定你的生活水平锥的形状。这一事实使得如何在有生之年进行投资变得十分棘手。

为了解决这个问题，让我们重温一下之前提到的默顿和萨缪尔森的研究结果。他们的研究基于这样一种假设：人们一生所拥有的资源都是由可被替代（可交易）的资产组成的。以下是他们的研究结果：

你对风险的承受能力越小，你的投资就越应该趋于安全，消费就越应该趋于保守。

这是一个非常直观的结论，我们在前文中已经讨论过了。然而，他们的第二个研究结论却相当出人意料：

随着年龄的增长，你的安全资源与风险资源的组合应该保持不变。变老并不意味着你应该从风险更高的投资转向更安全的投资。

这个结论被称为默顿－萨缪尔森投资组合法则，意味着一个人的投资组合构成比例应当在一段时间内保持不变。这个法则所建立的基础假设基本合理，除了以下这一点：你的所有资源（比如未来的工资）都可以立即变现，并被用于投资，这一假设过于理想化了。但即使当下你无法出售未来的劳动收入，并将出售所得的收入用于投资，这条法则所揭示的关于理财的重要秘诀也是成立的。

除了所有资源都是可被交易的假设，默顿–萨缪尔森投资组合法则还基于另外3个关键假设。第一，一个家庭的消费偏好是标准化的，不随时间的推移而改变（比如接下来我们将讨论的"习惯形成偏好"）。第二，金融市场的运行是完美的，特别是：证券买卖的交易或税收成本是不存在的。第三，资产收益分布不随时间的推移而改变。换句话说，对于某一特定资产而言，随着时间的推移它的风险不会变得更大，也不会从某个时刻开始产生更高的平均收益。

就像可被交易的假设条件一样，这3条假设在现实世界中也都无法完全满足。即便如此，默顿–萨缪尔森投资组合法则在决定如何投资方面仍然能实实在在地为我们带来很大的帮助。下面，我将在这条法则的基础上提出3个可能会有些颠覆性的关于理财的重要观点。

重要观点1：富人应该投资债券，穷人应该投资股票。

如果你已经习惯了传统的财务规划建议，我的这个建议听起来可能会很怪异，但这个建议的提出是基于我们此前已经在杰克和比尔的例子中讲到过的一样的观点，而且默顿–萨缪尔森投资组合法则也支持这一论断。如果你能允许我最后一次使用克隆体来举例，你就会很容易理解我为什么这么建议了。这次假设的主角是同为65岁的富艾玛和穷艾玛，两人每年都能获得2.5万美元的社会保障福利，但富艾玛有1 000万美元的资产，可穷艾玛的资产却只有1 000美元。假设两人都能投资股票或安全的债券，以上是全部假设条件。

下面提出一个棘手的问题：哪个克隆体应该把更大份额的资产用于投资股票呢？

答案是穷艾玛。没错，她应该把100%的钱都投资到股票上。这是为什么呢？穷艾玛基本上没什么可以失去的。如果她的1 000美元在股市全部都打了水漂，这对她的可持续生活水平不会产生太大的影响。这些资产仅仅占到她全部资源的千分之一。此外，穷艾玛其实已经在倾其所有地有效投资安全的债券，尽管这并非她自愿的。为什么这么说呢？因为，除了叫法和税务上的差异，社会保障福利和固定的通货膨胀保值债券息票没什么区别。所以穷艾玛已经有了很多实际上占比过高的安全资产。为了尽可能地接近默顿－萨缪尔森法则的最优投资组合，她所能做的最好的平衡就是把她的全部1 000美元都投入股票这种可被交易的资产。

对于富艾玛来说，如果把1 000万美元全部投到股票上，那简直是疯狂之举。因为一旦这些股票投资的价值断崖式下跌，富艾玛的生活水平也会随之而一落千丈。我们想象一下这对克隆体的生活水平锥。因为对于穷艾玛那被社会保障福利所支撑的生活水平来说，她的资产实在是太少了，所以她的生活水平锥倾角几乎为零。把她的1 000美元投到股票上，这个倾角的增加值也几乎可以忽略不计。但如果富艾玛把她所有的资产都投在股票上，她的生活水平锥的宽度就会剧烈地增大。因此，富艾玛需要做一个更加谨慎的投资者。根据她的情况，她可能应该遵循默顿－萨缪尔森法则开出的处方，例如将一半——肯定不应当是全部——的资产配置在股票投资上。

从这个例子中我们能学到什么呢？

在其他条件相同的情况下，越富有的人要相对越少地投资股票。

我对那些超级富豪是否会从他们的投资顾问那里得到类似的建议持怀疑态度。来自理财顾问行业的观点恰恰是相反的：你越富有就越应该进行冒险性的投资。事实上，私人财富管理顾问（那些挂着镀金头衔为富人服务的理财顾问）往往会说，他们的客户并不需要钱来消费，他们只是想把留给子女的财产最大化，而实现这一点的方法就是长期投资高收益的理财产品。这种做法毫无疑问是错误的。可以想见，父母把钱留给子女的原因是为了提高子女（以及后代）的生活水平。因此，拿给子女的遗产做赌注，尤其是假装股票投资从长远来看更安全，就是在拿子女的福利下注。千万别搞错了，更高的收益总是伴随着更高的风险。当然，对于私人财富管理顾问来说，这还意味着更高的顾问费。

重要观点2：年轻人确实应该大量投资股票，但原因并不是股票从长远来看是安全的。

生命周期投资最突出和核心的原则，就是在你年轻的时候把钱主要用于投资股票，然后在你接近退休的时候越来越多地投资债券。这是有道理的。年轻人的资产很少。他们的主要生活资源是他们当前和未来的劳动收入，也就是他们的人力资本。对于我们大多数人来说，我们的收入与股票市场并不密切相关。因此，当年轻时，我们现在和未来的劳动收入通常更接近于债券投资（实际上是通货膨胀保值债券投资，因为收入的增长通常至少能跑赢通胀）的性质，而不是股票。

加拿大约克大学才华横溢的金融学教授摩西·米列夫斯基写了一本相当不错的书,叫作《投资与养老》。这本书是在一篇很棒的金融学论文的基础上扩展而来的,其中的论述是基于博迪、默顿和萨缪尔森(这次是比尔·萨缪尔森,他是保罗·萨缪尔森的儿子)的研究展开的。米列夫斯基的观点是:如果你还年轻,并且你的收入不会随股市的波动而变化,多投资股票是必要的,此举可以让你更有可能建立一个你所期望的、所有资源可被交易的、默顿–萨缪尔森式的、不随年龄而变化的理想投资组合。

米列夫斯基还论述了另外一种更少见的情况:你的工作收入与股市高度关联。例如,你在一家游艇公司工作,如果股票市场不景气,持有大量股票的富人很可能就会减少用于购买游艇的开支。在这种情况下,你的老板可能会因此降低你的工资。这时,米列夫斯基就会说你更像是一只股票而不是一只债券。所以,为了尽可能接近默顿–萨缪尔森最优投资组合模型,你应该把资产配置到债券投资上,因为你的工作实际上已经相当于大量投资股票了。

总结如下:

你的工作收入表现如果像是一只年轻的债券,你就可以主要投资股票;你的工作收入表现如果像是一只年轻的股票,你就可以反其道而行之。

请注意,听起来这一建议可能与我刚才列举的、许多家庭要投资长期通货膨胀保值债券的例子不相符。但我在这里要突出的要点是如何通过安全的方法提高你的生活水平,所以我会暂且把进行风险投资的问题放在一边。

假设你的工作收入表现既不像一只股票,也不像一只债券,而像一枚比特币。换句话说，你的劳动收入变化剧烈，而这种变化与股市并不相关。也许你就像我那以写剧本为生的朋友哈里斯一样，年复一年，哈里斯完全不知道到底是否会有人花上一笔钱买下他的最新作品。哈里斯如果能在一个月之内写出一个剧本的话，他也许还可以赌赌赔率，但不幸的是，他每写一部作品都要花上一年的时间。所以，他类似于一枚比特币。

那么对于哈里斯来说，和那些有可靠收入的人相比，他应该更多投资股市还是更少投资股市呢？答案是更少，而且要比别人少得多。虽然他并不会预期当他收入下降时股市也暴跌（所以他不是一只股票），但当他那些本来有希望大赚一笔的写作项目最终没赚到钱时，股票市场当然也可能恰好下跌。哈里斯承担不起这样的风险。事实情况也是如此，多年来他一直耿耿于怀的是：自己为什么没有像朋友们那样在股票市场上大赚一笔。

哈里斯现在60岁了。他依然喜欢自我挑战，但实际上他活得很明白，他不仅避开了股票市场，同时还疯狂地储蓄。结果是他的财务状况非常安全。事实上，他可以在退休后的日子里享受到比工作时更高的生活水平。从这个故事中，我们可以得出的结论很简单：

> 不要冒双倍的风险。如果你的收入情况不稳定，那么对你来说股票市场并不是个好选项。

重要观点3：退休人员应该随着年龄的增长加大对股票市场的投资。

这是默顿和萨缪尔森的研究给你带来的另一个惊人的理财建

议。一般来说传统的标准化建议是，老年人年纪越大就越应该远离股市。然而，这个建议忽略了这样一个事实：随着年龄的增长，许多（如果不是绝大多数的话）老年人越来越多地开始消耗过去的资产。他们资产规模的下降反映了前面讨论过的一个观点，即如果你不是高度厌恶风险的人，那么及时行乐，赌一赌你活不到你的最长寿命是值得的。这场赌博包括选择一个基于年龄的生活水平锥：当你到达一定的年龄（比如 80 岁）时，你参加诸如旅行、健身、滑雪和其他高支出活动的能力就会逐年下降，你的消费支出也将逐渐下降。设定这种基于年龄的生活水平锥模式，意味着你需要在生命的早些时候花掉更多的钱，因为你年纪越大，你的花费就会越少。这种行为导致的结果就是：随着年龄的增长，你的资产规模会越来越小。但是你的债券性质的资产，比如社会保障福利，会保持固定不变。因此，正如默顿和萨缪尔森所建议的那样，如果你试图维持风险资产与安全资产的恒定比例，你就需要在不断缩水的总资产中持有越来越多的股票。

重申一下此段传达的要点：

随着老年人的金融资产变得越来越少，他们应该把资产余额更多地配置到股市当中。

卖空你雇主公司的股票

对大多数美国劳动者来说，人力资本是他们最大的经济资源。然而，你在一家公司工作的时间越长，你积累的关于某项工作的人力资本就越多。这些资本是不容易转移到其他公司的。因此，你的公司所面临的经营不善和破产的风险，就变成了你所面临的风险。你就变成了一只股票，而且还不是一只普通的股票，而是你所在公司的个股。

在理想情况下，你可以去买一份保险，保险条款是如果你的公司垮了你会得到保险补偿。但事实是这类保险是不可能存在的。为什么呢？原因很简单，如果有数量足够多的员工购买了这种保险，他们可能会集体逃避工作，以搞垮他们的公司并获得保险赔偿。保险公司早就意识到了这一点，所以它们是不会提供这种保险的。

然而，如果你的公司已经在股票市场上市了，那么你可以通过一些方法卖空它。安全的方法是购买一种被称为看跌期权的特殊金融产品。当你公司的股票跌到一定价值以下，你就会从这种金融产品中得收益。不幸的是，这种期权的购买成本很高，而且只要你的公司还在雇用你，你就需要每年都买。所以，用我们经济学家的说法，这不在可行的范畴内。

不过，还有两种做法是可行的。如果你已经获得了公司的股票作为薪酬的一部分，那么你可以卖掉它。否则，当你所在的公司倒闭时，你不仅会失去工作，你持有的公司股票也会变得一文不值。第二种做法是投资你公司的竞争对手的股票（或者任何一家会从你公司的倒闭中受益的公司的股票）。这听起来可能显得不忠诚，但此举只是为了对冲你在工作上投入的赌注，并以此为维持你的生活水平提供保护。这就好比当你拥有 A 资产时购买 B 资产，A 资产和 B 资产就是前面描述的完全负相关的证券。简言之：

不管你有多爱你的公司，如果可能的话，卖空它。

如果无法把握收益，那就把握出现风险的时机

如前所述，默顿-萨缪尔森提出的一个假设是：收益分布［包括股票市场的收益波动率，它被称为波动率指数（VIX）］在一段时间内会保持固定。这基本上是正确的，但在短期内，比如在大衰退和新冠肺炎疫情暴发期间，波动率指数有可能会大幅上升。出现这种情况时，我们就不能继续遵从反对企图把握市场时机的标准指令了（因为只有在你知道一些市场所不知道的消息时，你才能占得先机）。所以，此处我的建议是：

把握股市出现风险的时机。当市场波动率上升时，减持股票和其他高风险资产。

同样，这种做法并不是一种为了跑赢市场的手段，而是一种保障你财务安全的措施。如果你整体的投资风险变得越来越大，那么你就要把资产重新分配到更安全的地方。

上行投资

到目前为止，我们一直在讨论标准的"理性经济人"应该如何管理他们的财务，但正如罗马人常说的，De gustibus non est controversy andum（意思是"品味是没有什么可争议的""人们喜

欢什么不需要理由")。事实证明,有些人非常执着于他们目前的生活方式,有些家庭有"习惯偏好"。当然,他们想提高消费水平,但更厌恶被迫降低生活水平。他们很高兴看到自己的生活水平不断提高,但无法面对生活水平下降的现实。①

如果你活在对生活水平下降的极度恐惧中,你怎么能去投资任何有风险的资产呢?答案其实非常简单:你会投资风险性资产(我在这里将其简单地表示为股市)。你会这样做的原因,就好比大多数人会去赌场赌博一样。

让我给你们讲一个关于赌场和经济学家的故事。在美国经济协会第一次也是最后一次在拉斯维加斯举行的年会中,正如年会的组织者期望的那样,我和我的书呆子小伙伴们下了飞机,在酒店登记入住,然后直奔赌场。但和一般去拉斯维加斯的人不同,我们不是去赌博的。我们在蹭免费饮料的同时,做了一些非正式的调查研究。也就是说,我们是想在现场亲眼看见有多少美国人喜欢在一个喧闹、浮华、空气污浊的地方逛来逛去,玩各种各样的"看看你输钱有多快"的赌博游戏(例如骰子、老虎机、21点等)。

与股市不同的是,赌场赌博有负向的而不是较高的正向收益预期。通俗点儿来表示,就是赌博游戏的赔率低于1∶1。因此,你玩的时间越长,你输掉所有筹码的概率就越大。

---

① 从数学上讲,他们目前的幸福,也就是经济学家所说的"效用函数",不仅取决于他们目前的生活水平(每个家庭成员的支出或消费),还取决于他们过去的生活水平。这些偏好有不同的表现形式。过去的生活水平可以用平均值来概括。

当时的情况是，我们所有人都站在那里观察了好几个小时，同时对我们所目睹的一切感到瞠目结舌。我们之中有几个人往老虎机里投了几块钱，但由于现场同行带来的压力，没有人愿意参与大型赌博。因为大型赌博违反了经济理性，所以没人愿意给同事们留下这个经济学家从经济角度来说是个白痴这一印象。如果有人敢这样做，那么这种标签在他们以后的学术生涯中，就会像红字一样被牢牢烙在他们身上。

白天，我们在各个酒店的会议室开会。到了晚上，我们直接去蹭免费饮料，再实地观察那些依照经济理论不可能发生的事情。后来，拉斯维加斯方面通知美国经济协会，以后再也不要来这里开年会了。

虽然用了很长一段时间，但我最终意识到，我们这些傲慢的经济学家忽略了一个很重要的问题：大多数赌博的人都是揣着一笔他们心甘情愿输掉的、固定数额的钱来赌博的。事实上，很多人（如果不是大多数的话）会把信用卡留在酒店房间里，进入赌场时随身只带现金。我和前妻在去犹他州美国国家公园的旅行途中，在拉斯维加斯停留期间，就是这样。因为周围没有经济学家，没有人会发现我有违反理性原则的行为，所以我们享受了把各自口袋的 100 美元都输掉的美妙体验（很不幸的是这仅仅发生在半个小时之内）。

我们把信用卡放在酒店房间，相当于为自己的生活水平设定了一个底线。我们可能会损失掉 200 美元，但我们的假期以及未来的生活水平完完全全不会受到这 200 美元损失的影响。上行投资在本质上与此相同，就是在设定一个你的生活水平底线的同时，在股市上进行这种赌博（但赔率比公平赔率高得多）。

实现上行投资操作很简单：计算出目前你在股票市场上投资的规模、你还会再追加投资的规模，以及什么时候会追加投资，然后做一个极端的假设，假设你投资的每一分钱最后都会损失掉。在此基础上，制订一个终身消费平滑计划，在这个计划中，你的生活水平投资会全部集中于美国通货膨胀保值债券或Ⅰ系列储蓄债券（在随后的章节中我将会进一步介绍这种债券）上，并持有它们直到期满。这些投资按实际价值算是完全安全的，因此你可以为自己规划一个稳妥的生活水平路径。这相当于你为今后的生活水平设定了一个底线。

接下来，设定一个你准备把所有资金都从股票投资中取出的开始日期（假设届时股票投资还有剩余），再设定一个取款行为持续的时间。举例说明，假设你将第一次取款的年龄设置为60岁，最后一次取款的年龄设置为75岁。然后，当达到60岁时，你就取出账户余额总额的1/15，用其中的一部分资金来提高你在60岁这一年的消费，把其余的资金投在通货膨胀保值债券上，这样在未来的每一年你都可以花掉一部分本金和实际收益。换句话说，此举可以使你60岁当年的支出增加幅度和未来所有年份的支出增加幅度完全相同。当你达到61岁时，取出结余的1/14，再次将一部分钱用于提高你当年的可持续支出，然后用所有剩余的钱投资通货膨胀保值债券。持续这样做，结果只会使你未来实际的生活水平高于安全生活水平底线的可能性更高。唯一可能发生的是：在60岁到75岁之间的每一年，你都会有更多的钱用来消费。过了75岁之后，你的生活水平就会固定在75岁的水平。这就是我将其称为"上行投资"的原因。

这样的股票投资就好比我和妻子带去赌场的现金。我们的策略是，即使赢了钱，也绝不花掉一分钱的盈利，直到我们离开赌场为止，也就是说，我们赢到的钱在随后的赌博中没有被输掉的风险。

总结一下：

上行投资可以让你在投资股市的同时守住生活水平的下限。

我强烈建议大多数人去做上行投资。如果你也决定这样做，那么你需要了解通货膨胀保值债券以及它那看起来更可爱的表兄弟：I系列储蓄债券。

I系列储蓄债券

如前文所介绍过的那样，通货膨胀保值债券是美国财政部发行的具有通货膨胀保值功能的、期限不同的债券。每年债券的息票支付和承诺的到期本金支付都会根据前一年的通货膨胀率进行调整。名义利息部分是需要纳税的。但除非税率大幅提高，或者美国政府对其官方债务违约，否则通货膨胀保值债券就是一种绝对安全的投资。换句话说，以今天的美元计算，你得到的收益将与美国政府当初承诺的完全相同。

如果你确实投资了通货膨胀保值债券，持有至到期是正确的选择。与其他有价证券一样，通货膨胀保值债券的价格也会持续涨跌。当价格上涨时，通货膨胀保值债券的收益率（利息除以价格）就会下降。但新价格和新收益率的乘积保持不变。这就是为什么只需简单地一直持有通货膨胀保值债券而无须理会它们的价格波动，就能确保你获得固定的实际收益。① 一个类比就是你的自住住房。不管房屋的价格是涨是跌，它给你带来的住房服务是不会发生变化的。作为房主，如果房屋的价格上涨，对于你来说就更有利。但如果你把自己看成租住在自有住房里的租客，房屋价格上涨对于你就不利了，因为估算租金上涨了，你将支付更高的租金。这两种影响相互抵消，结果就是如果你一直住在自己的房子里，房价的变化对你来说并不重要。

I系列储蓄债券是通货膨胀保值债券看起来更招人喜欢的表兄弟。这种债券于1998年推出，你可以直接从美国财政部购买。这种债券的收益率不是由市场决定的，而是美国财政部设定的。购买了这种债券之后，你只有在出售它们时才会得到回报，它们是"零息"债券。债券的出售价格是根据你购买债券后发生的通货膨胀率和购买时设定的利率进行调整的。这种债券30年到期，但你可以在任何时候将其出售。由于制定利率的是美国政府，而不是市场，I系列储蓄债券的收益率可能会大大高于通货膨胀保值债券。

---

① 与持有至到期的通货膨胀保值债券不同，传统债券，尤其是中长期传统债券，所面临的风险则较大。就在我写这篇文章的时候，市场预期未来30年的通胀率约为1.5%。但是，如果这个预期发生了1个百分点的偏差，也就是说如果未来30年的通胀率是2.5%而不是1.5%，那么30年后你收到的1美元的实际价值将比市场目前预测的低大约1/5。传统债券支付的是一股美元流，但它是一股以面值定义的美元流，而不是一股经通胀调整后的美元流。如果通胀高于预期，每一种私人和政府债券都将面临购买力减弱的情况。对于传统债券而言，通胀持续上升是一个非常大的风险，这就是它们的价格可能在一夜之间大幅下跌的原因。

同时这种债券在税收方面具有很大的优势：I系列储蓄债券累计的利息在出售之前是不需要纳税的，包括州和地方税，如果你用出售I系列储蓄债券拿到的钱支付高等教育学费，那么你也不需要交利息的联邦税。每个家庭成员每年可以购买价值25美元到1万美元的I系列储蓄债券，因此，如果你家是五口之家，整个家庭每年最多可以购买价值5万美元的I系列储蓄债券。

划重点：

不管你的投资策略如何，I系列储蓄债券和通货膨胀保值债券都是极好的投资资产。如果你想进行上行投资，那么二者也是用来建立你的生活水平底线的理想选择。

本章要点回顾

- 传统的投资建议对于你的财务健康状况是有害的。这些建议基于的假设会使你的家庭犯4个主要的理财错误，而这些错误正是传统的投资规划所鼓励的。
- 基于经济学的投资建议关注的重心是你的生活水平轨迹所形成的生活水平锥。如果你更激进地投资或消费，那么你的生活水平锥就会更宽，同时包含更多的下行风险。
- 使用本书中所讲述的技巧来安全地提高你的生活水平，将会使生活水平轨迹图上你的生活水平锥的位置向上倾斜。
- 基于经济学的投资建议指出你需要根据你的年收益情况，每年调整你的支出。这种调整的必要性取决于证券投资收益的随机性。

- 股票价格的随机性意味着，从长期来看，投资股票会面临越来越大的风险，而不会变得更安全。
- 你可以按照本书的技巧来控制你的生活水平锥的位置。在消费时更谨慎，你就可以让锥体以起始点为原点向上方倾斜。通过分散化，你将面临更小的风险，这将使你的生活水平锥收窄。
- 要实现完全分散化，你需要按风险性资产在全球市场的份额比例持有所有的风险性资产，从而减少生活水平锥的离散度。
- 更多地投资更安全的资产，比如通货膨胀保值债券和I系列储蓄债券，可以降低你的生活水平风险。这意味着它可以使得你的生活水平锥的开角（也就是宽度）变小。
- 如果你所有的资源都是完全可被交易的，你就应该建立一个平衡的全球性的终身投资组合。由于你无法对你的全部资源直接进行分散化处理，所以你需要逐步调整你的资产配置。一般来说，这种调整意味着年轻人要持有占总资源更高比例的股票，而富人持有的股票在总资源中的占比要相对更低。随着年龄的增长，在老年人的投资组合中股票的比例应该越来越大。
- 先确定你的工作收入表现更像一只股票还是一只债券，然后再进行相应的恰当的投资操作，包括间接卖空你雇主的股票。
- 如果你是个生活规律的人，无法容忍生活水平的下降，那么你可以考虑进行上行投资操作，就像赌场中那些对自己负责任的赌客一样。你可以通过投资通货膨胀保值债券和I系列储蓄券设定一个可维持的生活水平的底线。把那些无须用于维持你生活水平底线的钱拿去投资股票市场。但是，在你赚到了钱并把收益用于建立更高的生活水平线之前,不要把你的股票资产花光。没有在当年消费掉的盈利,应该被用于投资通货膨胀保值债券和I系列储蓄债券。

第10章 创造你自己的金钱魔法——我的50个秘密

创造你自己的金钱魔法很简单。只要去践行我在本书中为你和你的家人准备的那些理财窍门就可以了。显然，某些窍门是以特定条件的存在为前提而设计的，比如说要具备领取社会保障福利资格这一条件。因此，请随身携带本书，当你要开始踏上人生中颇有挑战性的理财之旅，或者当你发现最喜欢的侄女南希即将被一大勺马肉味儿的冰激凌卡住喉咙时，你就可以把本书拿出来看看。可以肯定的是，书里的建议不应该只是被一成不变地记在你大脑中，对于我来说也一样的，在大部分时间中我都在不断地改进它们。随着美国政府不断"改革"税收和福利政策，以及不断有新的、更好的金融产品出现，很多建议也应该与时俱进。所以，虽然我希望你能把本书视为一本理财宝典，或者至少是一本理财年鉴，但也请随时留意今后的修订版。另外，你可以不时去 Kotlikoff.net 上逛逛，在那里你可以找到我所写的关于金融交易技巧的最新、最有力的专栏文章。

有一句古老的关于教学的格言是这么说的：告诉他们你将要告

诉他们的东西，然后一遍又一遍地重复你已经告诉过他们的东西。对我而言，重复不断地去告诉你我已经告诉过你的诀窍是一个艰难的挑战。与其如此，不如让我把50个最重要的理财秘诀罗列出来，每一条都很重要，排序不分先后。无序的排列也许恰恰是一个最重要的金钱秘诀：无论你着眼于何处，都有很多方法可以使你安全地赚更多的钱，通过它们你可以用同等数量的钱换来更多的快乐，也可以在财务上变得更安全。

1. 还清债务，把命运掌握在自己手中。
2. 充分利用退休账户，通过对退休账户的缴存、转换和提款来减少你的终身缴税额。确保向相应退休账户中存入足够的钱以获得你雇主的配缴。
3. 几乎每个人都应该等到70岁再开始领取社会保障退休福利。
4. 不要为上大学而借钱，因为这成本太高、风险太大，可能会困扰你一生，还可能会使你无法从事梦想的职业。
5. 选择那些除了你自己所有人都不喜欢的职业和工作。
6. 按揭贷款在缴税和财务意义上都对你不利，尽快还清。
7. 你的生活水平是你的人生底线。根据不同的投资和支出策略来模拟生活水平曲线的潜在路径，看看这些基于不同策略的路径最终能让你的生活水平落在哪里。
8. 在结婚时应考虑金钱因素。
9. 为你选择的生活方式定价，让你的钱为你带来最大的快乐。
10. 你越富有就越不应该投资股票。

11. 当持有风险性资产时，要分散投资你能以较低交易成本买入的多种不同的证券。

12. 你的完美居所在几个时区之外可能要便宜得多。它也可能位于另一个没有州所得税、没有州遗产税，也没有州继承税的地方。

13. 在进行风险性投资的同时持有按揭贷款或保留其他固定支出负债，就等于借钱赌博。

14. 一个跑赢市场的可靠方法是购买 I 系列储蓄债券。

15. 持有股票的时间越长，风险就越大。不要使用桶型投资策略，因为它的危险恰恰来自它所声称的虚假的安全。

16. 如果你的工作收入表现更像一只股票，那你就去买债券。如果你的工作收入表现更像一只债券，那你就去买股票。

17. 真诚地表达你对公司的忠诚并为公司的成功而努力，但你可以考虑在财务上做空公司来保护自己。

18. 对于许多人来说，过早退休无异于财务自杀。最终你处于退休状态的时间可能会比你处于工作状态的时间更长。

19. 长寿是情感上的梦想，却是经济上的噩梦。

20. 你完全可以以极低的价格获得极高质量的教育。

21. 传统的财务规划对于你的财务健康来说是危险的。它们与经济理论毫无瓜葛，并会建议你做出明显荒谬的财务行为。

22. 你不能指望自己会准时死去。做财务规划的预设应该是：活到你的最长寿命而不是活到你的预期寿命。应对长寿风险的方法是在更年轻的时候多花点儿钱，但并不是以你肯定会早死为前提。

23. 你可以通过缩减居所规模、租房、与人合住或与你的孩子建立回租关系等手段来释放"被锁定"的资产。反向抵押贷款既昂贵又有风险，最好远离。

24. 如果你 60 岁出头，独居，同时领取社会保障中的遗属福利和退休福利会让你损失一大笔钱。

25. 离婚战争中没有胜利者。你最好和你的配偶就离婚后双方公平的生活水平达成一致，然后共同优化解决方案。

26. 使用健康储蓄账户和其他有益品储蓄工具是最好的合理避税手段。

27. 你可以通过动用你的退休账户里的钱以推迟社会保障退休福利的领取。

28. 激进的支出和激进的投资一样，都有可能使你生活水平下降的风险增高。

29. 避免选择以收入为基础的还款方式的联邦学生贷款，除非你确定你将永远是一个低收入者。

30. 通货膨胀意味着潜在的巨大财务风险。它将降低未来任何名义收入的实际购买力，无论是工资、年金还是利息。美国这个国家实际上早就破产了，为了支付账单，美国大量地借钱和印钞。在我看来，这使得中长期名义债券（包括美国国债）风险极大。因此，在构建你的生活水平锥的投资组合时，我建议你把通货膨胀保值债券，而不是常规债券包含进去。

31. 固定利率按揭贷款有一个突出的优点，因为你是在用稀释的美元偿还，所以它可以对冲通货膨胀。

32. 往好听了说，传统投资建议的价值是值得怀疑的。它建立在你会犯的四大经济错误的基础上：年轻时存错了钱；把错误的退休前储蓄设定为自动模式；年老时花错了钱；从不根据市场状况做出调整。

33. 无论对于职业、工作，还是住房，要保持开放的态度，生命不息，比价不止。要时刻了解你手里握着的选项。

34. 退休后，要逐年增加在股票以及其他风险性资产上投资的份额。

35. 你是否过早开始申领社会保障退休福利了呢？如果是，你最好在达到正常退休年龄时暂停领取，等到70岁再恢复领取，这样的操作会使你账户中的资产在此期间以每年8%的速度增长（尽管不是以复利的形式）。

36. 所有关于生活方式的决定，包括转换行业、搬家、结婚、生孩子、离婚，都是有代价的。你可以用对你的可持续生活水平的影响来衡量这些代价。

37. 只要你挣的钱足够多，你在任何年龄都可以提高你的社会保障福利。任何60岁或以上、收入超过应税收入上限的人都属于这种情况。那些有很多短暂或零散（很多小额）收入记录的人也是如此。

38. 美国社会保障体系中有13种不用就等于没有的福利。一定要确保你得到了所有你应得的。

39. 401（k）、个人退休账户、罗斯账户在缴税上的最大优势不是递延，而是将税转移到低税率等级的年份中。

40. 共享生活带来的经济效益是巨大的。如果需要的话，搬去和母亲一起住，她做的饭可能比你做的更好吃。

41. 你会因为挣太多钱而损失社会保障福利吗？别担心，失去的那些最后你几乎都会拿回来的。收入测试是一项魔鬼般的政策，它让提前领取福利的人相信，他们会因为重新工作而缴纳巨额税款，而这种说法通常是错误的。

42. 你如果非常担心下行风险，那就像去赌场赌博一样去投资股市。给自己的生活水平设定一个底线，并且只花那些已经转换成安全资产的股票账户中的钱。

43. 美国社会保障体系的项目操作手册系统包含数十万条规则，社会保障机构的工作人员通常的说法多多少少都有问题，不能轻信他们。一定要和多个不同的社会保障办公室做沟通，并且自己多做研究。

44. 如果你的父母为你上大学而贷款，那么你一定要和他们讨论这笔贷款将来由谁偿还。仔细想想为了"帮助"你上一所本来负担不起的大学，他们是否在挥霍将来留给你的遗产或者在牺牲他们自己的福利。

45. 考虑自雇的可能性，这能给你带来最大的工作保障。

46. 用从罗斯账户或常规个人退休账户中取出的钱来偿还按揭贷款，可以让你受益匪浅。

47. 拥有住房可以带来很大的税收减免，而这和按揭贷款没有半点儿关系。

48. 在决定是租房住还是买房住时，不要忽略被锁定的资产的价值。你可以把你的房子留给你的孩子，或者把它作为将来能进入一个不错的医疗养老机构的经济保障。

49. 结婚的时候要为离婚做好预案。离婚的可能性和不离婚的可能性差不太多。用婚前协议保护你自己和你生命中的挚爱。

50. 你可以通过遵循本书中的安全赚钱的建议来使你的生活水平锥位置更高、更向上倾斜和更窄。时刻记住，谨慎消费，通过限制和分散对风险性资产的持有来减少激进的投资。与上行投资不同，这些行为会降低生活水平下行的风险，这样做的回报可能值得你去冒这个险。

如果你和我一样，时间总是不够用，你肯定会直奔本书结尾这一章，来看这 50 条基本理财建议。在这里你看到的是一连串刁钻的、低情商的、反直觉的、令人费解的、神秘的、看似疯狂的理财指令。

有谁会告诉一个 90 岁的老人去买股票？

股票持有的时间越长风险越大？没搞错吧！

我的父母 80 多岁就去世了，我应该计划自己能活到 100 岁吗？

"共同优化你俩的离婚方案？"你是认真的吗？我为什么要帮助那个混蛋？

"生活水平锥？"啊，怪不得他会这么讲，这家伙长了个锥子一样的脑袋。

你看到的实际上是一个经济学建议的样本，在前文中我已经充分解释过它们了。本书是我基于长达一个世纪的、关于个人理财的专业研究而写就的。我们这些人接受的训练中就没有"说话要委婉谨慎"这个概念：我们不会歪曲经济学的说法以迎合流行的错误观念、屈从传统的建议、为所谓的标准行为辩护，或者在传递经济学信息时裹上糖衣。我们可能刁钻古怪，但我们心地善良。我们受人之托，忠人之事，我们接受的培训是尽职尽责地为人们提供真正的金融疗愈，而不是给人提供会破坏个人财务健康的虚假的灵丹妙药。

实话实说，现在正是基于经济学的金融药方应该被大家重视的时候。从财务的角度上来看，美国人着实病得不轻。作为一个群体，我们存款过少，保险保障程度过低，投资分散化程度不足；我们为糟糕的投资建议掏腰包；我们指望着早死；我们过早退休；我们迫不及待地第一时间就去领取社会保障福利；我们对于被锁定资产的释放简直是少得可怜；我们借钱投资股票，试图用"股市在长期来说是安全的"这一虚妄之辞来说服自己；我们变成了房奴而没有变成房富；我们结婚时会错误假设永远不会离婚，离婚时又心怀能维持原来的生活水平的痴念；我们借钱去上永远毕不了业的大学；我们忽略本应紧密关注的住房和就业市场；我们持续被传统的财务规划所欺骗；我们从不充分利用和管理我们的退休账户；我们为那些精心设计的高度复杂但其实是为我们下套的金融产品而买单；我们在不知道生活方式的真实价格的情况下随意地做出关于生活方式的选择。而且，我们经常与自己脱节，我们在对待自己的财务问题时如同在对待别人的问题，也就是说，我们天真地认为未来的自己会照顾好自己！

本书的目的不仅仅是简单地让你避免犯这些财务错误，而是让你的财务规划变得有趣和有价值。如果要开启这个有益和有趣的理财征程，我们可以先从以下 6 个财务检视开始。

关于储蓄的检视

请问问你自己下面这个基本问题：我实现消费平滑了吗？或者换句话说：我的储蓄足够维持我的生活水平吗？

在一个高度保守的基础上去检视和计算你的终身可支配资源。[1] 接下来，用这笔钱除以你的家庭剩余寿命。[2] 粗略地说，这是你今年应该自由支配的开支。现在把这个计算出的可自由支配开支和你实际的可自由支配开支进行比较。如果实际开支减去应该的开支结果大于零，那么，你就应该减少实际开支以确保生活水平的稳定。换句话说，你需要去存更多的钱。如果结果小于零，说明你实际上花少了，你就应该多花点儿、少存点儿。

---

[1] 也就是你未来的劳动收入、你未来的社会保障福利收入与你目前的净资产（资产减去负债）之和，减去你的首要支出（所有你必须支付的东西——你的税收、住房费用、赡养费、自付医疗费用等）的总和。老规矩：用今天的美元计算未来每年的金额，然后再把各年的数字相加。如果你和你的配偶或伴侣最多还有 80 年可活，而孩子们将在家里再待 15 年，那么你的家庭剩余寿命就是 95 年。

[2] 如果你觉得抚养孩子比养活你自己更便宜的话，你可以把孩子一年的花费按 0.7 年而不是 1 年来计算。如果你觉得过了某个年龄以后你自己的花销也会减少，你也可以把过了这个年龄之后的年份的权重适当调低。

那么金钱魔法在哪里？显然，如果结果是你能多花点儿钱那就很酷了。这相当于白捡的钱，你会觉得花起来心安理得。如果现实是你不得不花得更少呢？那么，你最好立即认清这个现实并回归正确的轨道。请每3个月左右做一次这样的消费平滑练习，这将确保你根据预期收入、资产价值和首要支出的变化及时调整消费支出。

关于职业和工作的检视

你也应该定期做这种检视。这意味着你要去考虑：在你的职业生涯中是否要去选择其他职业或工作。假设你像南希一样是一位快乐的殡葬师，问问你自己下面这个拷问灵魂的问题：我依然喜欢我那些安静、沉稳的死者客户吗？如果答案是否定的，你就应该去看看劳工统计局的职业列表了。如果答案是肯定的，那么你应该更仔细深入地研究一下殡仪业市场，也许跳槽去邻近的县或州的殡仪馆，你会更有作为呢。

你如果想跳槽，什么时候都不算晚。是的，跳槽可能需要再接受新的培训。但正如鲍勃·迪伦歌里所唱的那样，"明天很漫长"。我认识的一位护士（玛丽）在39岁时开始上法学院，毕业后从事了8年的渎职法执业工作，并在起诉医生的领域颇有建树，但后来她认为做护士对她来说是更好的选择。她为了维持生计，一直在做兼职护士，她干脆就转成了全职护士。玛丽很高兴自己曾经获得了法律学位，也很高兴自己曾经把那些坏医生打得满地找牙，但更高兴的是她最终能回来从事她认为自己最喜欢的工作。玛丽所走的是一条崎岖错综的通往麦加的道路，但是旅程的意义远胜目的地本身。

那么你呢？你奇迹般地一下子就找到这个星球上对你来说最好的职业或工作了吗？这种可能性微乎其微。对你的职业或工作进行反思和检视，包括开始向外发送你的简历、安排非正式的见面、多去社交、与猎头交流等。每3个月做一次职业检视，更好的工作可能会出现在你的眼前，或者你会像玛丽一样得到你心目中最好的工作。

关于保险的检视

你对房子、汽车、负债和健康保险这些事情肯定是了然于心的。那么人寿保险呢？这个比较难确定。对于大多数夫妇或为人父母的人来说，拥有的人寿保险要么太少，要么太多。这意味着如果他们去世了，他们身后留下来的未亡人将面临生活水平的大幅下降或大幅提高。关于是否购买了足够的人寿保险的计算方法相当简单。假设你读完本书后就要离开这个世界了，那么先把你的伴侣所拥有的一生的可支配资源加起来，除以他将继续存活的年数与你的孩子需要被赡养的年数之和（最大的存活者年数）。将这个人均可自由支配支出标准，与你和你的家人希望在活到最大年龄之前可享受的生活水平进行比较。用得出来的这个生活水平上的差值乘以最大存活者年数，得出的结果就是你需要拥有的人寿保险保额。将它与你目前实际持有的人寿保险保额进行比较,根据需要适当增加或减少。① 和你之前所做的储蓄检视一样,人寿保险检视能给你带来两个收获(当然都是好的收获):发现你已拥有太多的人寿保险,需要进行削减,这样你就会有更多的钱来娱乐;发现你拥有的人寿保险太少,而一旦你解决了人寿保险不足的问题,你睡觉都会睡得更踏实些。

关于婚姻和离婚的检视

现在你已经对如何计算人均生活水平的步骤很清楚了。如果你单身、还在寻找终身伴侣,那么你可以针对每个追求者都做一个这样的计算。如果你已婚但是想离婚,你可以比较一下离婚和保持婚姻两种情况下你们的人均生活水平的变化。不用再多啰唆的是:离婚后你的经济状况会如何取决于你们达成的离婚和解协议。因此,你要对离婚的结果做出高度保守的假设。

当然,你不会仅仅为了钱而结婚或离婚,但就像每一个关于财务和生活方式的决定一样,结婚和离婚归根结底需要落到成本 – 收益的分析上。我真的爱乔,爱到情愿放弃乔丹开出的条件的程度吗?那可是每三年一辆新车,还有我梦寐以求的巨无霸豪宅。

---

① 顺便说一句,你可能会发现一个新的令你惊讶的事实:你的孩子越多,你需要的人寿保险就越少。原因是,当你和你的配偶或伴侣活着的时候,有更多的孩子意味着相对较低的人均生活水平。因此,这就意味着维持配偶或伴侣生活水平所需的保险会更少。

我真的讨厌凯西讨厌到宁愿看到自己的生活水平下降32%的程度吗？你需要精确计算出你愿意牺牲掉多大程度的生活水平去嫁给乔、嫁给乔丹或嫁给其他人，或者去抛弃凯西。举个例子，如果和凯西在一起的生活让你痛苦到相当于牺牲掉24%的生活水平的程度，但是根据你俩达成的离婚协议，离婚后你们俩的生活水平只会下降14%，同时你们俩没有孩子的问题要去考虑，你也知道凯西会愿意放弃她生活水平的80%来摆脱你……好吧，是时候分道扬镳了。

关于住房、退休年龄以及其他重要事项的检视

这些检视也没有什么不同。搬到一套房子里所带来的好处是否超过了因此造成的生活水平降低？提前3年退休是否意味着余生的生活水平要降低10%？买下那辆特斯拉车子会给你的生活水平带来多大程度的降低？（真实的答案可以说是增加而不是降低。特斯拉的原厂电池的寿命最多可以达50万英里[①]，事实上，它可能是你需要买的最后一辆车。）通过做终身生活水平预算的练习，你可能会发现：以一生为度量来看，你原来梦寐以求但因其高昂的价格望而却步的东西，实际上是非常便宜的。

[①] 1英里 = 1.609 344 千米。——编者注

关于投资的检视

 计算你的生活水平锥需要做的工作更多些。我在脚注中说明了计算方法的细节。① 不需要费太大的劲儿，你就可以生成大量的生活水平轨迹。基本的原理是，基于对一段时间内平均实际投资回报的高度保守的估计，计算出今年你的家庭人均将花多少钱，根据你

---

① 首先，收集你将要投资的投资组合（资产集合）的历史收益数据。例如，假设你现年 50 岁，你希望在你现在和 65 岁之间的这段时间里持有股票和短期美国国债的比例是各 50%。然后当你计划退休时，你希望将这个比例调整为股票 20% 和短期美国国债 80%。（顺便说一句，在这里我们先忽略基于经济学的理财建议，随着年龄的增长逐步提高投资组合中股票的比例。）写下过去你在这两种投资上获得过收益的年份中，50-50 和 20-80 两种组合情况下分别获得的投资收益的数额。这样你将会得到两列数字：50-50 组合策略下的历史收益和 20-80 组合策略下的历史收益。然后，算一下从现在的年龄（50 岁）起，基于非常保守的投资回报假设（我建议假设为 0），你每年可花掉多少钱，也就是用你余生可支配资源除以你将继续存活的年限。下一步，从 50-50 投资组合策略的历史收益中随机抽取一年，抽出的数值将作为你 50 岁的资产收入。将 50 岁的资产收入和 50 岁的劳动收入相加，然后减去你的所有支出［包括可自由支配支出和不可自由支配支出。其中不可自由支配项包括住房成本、在赡养费等项目上必需的支出（包括医疗保险 B 部分的保费）以及税收］，你就得到了你将获得的净收入。这个结果也就是你的储蓄，把它加到你 50 岁的资产中，由此得到你 51 岁时的净资产。接下来，从 51 岁到 65 岁，重复以上所有步骤，再次随机选择在每个年龄的 50-50 投资组合策略可能产生的历史收益中的一个。在 65 岁及以后，开始从 20-80 的投资组合策略的历史收益中随机抽取，以此类推模拟到 100 岁，你就会得到一条生活水平轨迹。如果你从 50 岁开始，根据另一个随机选择的年收益率重复以上所有步骤，你就会得到另一条轨迹。当你得出越来越多的轨迹时，这些轨迹就会填满你的生活水平锥。

的投资组合的表现，算出你明年的经济状况，然后一直重复这个步骤。以这种方式一直推进到你的最大规划年龄，你会得到一条生活水平轨迹。然后回到你现在的年龄，再做一条，然后又一条，然后……最后你很快就会看到你的生活水平锥的形状，尤其是你会很直观地看到最令人担忧的问题：下行风险。重复整个过程，但选择风险更高（或更安全）的投资组合，采取更保守或更激进的消费行为。如果你觉得自己承担了太多的风险，也就是你的生活水平锥过于向下倾斜，那么你就需要计划长期持有风险较小的资产组合，减少激进的支出。（在决定消费支出时，以零实际回报为假设是非常保守的。）你可以持续进行这种调整，直到你对你的生活水平锥感到满意为止。

  对于上行投资情形的模拟过程与此类似，只不过是一直模拟到你投资过的和将要投资的风险资产（比如股票）全都赔光了的 x 岁。将其他资产投入通货膨胀保值债券和 I 系列储蓄债券之中，然后计算出你家庭成员的平均可持续支出（可支配终身资源除以你家庭的最大人年数）。直到 x 岁之前每年都花那么多钱，之后你开始逐渐将你的股票转换成通货膨胀保值债券或 I 系列储蓄债券。[①] 每

[①] 这可以让你安全永久地提高家庭成员的生活水平。例如，如果你打算在 67 岁到 77 岁之间取出所有的股票，画出从 50 岁那年开始一直到 77 岁时的股市回报轨迹，并计算出在 67 岁、68 岁一直到 77 岁每年的提款会是多少。在 67 岁时，你会卖出 1/10 的股票；68 岁时，你会卖掉 1/9 的股票……以此类推一直到 77 岁，你会卖掉剩下的所有股票。你很快就会得到一个上行的锥体，一个有着平坦底部的锥体，其中的生活水平轨迹在 67 岁到 77 岁之间会上扬，此后就变平了。换句话说，你会得到一个只表现出生活水平上行风险的锥形。

当你设法使你持有的股票变得安全时，你就有了永久安全地提高你的生活水平的资金。这只会给你的生活水平带来上行风险的可能性。

在这个过程中，你会发现：你投资的股票越少（我用股票来指代你的风险性资产），你的生活水平下限就越高，但你的上行风险就越低，反之亦然。因此，你可以迅速决定，就提高你的生活水平下限而言，牺牲更多的上行空间是否值得。根据我的经验，大多数中产阶级家庭把他们 1/3 到一半的资产投入股市会给他们带来大量的上行空间，同时对他们来说保持较高的生活水平要重要得多。

基于经济学的财务规划软件可以为你提供帮助

如果你觉得去做这些计算太吓人了，我完全理解。对你来说，理解这些计算背后的逻辑很重要，而自己去做这些计算会感觉像是在做一份工作，这可不是我想要你做的。我的目标是让财务规划对于你来说成为一种纯粹的乐趣。所以，在此我向你推荐 MaxiFi Premium，我公司开发的理财软件工具的高级版本。它可以在几秒钟内为你完成本书中所写的所有的分析工作。（如果你更喜欢与你的理财顾问一起合作来完成分析，那么你可以叫他们运行 MaxiFi PRO 这个软件。）例如，这个软件可以帮你比较从工作 A 换到工作 B 时、提前退休时、和乔而不是和黛比结婚时、搬到你在香港的理想居所时……你一生中可自由支配的支出的变化。[①] 至于做投资分析，那也是小菜一碟。而且比起你自己手工做计算，使用该软件还有一个大大的优势：该程序的自动计算可完全应对通货膨胀的影响，会自动处理现金流约束的问题，可根据共享生活的经济性进行自动调整，并可以在安全的实际回报不是零、你不能简单地把未来的金额加起来的情况下，自动进行未来现金流的现值计算。该软件还可以帮你计算出你当前和未来所有的联邦和州税收、医疗保险B部分保费，以及你可能有资格享受的所有社会保障福利。最后，MaxiFi可以替你把未来的通货膨胀增加、未来的税收增加、未来的社会保障福利削减以及医疗保险B部分保费可能的增加等多种因素一并考虑进去。简言之，MaxiFi就是你的金钱魔杖，你挥一挥手腕，魔法就可以施展了。

当心，赚钱魔法会让人上瘾

许多人认为检视自己的财务状况就好像做牙齿的根管治疗一样，是一种折磨，必须等到实在无法忍受的最后一刻才去做。但是，我们这里说的金钱魔法和你父辈们的理财计划可不是一回事。毕竟，通过金钱魔法找到能提高你生活水平的安全的方法，是一件有趣而令人兴奋的事情。发现切换到不同的生活方式会让你付出什

[①] 如果有必要的话，我们开发的另一种工具还可以帮你找到一种通过公平的方式来和凯西离婚的方案。这两个工具结合起来使用可以帮助你比较你结婚状态下和离婚状态下的生活水平。

么代价,哪些值得去做,这同样是既有趣又令人兴奋的。以完全放松的心态去研究你自己的生活水平锥、知晓更高的平均生活水平意味着什么样的额外风险,这也是既有趣又令人兴奋的。同样,在更高的生活水平和更低的生活水平之间进行权衡也是有趣而令人兴奋的。所有这些事情都是有趣而令人兴奋的,因为它们最终能让你完全把自己的经济福祉纳入自己的掌控之中。当你有办法掌控你的福祉时,你就有办法改善它。

  我对基于经济学的财务规划能带来的乐趣和兴奋的了解,来自我28年的从业经验。在1993年我创立了经济安全规划公司。我们用了大约7年的时间开发了现有软件的最初版本。自从软件问世,我们已经帮助成千上万的客户创造了他们自己的金钱魔法。我和他们中的很多人互通过邮件或者见过面。这些交流让我感到惊讶:施展金钱魔法可能会让人非常上瘾而无法自拔。有些人就是停不下来,他们不是每年、每月或每周,而是每天都在摆弄自己的财务计划。所以我想以这个警告来结束本书:一旦你开始创造自己的金钱魔法,你就会切实体会到什么叫"曾经沧海难为水",其他任何事情都会变得索然无味。这会彻底改变你的生活。

致　谢

本书酝酿的时间很长，但成书速度很快。我的经纪人爱丽丝·马泰尔能力高超但态度强硬，在我最终得到她的首肯之前，她曾经无数次地将我的写作提纲无情打回。本书能这么快地付梓多亏了我那传奇般的编辑玛丽莎·维吉兰特。与她在 Little, Brown Spark 的所有其他同事一样，玛丽莎魔杖一挥，转眼之间这本封面超级棒的书就完成了。好吧，我收回刚才那句话，事实上，玛丽莎很快，我很慢。我总是不自觉地想要重写，差不多每个句子我都要字斟句酌反复写上 10 遍才满意。那么问题来了，如果你结婚了并要把每句话都重写 10 遍的话，你最好有一个耐心的、支持你的、鼓励你的、有趣的配偶。我的妻子布里吉特·乔根森具备所有这些优良品质。最重要的是，她就好比是我走钢丝时的平衡杆。如果我写的东西太高深莫测、太学术、太蠢，或者太"搞笑"，我就会遭到她毫不留情的打击！但是，她所有的重击都是精准到位的，而且在痛击我的同时，还附带着大大的笑脸和大量的鼓励。我深深地感谢布里吉特、玛丽莎和爱丽丝，以及所有参与本书的写作、编辑和出版的其他队友，尤其是学术界和公司的同事们。我也非常感谢波士顿大学几十年来对我的各项研究，包括我在个人理财领域的研究的支持。但是，我最想感谢的是你们，我的读者们。你们能阅读这本书使我倍感荣幸，如果它真正能够在理财上为你们提供帮助，我会万分激动。因为说到底，我写这本书只是为了一个人，那个人就是：你。

注 释

序

1. ValueWalk, "A Brief History of the 1929 Stock Market Crash," Business Insider, April 8, 2018, https://www.businessinsider.com/the-stock-market-crash-of-1929-what-you-need-to-know-2018-4?op=1.

第 1 章 我的女儿做了水管工——如何选择一份收入丰厚的职业

1. Stacy Curtin, "Forget Harvard and a 4-Year Degree, You Can Make More as a Plumber in the Long Run, Says Prof. Kotlikoff," Yahoo! Finance, March 18, 2011, https://finance.yahoo.com/blogs/daily-ticker/forget-harvard-4-degree-more-plumber-long-run-20110318-063704-224.html.
2. Mutaz Musa, "Opinion: Rise of the Robot Radiologist," *The Scientist,* June 25, 2018, https://www.the-scientist.com/news-opinion/opinion--rise-of-the-robot-radiologists-64356.
3. Gina Belli, "How Many Jobs Are Found Through Networking, Really?" Payscale, April 6, 2017, https://www.payscale.com/career-news/2017/04/many-jobs-found-networking.
4. Ball State Center for Business and Economic Research, "How Vulnerable Are American Communities to Automation, Trade, & Urbanization?" *Vulnerability Study,* CBER Data Center, June 19, 2017, https://projects.cberdata.org/123/how-vulnerable-are-american-communities-to-automation-trade-urbanization.
5. Andrew Soergel, "Study: 1 in 4 U.S. Jobs at Risk of Offshoring," *U.S. News & World Report,* July 17, 2017, https://www.usnews.com/news/economy/articles/2017-07-17/study-1-in-4-us-jobs-at-risk-of-offshoring.
6. Economic Innovation Group, *The New Map of Economic Growth and Recovery* (Washington, DC: EIG, May 2016), 9, https://eig.org/wp-content/uploads/2016/05/recoverygrowthreport.pdf.

第 2 章 工作的围城内外——关于退休时间的正确抉择

1. PK, "Average Retirement Age in the United States," DQYDJ.com, June 3, 2018, https://dqydj.com/average-retirement-age-in-the-united-states/#:~:text=The%20average%20retirement%20age%20in,ages%20of%2057%20and%2066.
2. America's Health Rankings Analysis of U.S. Census Bureau, American Community Survey, 2019, "Public Health Impact: Able-Bodied," United Health Foundation, https://www.americashealthrankings.org/explore/senior/measure/able_bodied_sr/state/ALL.
3. Bob Pisani, "Baby Boomers Face Retirement Crisis—Little Savings, High Health Costs, and Unrealistic Expectations," CNBC, April 9, 2019, https://www.cnbc.com/2019/04/09/baby-boomers-face-retirement-crisis-little-savings-high-health-costs-and-unrealistic-expectations.html.
4. Pisani, "Baby Boomers Face Retirement Crisis."
5. Dhara Singh, "'Alarming Number': Boomers Struggle to Save Enough for Retirement, Survey Finds," Yahoo! Money, June 22, 2020, https://money.yahoo.com/boomers-struggle-to-save-enough-for-retirement-survey-finds-205447433.html.
6. Center on Budget and Policy Priorities, "Policy Basics: Top Ten Facts About Social Security," last modified August 13, 2020, https://www.cbpp.org/research/social-security/policy-basics-top-ten-facts-about-social-security#:~:text=Social%20Security%20benefits%20are%20much,aged%20widow%20received%20slightly%20less.
7. Center for Retirement Research at Boston College, "National Retirement Risk Index," https://crr.bc.edu/special-projects/national-retirement-risk-index/.
8. Katia Iervasi, "The Odds of Dying in the US by Age, Gender, and More," Finder, last modified December 28, 2020, https://www.finder.com/life-insurance/odds-of-dying.
9. Steve Vernon, "Living Too Long Is a Risk!" CBS News, July 24, 2013, https://www.cbsnews.com/news/living-too-long-is-a-risk/.

第 3 章 社会保障——最大化你的终身收益的 10 个秘诀

1. Social Security Administration, "Unfunded OASDI Obligations Through the Infinite Horizon and the 75-Year Projection Period, Based on Intermediate Assumptions," in *The 2020 OASDI Trustees Report* (Washington, DC: SSA, 2020), table VI.F1., https://www.ssa.gov/oact/tr/2020/VI_F_infinite.html#1000194.

2. Office of Audit Report Summary, *Higher Benefits for Dually Entitled Widow(er)s Had They Delayed Applying for Retirement Benefits (A-09-18-50559)* (Washington, DC: Social Security Administration Office of the Inspector General, February 2018), https://oig.ssa.gov/sites/default/files/audit/full/pdf/A-09-18-50559.pdf.

第4章 合理避税——调整退休账户

1. Investment Company Institute, *Investment Company Fact Book*, 60th ed. (Reston, VA: ICI, 2020), https://www.ici.org/pdf/2020_factbook.pdf.
2. US Bureau of Labor Statistics, "51 Percent of Private Industry Workers Had Access to Only Defined Contribution Retirement Plans," *TED: The Economics Daily*, October 2, 2018, https://www.bls.gov/opub/ted/2018/51-percent-of-private-indus try-workers-had-access-to-only-defined-contribution-retirement-plans-march -2018.htm.
3. Internal Revenue Service, "2020 IRA Contribution and Deduction Limits Effect of Modified AGI on Deductible Contributions If You ARE Covered by a Retirement Plan at Work," last modified November 2, 2020, https://www.irs.gov /retirement-plans/plan-participant-employee/2020-ira-contribution-and -deduction-limits-effect-of-modified-agi-on-deductible-contributions-if-you -are-covered-by-a-retirement-plan-at-work.

第5章 通过住房积累财富——与母亲合住以及其他关于居所的明智举措

1. Richard Fry, Jeffrey S. Passel, and D'vera Cohn, "A Majority of Young Adults in the U.S. Live with Their Parents for the First Time Since the Great Depression," Pew Research Center, September 4, 2020, https://www.pewresearch.org/fact -tank/2020/09/04/a-majority-of-young-adults-in-the-u-s-live-with-their-par ents-for-the-first-time-since-the-great-depression/.
2. Evan Webeck, "Coronavirus: Share of Young Adults Living with Parents Higher Now Than Great Depression, Pew Poll Finds," *Mercury News*, September 9, 2020, https://www.mercurynews.com/2020/09/09/coronavirus-share-of-young -adults-living-with-parents-higher-now-than-great-depression-pew-poll-finds/.
3. Jacob Ausubel, "Older People Are More Likely to Live Alone in the U.S. Than Elsewhere in the World," Pew Research Center, March 10, 2020, https://www .pewresearch.org/fact-tank/2020/03/10/older-people-are-more-likely-to-live -alone-in-the-u-s-than-elsewhere-in-the-world/.
4. Office of Single Family Housing, "Home Equity Conversion Mortgage: Homeowner," Federal Housing Administration, September 2019, https://www.hud .gov/sites/dfiles/SFH/documents/hecm_09-23-19.pdf.

第 6 章　为爱结婚——金钱不是万能的，但好的婚姻也需要物质保障

1. Doug Wead, *The Raising of a President* (New York: Atria, 2005), 228.
2. "Dowry," Wikipedia, last modified May 18, 2021, https://en.wikipedia.org/wiki/Dowry#:~:text=While%20bride%20price%20or%20bride,family%2C%20ostensibly%20for%20the%20bride.

第 7 章　好聚好散——离婚时需要注意的事

1. Wilkinson & Finkbeiner, "Divorce Statistics: Over 115 Studies, Facts, and Rates for 2020," https://www.wf-lawyers.com/divorce-statistics-and-facts/#:~:text=Every%2013%20seconds%2C%20there%20is,and%202%2C419%2C196%20divorces%20per%20year.
2. Stevenson & Lynch and Kelsey & Trask, "The Divorce Spousal Support Calculator: An Alimony Formula Resource," last modified November 17, 2011, https://www.skylarklaw.com/Docs/SpousalSupport.pdf.
3. "Resources," LegalZoom.com, https://www.legalzoom.com/articles/what-is-the-fastest-way-to-get-unhitched.

第 8 章　选择助学贷款要谨慎

1. Marty Johnson, "Inequality of Student Loan Debt Underscores Possible Biden Policy Shift," *The Hill,* November 28, 2020, https://thehill.com/policy/finance/527646-inequality-of-student-loan-debt-underscores-possible-biden-policy-shift.
2. Zack Friedman, "Student Loan Debt Statistics in 2020: A Record $1.6 Trillion," *Forbes,* February 3, 2020, https://www.forbes.com/sites/zackfriedman/2020/02/03/student-loan-debt-statistics/?sh=76a0d49f281f.
3. Kaitlin Mulhere, "A Shocking Number of Americans Now Owe at Least $50,000 in Student Debt—and Many Aren't Paying It Down," *Money,* February 22, 2018, https://money.com/50000-dollars-student-debt-default/.
4. Kevin Carey, "A Parent Trap? New Data Offers More Dire View of College Debt," *New York Times,* December 24, 2020, https://www.nytimes.com/2020/12/24/upshot/student-debt-burdens-parents-too.html?referringSource=article Share.
5. Lynn O'Shaughnessy, "Federal Government Publishes More Complete Graduation Rate Data," College Insider, Cappex, https://www.cappex.com/articles/blog/government-publishes-graduation-rate-data#:~:text=The%20official%20four%2Dyear%20graduation,a%20degree%20in%20six%20years and https://educationdata.org/number-of-college-graduates.

6. United States Census Bureau, "U.S. Census Bureau Releases New Educational Attainment Data," news release, March 30, 2020, https://www.census.gov/newsroom/press-releases/2020/educational-attainment.html.
7. Allana Akhtar and Andy Kiersz, "College Grads Still Earn More Than Workers with No University Degree. This Map Shows the States with the Widest Salary Gaps," Business Insider, July 15, 2019, https://www.businessinsider.com/how-much-more-college-graduates-earn-than-non-graduates-in-every-state-2019-5.
8. Jaison R. Abel and Richard Deitz, "Despite Rising Costs, College Is Still a Good Investment," *Liberty Street Economics,* New York Fed, June 2019, https://libertystreeteconomics.newyorkfed.org/2019/06/despite-rising-costs-college-is-still-a-good-investment.html.
9. Abigail Johnson Hass, "College Grads Expect to Earn $60,000 in Their First Job—Here's How Much They Actually Make," CNBC Make It, February 17, 2019, https://www.cnbc.com/2019/02/15/college-grads-expect-to-earn-60000-in-their-first-job----few-do.html.
10. Nathan Allen, "College Students Overestimate Their Future Salaries," Poets and Quants for Undergrads, June 20, 2019, https://poetsandquantsforundergrads.com/2019/06/20/college-students-overestimate-their-future-salaries/#:~:text=According%20to%20the%20survey%20of,is%20%2447%2C000%2C%20the%20study%20says.
11. Elaine Rubin, "FAFSA Financial Information: Reducing the Impact of Assets and Income on Your FAFSA," Edvisors.com, October 1, 2020, https://www.edvisors.com/fafsa/guide/student-parent-financial-information/#reducing-the-impact-of-assets-and-income-on-your-fafsa.
12. "Default on Student Loans," Finaid.org, https://finaid.org/loans/default/#:~:text=If%20you%20do%20not%20make,loans%20will%20be%20in%20default.&text=You%20can%20be%20sued%20for,Your%20wages%20may%20be%20garnished.
13. Anna Wolfe and Michelle Liu, MississippiToday/Marshall Project, "Modern Day Debtors Prison? Mississippi Makes People Work to Pay Off Debt," *Clarion Ledger,* January 9, 2020, https://www.clarionledger.com/in-depth/news/local/2020/01/09/debtors-prison-miss-still-sends-people-jail-unpaid-debt/2742853001/.
14. Matt Taibbi, "Student Loan Horror Stories: Borrowed: $79,000. Paid: $190,000. Now Owes? $236,000," TK News by Matt Taibbi, December 3, 2020, https://taibbi.substack.com/p/student-loan-horror-stories-borrowed.
15. *"Slavery by Another Name*: Sharecropping," PBS.org, https://www.tpt.org/slavery-by-another-name/video/slavery-another-name-sharecropping-slavery/.

16. Stacy Berg Dale and Alan B. Krueger, "Estimating the Payoff to Attending a More Selective College: An Application of Selection on Observables and Unobservables," *Quarterly Journal of Economics* 117, no. 4 (2002): 1491–527, found at National Bureau of Economic Research, https://www.nber.org/papers/w7322.
17. Raj Chetty, John N. Friedman, Emmanuel Saez, Nicholas Turner, and Danny Yagan, "Income Segregation and Intergenerational Mobility Across Colleges in the United States," *Quarterly Journal of Economics* 135, no. 3 (2020): 1567–633.
18. Richard Dusansky and Clayton J. Vernon, "Rankings of U.S. Economics Departments," *Journal of Economic Perspectives* 12, no. 1 (1998): 157–70, https://pubs.aeaweb.org/doi/pdfplus/10.1257/jep.12.1.157.
19. John F. Kennedy, "Commencement Address at Yale University, June 11, 1962," John F. Kennedy Presidential Library and Museum, https://www.jfklibrary.org/archives/other-resources/john-f-kennedy-speeches/yale-university-19620611.
20. Jordan Friedman and Josh Moody, "Transferring Colleges: 10 Frequently Asked Questions," *U.S. News & World Report,* February 1, 2019, https://www.usnews.com/education/best-colleges/articles/2017-09-22/transferring-colleges-10-frequently-asked-questions.
21. David K. Moldoff, "How Does College Transfer & Course Credit Assessment Process Work?" CollegeTransfer.net, https://www.collegetransfer.net/AskCT/How-does-the-course-credit-transfer-process-work#:~:text=Generally%2C%2060%20credits%20from%20a,institution)%20to%20earn%20a%20degree.
22. Maurie Backman, "Student Loan Debt Statistics for 2019," The Motley Fool, February 5, 2020, https://www.fool.com/student-loans/student-loan-debt-statistics/.